Objectif
CONCOURS
FONCTION PUBLIQUE
2010/2011

Finances publiques

CATÉGORIES A et B

Carine Roussel
Maître de conférences à la faculté de droit de l'université de Valenciennes

Laurence Weil
Professeur de Droit public
Université de Montpellier I

Coordination :
Jean-Marc Maillot
Maître de conférences des universités
Directeur des études de l'IPAG de Montpellier

hachette
ÉDUCATION

Maquette de couverture : Alain Vambacas

Maquette intérieure : OPIXIDO

Composition/mise en pages : Jérôme Pagès

Pour Hachette Éducation, le principe est d'utiliser des papiers composés de fibres naturelles, renouvelables, recyclables, fabriquées à partir de bois issus de forêts qui adoptent un système d'aménagement durable.
En outre, Hachette Éducation attend de ses fournisseurs de papier qu'ils s'inscrivent dans une démarche de certification environnementale reconnue.

ISBN : 978-2-01-171073-4

SOMMAIRE

CONSENTEMENT DE L'IMPÔT, CONTRÔLE DE LA DÉPENSE PUBLIQUE ET DROIT BUDGÉTAIRE MODERNE

1 CHAPITRE

« Plus la démocratie étend dans le sol ses puissantes racines, plus les finances doivent, pour nous servir d'une expression bien connue, vivre dans une maison de verre. Il faut que chaque citoyen puisse lire dans le livre du droit et dans le livre de l'avoir de son pays et, pour cela, il est indispensable qu'il soit initié au mécanisme du système financier. » Cette inaltérable mise en perspective des enjeux des finances publiques faite par Pierre Larousse dans son *Grand dictionnaire universel du XIXe siècle* demeure d'une grande actualité. La transparence des mécanismes budgétaires et financiers et l'initiation des citoyens aux arcanes des finances publiques sont bel et bien des conditions *sine qua non* de la démocratie. Tel est le fil d'Ariane proposé dans cet ouvrage pour comprendre, et donc apprendre, le droit des finances publiques.

1 DÉFINIR LE DROIT DES FINANCES PUBLIQUES

Définir ce qu'est le droit des finances publiques est en soi un enjeu. Il faut au préalable distinguer d'un point de vue terminologique « la finance » « des finances ». Au singulier, cela renvoie à l'activité bancaire et boursière. Au pluriel, est ainsi désigné l'ensemble des charges et des ressources des personnes morales de droit public, et plus largement l'activité budgétaire et financière des pouvoirs publics, ainsi que les règles et procédures applicables.

> Les contours de cette matière sont à géométrie variable en ce qu'ils sont étroitement liés à l'évolution des conceptions qu'une société se fait du rôle de l'État.

A UNE ACTIVITÉ ET UN DROIT

Les contours du droit des finances publiques présentent cette difficulté d'être à géométrie variable, selon qu'une délimitation restrictive ou extensive est adoptée. En effet, ce droit recouvre une amplitude différente sous trois angles au moins : selon les composantes thématiques qu'il intègre, en fonction des personnes de droit public concernées, au regard enfin de ses finalités.

En premier lieu, le droit des finances publiques est souvent utilisé *stricto sensu* pour désigner le droit budgétaire. Pour autant, le droit fiscal – relatif à l'impôt et aux taxes et aux procédures fiscales – et le droit de la comptabilité publique font également partie intégrante du droit des finances publiques *lato sensu.*

En second lieu, le droit des finances publiques s'est démultiplié en plusieurs branches spécifiques du point de vue des règles applicables. Le droit des finances de l'État et de ses établissements publics joue, à bien des égards encore, le rôle de matrice. Le droit public financier des collectivités territoriales et des établissements publics locaux ainsi que celui concernant les organismes sociaux s'en différencient cependant et méritent d'être étudiés en tant que tels. Comment exclure en outre de l'étude des finances publiques le budget et les financements communautaires ?

Pour autant, ces différentes formes de ressources et de financements publics se retrouvent totalement liées dans la problématique de leur interdépendance face à la dynamique de maîtrise des budgets publics impulsée/imposée par l'Union européenne.

Enfin, les finalités attendues des ressources et des charges publiques sont étroitement liées à l'évolution des conceptions qu'une société se fait du rôle de l'État, mais aussi des collectivités territoriales à un moment donné de son histoire.

B) SCIENCES SOCIALES À L'APPUI DE L'ÉTUDE DU DROIT DES FINANCES PUBLIQUES

Toute approche juridique des finances se doit d'intégrer de manière systématique tant leur dimension politique que leur dimension économique dans une mise en perspective historique.

L'étude des finances publiques interpelle l'ensemble des sciences sociales. Les philosophes, à commencer par les penseurs du siècle des Lumières, n'ont jamais cessé de s'interroger sur la justice fiscale et sur le droit de regard de chacun sur les choix de dépenses publiques, mais les sociologues, les politistes, et que dire des économistes ou des gestionnaires, se sont intéressés aux différentes facettes de ce vecteur essentiel d'action de la puissance publique que sont les finances publiques. Que vaudrait une analyse de la fiscalité qui n'intègrerait pas la psychologie du contribuable face à l'impôt ? Quelle serait la pertinence d'une approche de la question du renouveau du pouvoir parlementaire en matière budgétaire qui mettrait totalement de côté la question du cumul des mandats ? Plus que dans toute autre matière peut-être, le savoir juridique relatif aux finances publiques doit s'enrichir des analyses proposées par les autres sciences sociales. L'histoire et l'actualité d'une société doivent impérativement nourrir toutes les analyses techniques qui peuvent être faites des mécanismes budgétaires et financiers.
Toute approche juridique des finances se doit donc d'intégrer de manière systématique tant leur dimension politique, qui s'exprime dans les principes fondateurs qui président à la construction de l'État de droit dans un système démocratique, que leur dimension économique, et ce dans une mise en perspective historique qui se révèle toujours heuristique.
Un courant se dessine actuellement tendant à marginaliser l'importance du droit en matière de finances pour promouvoir une démarche gestionnaire et managériale. Il faut certes prendre acte de ces nouvelles dynamiques qui animent le champ des finances publiques, cependant un éclairage spécifiquement juridique se légitime toujours pleinement. En effet, l'enjeu fondamental auquel répond le droit des finances publiques est celui de la répartition des compétences budgétaires et fiscales entre le pouvoir exécutif et le pouvoir législatif dans un jeu de vases communicants sans cesse réinventé. En conséquence, les principes et modalités de la répartition des compétences budgétaires, fiscales et comptables d'une part, les procédures d'exécution et de contrôle y afférentes d'autre part, constituent les objets d'étude et de savoir des juristes intéressés par le droit des finances publiques.

2) DE L'ABSENCE DE DROIT BUDGÉTAIRE AU MODÈLE CLASSIQUE DES FINANCES PUBLIQUES

L'enjeu du droit des finances est celui de la répartition des pouvoirs budgétaire et fiscal entre le pouvoir exécutif et le pouvoir législatif.

A) LA NAISSANCE DES PRINCIPES POLITIQUES FONDATEURS : LE CONSENTEMENT DE L'IMPÔT ET LE CONTRÔLE DE LA DÉPENSE PUBLIQUE

Le regard historique peut parfois paraître à certains convenu, voire inutile, dans cette matière éminemment technique et immergée dans une actualité en perpétuel devenir que sont les finances publiques. Il faut se souvenir pourtant, sur les traces de J.-B. Proudhon dans son *Traité du domaine public* publié en 1833, qu'« en toutes choses, il est bon de remonter aux anciennes traditions, parce qu'un droit n'est jamais mieux connu que lorsqu'on l'aperçoit dès l'origine ».

1 • Une revendication : le consentement de l'impôt

Aux origines se trouve l'idée même d'impôt avec sa charge de signification très forte qui renvoie à l'acte, par définition autoritaire, « d'imposer ». Les historiens identifient des origines diverses, y compris religieuses, au versement d'un impôt.

Certains y voient une première formalisation dans le tribut versé par le vaincu au vainqueur en lieu et place des pillages. L'impôt est, historiquement, avant tout un assujettissement. Mais la dimension sociologique de l'acceptation de la soumission à l'autorité en versant des sommes d'argent, sorte de consentement « à » l'impôt, va revêtir également une dimension politique en se transformant en une revendication d'un consentement « de » l'impôt par les représentants de certains groupes composant la société.

L'impôt est historiquement avant tout un assujettissement. Mais il s'accompagne d'une revendication d'un consentement de l'impôt par les représentants de certains groupes composant la société.

➥ Les origines féodales du consentement de l'impôt

L'histoire de l'impôt est un sujet extrêmement vaste, dont il ne faut retenir ici que ce qui va se révéler fondateur de notre société moderne : le consentement de l'impôt et le droit de contrôler la dépense publique. Il est ainsi possible de pointer quelques moments forts et symboliques de l'émergence de ces droits en remontant aux débuts de la période féodale (x^e au xive siècle).

L'histoire de la période féodale est celle de l'installation progressive des impôts. À cette époque, la distinction était faite au sein des revenus de l'État entre les revenus ordinaires, produit des domaines royaux, et les revenus extraordinaires de la Couronne. Les premiers ne vont rapidement plus suffire et lever l'impôt deviendra une impérieuse nécessité pour les rois féodaux, à la mesure des besoins engendrés par le financement des guerres et de leurs aléas, à commencer par les cautions nécessaires au rachat des rois captifs.

Obtenir des revenus extraordinaires nécessitait que le roi de France recueille l'acceptation des ordres du Royaume. Ses vassaux étaient sollicités pour consentir les « aides », le clergé pour verser les « décimes » et les villes leurs « subsides » ; la levée de la « taille » sur les paysans trouvait quant à elle sa justification et sa contrepartie dans un légitime espoir d'une protection sinon d'un retour à la paix.

L'histoire de la période féodale est celle de l'installation progressive des impôts.

La distinction était faite au sein des revenus de l'État entre les revenus ordinaires, produit des domaines royaux, et les revenus extraordinaires de la Couronne.

➥ Instauration de la monarchie parlementaire anglaise et consentement de l'impôt

Le lien entre l'évolution d'une société et le rapport de force autour de l'exercice du pouvoir d'imposer apparaît avec une évidence plus grande encore si l'on fait un détour par l'histoire de l'Angleterre.

La revendication d'un consentement de la levée de l'impôt s'y est pour la première fois exprimée dans une charte, codifiant une ancienne coutume, rédigée au demeurant sur le sol français en 1215 par les barons anglais émigrés, en révolte contre leur roi, Jean sans Terre. Cette *Magna Carta*, Grande Charte des libertés d'Angleterre, en affirmant le droit à la liberté individuelle, inaugurait l'évolution de l'Angleterre et de l'Europe vers la démocratie parlementaire. Le roi s'y engageait à ne pas lever d'impôts extraordinaires sans l'accord d'un Grand conseil composé de barons et d'ecclésiastiques : « Aucun impôt ou aide ne sera imposé, dans Notre Royaume, sans le consentement du Conseil Commun de Notre Royaume, à moins que ce ne soit pour la rançon de Notre personne, pour faire Notre fils aîné chevalier ou, pour une fois seulement, le mariage de Notre fille aînée. Et, pour ceci, il ne sera levé qu'une aide raisonnable. »

Le 13 février 1689, le roi Guillaume III accorde aux parlementaires le *Bill of Rights* (Déclaration des Droits), texte qui limite considérablement le pouvoir du roi et nécessite l'avis des représentants élus des Communes sur les lois en général, et plus particulièrement sur la levée des impôts royaux. Cette Déclaration des Droits, qui réalise sans effusion de sang une « heureuse et glorieuse révolution », instaure une monarchie parlementaire stable marquant ainsi la véritable naissance de la démocratie moderne : « une levée d'argent pour la Couronne ou à son usage, sous prétexte de prérogative, sans le consentement du Parlement, pour un temps plus long et d'une manière autre qu'elle n'est ou ne sera consentie par le Parlement est illégale. »

Le 13 février 1689, le *Bill of Rights* limite considérablement le pouvoir du roi et nécessite l'avis des représentants élus des Communes sur la levée des impôts royaux. Mais en France, le temps est alors venu de la monarchie absolue où le consentement de l'impôt n'a pas lieu d'être.

Dix ans auparavant (1679), le roi Charles II avait concédé au Parlement l'*Habeas corpus Act* (loi sur l'*habeas corpus* : littéralement « que tu aies le corps »). Ce texte majeur mettait fin aux arrestations arbitraires en imposant que tout prisonnier soit immédiatement déféré devant un juge. Au même moment, de grands philosophes, Thomas Hobbes puis John Locke, remettent en cause la monarchie de droit divin. Ces convergences historiques montrent une évolution des droits sur tous les fronts et permettent de comprendre les enjeux et la symbolique du principe du consentement de l'impôt.

➥ L'histoire française : du consentement de l'impôt au pouvoir royal absolu d'imposer

S'agissant de la France, une rapide évocation de l'histoire des idées et des régimes politiques de la même période fait apparaître un contraste saisissant.

Pour la première fois, Philippe le Bel réunit une assemblée des trois ordres afin d'obtenir un consentement de la levée de recettes.

Jusqu'à Philippe IV le Bel (1285-1314), les ordres constitutifs du système médiéval étaient réunis séparément ; chacun octroyant au roi les subsides extraordinaires qu'il demandait (représentants de la noblesse, du clergé ou des villes). Malgré le recours à divers expédients, notamment les célèbres confiscations (des Juifs en 1306, des banquiers Lombards (fin XIIIe et début XIVe) ou de l'ordre du Temple en 1307), le Trésor Public reste pauvre et assurer des ressources stables au royaume va s'affirmer comme une impérieuse nécessité.

Philippe le Bel créé alors en 1302 les États généraux. Pour la première fois est réunie une assemblée des trois ordres afin d'obtenir un consentement de la levée de recettes qui allaient s'avérer de moins en moins « extraordinaires ». Les fonctions de directeur des finances royales chargé de lever ces impôts, pour enrichissantes qu'elles soient, furent parfois périlleuses. Enguerrand de Marigny en fit la douloureuse expérience en 1315, une année tout juste après la mort de son roi protecteur Philippe le Bel. Conduit au gibet de Montfaucon, il y fut pendu et son corps resta exposé, comme le voulait la coutume, pendant rien moins que deux années.

C'est sur la question du financement de la guerre et des armées que va se jouer en France l'évolution, à la fin de la guerre de Cent ans (1337-1453), de la monarchie féodale vers un État royal. D'une part, l'interdiction des guerres privées et par conséquent des armées féodales (1439) rend possible la création de l'armée royale, financée par un impôt royal : la taille. D'autre part, la réunion des États généraux étant laissée à l'initiative du roi, ceux-ci ne vont plus être réunis que de manière épisodique par des rois pour lesquels le pouvoir d'imposer fait partie intégrante de leurs prérogatives. La souveraineté royale s'affirme alors comme la résultante de différents droits régaliens tels que faire la guerre ou battre la monnaie, et, bien entendu, lever l'impôt. À l'extrême fin du XVIe siècle, une fois son pouvoir assis, Henri IV ne réunira plus les États généraux. Une ultime convocation sera faite par le jeune Louis XIII encore en 1614. Mais le temps est alors venu en France de la monarchie absolue où le consentement de l'impôt n'a pas lieu d'être.

Le budget de 1788 : la banqueroute de l'État royal

impôts indirects (gabelle, aides, péages)	impôts directs (taille, capitation, vingtième)	autres recettes (vente de charges, fermages)	loterie	**recettes** *total : 503 millions de livres*
208 millions	158 millions	127 millions	10 millions	

remboursements des emprunts	dépenses diplomatiques et militaires	dépenses civiles	cour	pensions	**dépenses** *total : 620 millions de livres*
260 millions	165 millions	108 millions	38 millions	27 millions	

À la fin du XVIIIe siècle, gaspillages de la Cour, privilèges fiscaux et dette de l'État se conjuguent pour entraîner la France dans une situation financière catastrophique. Toutes les tentatives de réformes fiscales sont habilement dénoncées, notamment par les parlements d'Ancien Régime, arc-boutés sur leurs privilèges. Ils font usage de leur droit d'adresser au roi des « remontrances » et refusent d'enregistrer toutes les lois fiscales. Le roi tentera d'éviter la banqueroute en convoquant les États généraux à Versailles le 5 mai 1789. L'histoire en décidera autrement puisque ce sera l'occasion pour le Tiers État, à l'initiative de Sieyès, de se constituer en Assemblée nationale.

2 • De la proclamation révolutionnaire à la mise en œuvre des principes

➥ La remarquable modernité des droits proclamés par la Déclaration des droits de l'homme et du citoyen du 26 août 1789

En rupture totale avec l'Ancien Régime, l'article 14 de la Déclaration révolutionnaire formule expressément le principe du consentement de l'impôt et du contrôle de la dépense publique : « Tous les citoyens ont le droit de constater, par eux-mêmes ou par leurs représentants, la nécessité de la contribution publique, de la consentir librement, d'en suivre l'emploi, et d'en déterminer la quotité, l'assiette, le recouvrement et la durée. »

> Article 14 de la Déclaration révolutionnaire : « Tous les citoyens ont le droit de constater, par eux-mêmes ou par leurs représentants, la nécessité de la contribution publique, de la consentir librement, d'en suivre l'emploi, et d'en déterminer la quotité, l'assiette, le recouvrement et la durée. »

Cette consécration textuelle ne pourra cependant pas se concrétiser dans le désordre et le contexte de guerre. Elle fonde toutefois la compétence des citoyens en matière de recettes et de dépenses publiques. Confrontés à notre droit constitutionnel actuel, le caractère fondateur et la modernité de ce texte sont flagrants. Un simple rappel de l'article 34 de la Constitution du 4 octobre 1958 se suffit à lui-même : « La loi est votée par le Parlement, [elle] fixe les règles concernant (...) l'assiette, le taux et les modalités de recouvrement des impositions de toutes natures » et « les lois de finances déterminent les ressources et les charges de l'État ». La filiation, par delà des contextes historiques bien évidemment différents, est manifeste.

La mise en œuvre de ces principes fondateurs sera on ne peut plus chaotique. Il suffit à cet égard d'évoquer la fameuse distinction établie par la Constitution de 1791 entre citoyens actifs et passifs. Les citoyens actifs devaient payer un impôt égal à trois jours de travail pour pouvoir désigner les électeurs, lesquels devaient payer un impôt égal à deux cents journées de travail.

> La mise en œuvre de ces principes fondateurs sera on ne peut plus chaotique.

Pour autant, la référence au consentement de l'impôt et au contrôle de la dépense ne disparaîtra plus des textes constitutionnels qui suivront. Sous l'Empire, la rédaction de la Constitution de l'An VIII (1800) répartit ainsi de manière équilibrée les compétences budgétaires entre le pouvoir législatif et le pouvoir exécutif : « le Gouvernement dirige les recettes et les dépenses de l'État, conformément à la loi annuelle qui détermine le montant des unes et des autres. » Toutefois, la période napoléonienne ne sera guère propice à la réalisation effective des principes protecteurs de la compétence parlementaire.

➥ Le contexte de la naissance du droit budgétaire classique : l'émergence du régime parlementaire

Le contexte politique et la personnalité de certains hommes de la Restauration et de la Monarchie de Juillet permettent de comprendre la formulation des règles d'un droit budgétaire naissant.

En effet, la Restauration marque certes une volonté de retour à la monarchie, mais pas à l'Ancien Régime. La Charte octroyée de 1814 tient compte des acquis de la Révolution et de l'Empire. Une vie parlementaire va ainsi pouvoir se développer entre la droite ultraroyaliste, sous la conduite d'hommes comme Villèle, et la droite libérale ou orléaniste, animée notamment par le baron Louis, partisane de l'instauration d'une monarchie à l'anglaise. Paradoxalement, la monarchie constitutionnelle de 1814, tempérée par deux assemblées, sera le terrain favorable de la montée en puissance du régime parlementaire.

Adversaires politiques, le baron Louis et Villèle n'en seront pas moins les principaux artisans des principes fondateurs du droit budgétaire dit « classique ».

Adversaires politiques, le baron Louis et Villèle n'en seront pas moins les principaux artisans des principes fondateurs du droit budgétaire dit « classique ».

– Le baron Louis était destiné à une carrière ecclésiastique à laquelle il préféra la politique. Ministre des Finances sous la Restauration et la Monarchie de Juillet, il n'eut de cesse d'assainir les finances publiques. Son apport au droit budgétaire est considérable. Il promeut dès 1814 le rythme des « quatre temps alternés » qui répartit le pouvoir entre le Gouvernement qui prépare le budget, le Parlement qui le vote, les ministères qui l'exécutent et le Parlement qui le contrôle. Il favorise la formulation des grands principes budgétaires et comptables protecteurs de la souveraineté du Parlement, armes politiques de la bourgeoisie montante pendant tout le début du XIXe.

– Le comte de Villèle, chef des ultras, ministre des Finances sous Louis XVIII en 1821, puis président du Conseil sous Charles X, favorisera dans la durée leur mise en œuvre effective.

B LA FORMULATION HISTORIQUE DES PRINCIPES BUDGÉTAIRES ET COMPTABLES

Ces principes encadrent formellement la présentation du budget de l'État. Le document présenté au vote parlementaire doit être unique (principe d'unité), complet, c'est-à-dire présentant l'ensemble des recettes et des dépenses (principe d'universalité), pour autant détaillé (principe de spécialité) et le consentement parlementaire doit être limité dans le temps et renouvelé (principe d'annualité et d'antériorité). (Pour l'actualité de ces principes, voir le chapitre 4).

1 • Les principes d'annualité et de spécialité budgétaires

➥ Les origines de l'annualité budgétaire

L'annualité budgétaire est une condition *sine qua non* d'effectivité de l'autorisation budgétaire.

Il s'agit là d'une condition *sine qua non* d'effectivité de l'autorisation budgétaire, car un consentement non réitéré avec une certaine régularité devient sans portée véritable. Son application réelle ne sera cependant pas des plus aisées.

La Constitution de 1791 proclamait déjà le principe du vote annuel de l'impôt : « Les contributions publiques seront délibérées et fixées chaque année par le corps législatif, et ne pourront subsister au-delà du dernier jour de la session suivante si elles n'ont pas été expressément renouvelées. » Pour autant, le premier budget respectueux de l'antériorité budgétaire – c'est-à-dire l'adoption du budget avant le début de l'exercice – sera celui de 1823, sous l'impulsion du comte de Villèle.

➥ Les origines de la spécialité budgétaire

Ce principe offre également un excellent exemple de l'étroite corrélation entre la question du niveau de détail auquel l'autorisation budgétaire est donnée et la place accordée au Parlement dans le jeu institutionnel de la séparation des pouvoirs.

L'ordonnance du 1er septembre 1827 introduit la spécialité budgétaire.

La spécialisation des crédits trouve ses origines dans cette même période d'affirmation du rôle du Parlement au début du XIXe siècle. Jusque-là s'appliquait le « système de l'abonnement » qui consistait pour les chambres à voter au Gouvernement une somme globale et forfaitaire. L'ordonnance du 1er septembre 1827 introduit la spécialité budgétaire, laquelle assimilait initialement niveau de vote du budget et niveau de détail des crédits ouverts. Le vote du budget va se faire non plus par ministère, mais par sections de ministère, affinant ainsi l'autorisation budgétaire donnée. La spécialité par chapitre budgétaire sera la plus petite unité budgétaire s'imposant au pouvoir exécutif dans la loi du 19 janvier 1831.

L'effectivité du principe de spécialité va suivre les évolutions du rôle joué par le Parlement au sein des institutions.

L'effectivité du principe de spécialité va dès lors suivre les évolutions – tant en régression qu'en progression – du rôle joué par le Parlement au sein des institutions. Le Second Empire est un exemple topique : en ses débuts autoritaires, le vote se fait à nouveau par ministère ; sur sa fin libérale, le Sénatus consulte du 31 décembre

1861 rétablira le vote par section, et la loi du 16 septembre 1871 rétablira le vote par chapitre.

2 • Les principes d'universalité et d'unité budgétaires

➥ Les enjeux de l'universalité

L'enjeu initial de ce principe fut de rationaliser les pratiques des administrations financières en matière de coûts de perception des divers impôts et droits. En effet, jusqu'à une loi de finances du 25 mars 1817 prévalait la règle du produit net, laquelle faisait obstacle à toute évaluation de ces coûts. Désormais, le ministre des Finances devra rendre « compte des recouvrements des produits bruts des contributions directes et indirectes ». De là naîtra la règle de non compensation – dite aussi de non contraction ou encore règle du produit brut – qui veut que ne soient pas présentés seulement des soldes budgétaires, mais l'intégralité des produits des recettes et des montants des dépenses.

L'autre aspect, complémentaire, de l'universalité, réside dans la nécessité de mettre fin à la pratique des affectations de recettes. D'une grande commodité pour les ministères, l'affectation autonome de certaines recettes à certaines dépenses n'était cependant pas un facteur de clarté dans l'utilisation des deniers publics. L'ordonnance du 14 septembre 1822 posera la règle de non affectation des recettes aux dépenses en ces termes : « les ministres ne pourront accroître par aucune recette particulière le montant des crédits affectés aux dépenses de leurs services. »

Ces deux règles, de non compensation et de non affectation, sont deux volets complémentaires de l'exigence d'une présentation complète des recettes et des dépenses de l'État. La première impose leur lisibilité, l'autre oblige à la solidarité budgétaire. Elle interdit le maintien de « pré-carrés ministériels » en fondant l'idée que toutes les recettes fiscales sont destinées à couvrir les dépenses de manière indifférenciée.

> L'autre aspect, complémentaire, de l'universalité, réside dans la nécessité de mettre fin à la pratique des affectations de recettes. Ces deux règles, de non compensation et de non affectation, sont deux volets complémentaires de l'exigence d'une présentation complète des recettes et des dépenses de l'État.

➥ Les enjeux de l'unité

Bien qu'érigée en principe par la Restauration, l'unité budgétaire fut remise en cause dès la Monarchie de Juillet, qui aura fréquemment recours à des budgets extraordinaires pour les grands investissements. La pertinence même du principe d'unité pour garantir la clarté dans le vote de la loi de finances fut l'objet d'une confrontation de points de vues théoriques jusqu'à la fin du Second Empire. Les partisans d'un budget unique s'opposaient ainsi à ceux qui défendaient la théorie du « fractionnement budgétaire ».

Cette théorie, qui a fait long feu, fut notamment développée par Achille Fould, ministre des Finances sous la IIe République et le Second Empire. Il prônait l'idée selon laquelle la spécificité des budgets permettait de mieux identifier les voies et moyens nécessaires à chacun d'eux. Il y eut ainsi sous le Second Empire jusqu'à cinq budgets différents aux côtés du budget ordinaire.

L'unité budgétaire, défendue notamment par Thiers, mit fin à cette démultiplication des budgets extraordinaires très usités pour leur commodité d'utilisation en marge du budget général. L'unité budgétaire aura ainsi permis de transcender la distinction entre finances ordinaires et extraordinaires.

> L'unité budgétaire mit fin à cette démultiplication des budgets extraordinaires très usités pour leur commodité d'utilisation.

3 • La remarquable pérennité des principes comptables

Le marquis d'Audiffret est resté dans l'histoire comme l'« inventeur » de la comptabilité publique française moderne. Directeur de la comptabilité générale des finances en 1814, puis président de la Cour des comptes en 1829, il n'aura de cesse aux côtés de Villèle de mettre au point de nouvelles règles comptables dans le prolongement des principes budgétaires. On doit à son influence plusieurs grands textes fondateurs : l'ordonnance du 14 septembre 1822, celle du 10 décembre 1823 et l'ordonnance sur la comptabilité publique du 9 juillet 1826. Chacun de ces

> Le marquis d'Audiffret est l'inventeur de la comptabilité publique moderne.

textes s'inscrira dans le prolongement du précédent en le perfectionnant : règles de service fait, fixation des différentes phases d'exécution budgétaire (engagement, liquidation, ordonnancement), confirmation et renforcement du rôle de la Cour des comptes. Le principe de séparation des ordonnateurs comptables devient dès cette époque tant une garantie essentielle de la régularité de l'utilisation des deniers publics qu'un principe de répartition des responsabilités.
L'ordonnance de 1838 et le règlement général de la comptabilité publique de 1862 parachèvent son œuvre ; l'application de ce règlement général durera un siècle entier… jusqu'au décret – dit du centenaire – du 29 décembre 1962, toujours en vigueur !

> Au XIXe siècle, on voit la naissance des grandes institutions financières : la Banque de France, la Cour des comptes, l'Inspection générale des finances et la Caisse des dépôts et des consignations.

Il faut, pour compléter le nouveau décor budgétaire et comptable planté en ce début du XIXe, évoquer la naissance des grandes institutions financières. L'Empire fut une période propice à l'organisation des administrations et à la fondation de nombre d'institutions qui ont perduré depuis au-delà de leurs nécessaires adaptations comme la Banque de France créée en 1800 par le premier consul Napoléon Bonaparte ou encore la Cour des comptes, dont les capacités d'évolution lui ont permis de fêter en 2007 le bicentenaire de sa naissance. La Restauration a également généré de grandes institutions. L'Inspection générale des Finances (IGF) est née en 1816 de la fusion, à l'initiative du baron Louis, du corps de contrôle du ministère des Finances et de l'Inspection générale du Trésor (elle-même créée en 1801). Au même moment est créée la Caisse des dépôts et consignations (CDC) (loi du 28 avril 1816).

C) LA CONCEPTION CLASSIQUE DES FINANCES PUBLIQUES

> Le « modèle classique des finances publiques » est porté par la pensée économique libérale.

Il résulte de tout cela ce que l'on a appelé le « modèle classique des finances publiques » porté par la pensée économique libérale. Les économistes « classiques » du début du XIXe comme Jean-Baptiste Say (1767-1832) ou David Ricardo (1772-1823) ou plus avancés dans le siècle tel John Stuart Mill (1806-1873) ouvriront la voie en développant l'idée que l'État ne doit en aucune manière intervenir dans la vie économique. Au XXe siècle, les ultralibéraux de l'École de Vienne autour du prix Nobel d'économie de 1974, F.A. von Hayek (1899-1992), et les monétaristes de l'École de Chicago menés par le prix Nobel 1976, Milton Friedman (1912-2006), seront les héritiers d'une conception de l'État non interventionniste et laissant jouer le libre jeu du marché.
Très schématiquement, cette conception des finances publiques se caractérise par :
– un rôle des finances publiques cantonné aux fonctions régaliennes de l'État (armée, police, justice…). Dans un État « gendarme », les finances se doivent d'être neutres ;
– un volume réduit du budget de l'État ;
– le respect de l'équilibre budgétaire ;
– le recours exceptionnel à l'emprunt conçu comme un instrument de gestion de trésorerie.

3) L'ÉTAT INTERVENTIONNISTE ET LA MUTATION DES FINANCES PUBLIQUES

A) LA CONCEPTION INTERVENTIONNISTE DES FINANCES PUBLIQUES

La Première Guerre mondiale introduira un déséquilibre dans la conception classique des finances publiques, conduisant à la formulation d'un autre modèle, interventionniste celui-là, des finances publiques. John Maynard Keynes (1883-1946) pensera le rôle des finances publiques à partir de l'analyse des dysfonctionnements du marché en temps de crise.

Dans son ouvrage *Théorie générale de l'emploi, de l'intérêt et de la monnaie*, publié en 1936, il prône la dépense publique pour financer de grands travaux et des investissements publics, y compris au prix d'un déficit budgétaire. Bien que plus tardive, puisqu'elle date des années 1970, la citation bien connue d'Helmut Schmidt, économiste et ancien ministre des Finances allemand né en 1918, résume bien le phénomène du multiplicateur d'investissement ainsi attendu : « Les investissements d'aujourd'hui sont les profits de demain et les emplois d'après-demain. » La politique budgétaire étatique acquiert ainsi un rôle majeur dans l'économie nationale.

Schématiquement, cette conception des finances publiques se caractérise par :

– un rôle des finances publiques élargi à la mesure de la multiplication des interventions d'un État devenu « providence » ;

– un budget de l'État qui augmente en conséquence ;

– le respect de l'équilibre budgétaire qui n'est plus un pré-requis vertueux et le déficit budgétaire qui est une modalité budgétaire transitoire acceptable. Ainsi, les lois de finances pourront être votées avec un déficit prévisionnel ;

– le financement de l'investissement qui peut donc, dans ces conditions, se faire par l'emprunt au prix de l'existence d'une dette publique.

Dans son ouvrage *Théorie générale de l'emploi de l'intérêt et de la monnaie* publié en 1936, Keynes prône la dépense publique finançant de grands travaux et des investissements publics, y compris au prix d'un déficit budgétaire.

B LES ATTEINTES À L'ORTHODOXIE DES PRINCIPES BUDGÉTAIRES SOUS LES IIIe ET IVe RÉPUBLIQUES

1 • Les dérives politico-juridiques des IIIe et IVe Républiques

La dérive du régime parlementaire vers un régime d'assemblée laisse au Parlement un pouvoir grandissant, y compris en matière budgétaire. La répartition des pouvoirs exécutif et législatif que protégeaient les grands principes en est perturbée en profondeur. La suprématie excessive des commissions des finances du Sénat et de la Chambre des députés aboutit à la soumission du Gouvernement puisque les commissions iront jusqu'à rédiger elles-mêmes le projet de budget.

La Première Guerre mondiale puis, plus fortement encore, la crise des années 1930 et la guerre de 1939-45 feront naître un nouveau contexte inadapté au modèle classique des finances publiques apparu au XIXe.

La crise des années 30 et la guerre de 1939-1945 feront naître un nouveau contexte inadapté au modèle classique des finances publiques apparu au XIXe.

L'âge d'or – s'il y en eût un – de l'orthodoxie des grands principes budgétaires va disparaître dans la complexité nouvelle d'un État désormais interventionniste.

– S'agissant du principe d'annualité, les IIIe et IVe Républiques seront confrontées à la difficulté de sa mise en application et développeront des palliatifs. Ces régimes d'assemblée ont en effet donné lieu à un grand désordre en matière de lois de finances, votées très souvent avec retard. L'État avait alors recours au régime des « douzièmes provisoires », au mépris des principes d'antériorité et d'annualité. Cette technique consistait à faire voter chaque mois par le Parlement un douzième des sommes dépensées au budget précédent, le vote du budget lui-même n'intervenant parfois qu'en juin, voire en juillet.

Ces régimes d'assemblée ont donné lieu à un grand désordre en matière de lois de finances votées très souvent avec retard.

La Ve République rationalisera l'adoption de la loi de finances en imposant un calendrier drastique au Parlement qui renverra définitivement aux oubliettes les problèmes d'annualité.

– La spécialisation budgétaire par chapitre va elle aussi très vite se heurter au problème de leur démultiplication. De 300 chapitres en 1871, l'inflation de leur nombre portera à un paroxysme destructeur le principe de spécialité sous la IVe République : entre 4 000 et 5 000 ! Outre la complication que cette fragmentation entraînait pour l'exécution du budget, cette dérive de la mise en œuvre de la spécialité budgétaire aggravait les difficultés de vote du budget. En effet, traditionnellement, le chapitre était à la fois l'unité de spécialisation des crédits et l'unité de vote.

L'ordonnance organique du 2 janvier 1959 relative aux lois de finances va ici encore rationaliser le processus en dissociant le vote des crédits de leur présentation et de leur discussion. Celles-ci se font toujours par chapitre, mais leur nombre est considérablement réduit ; à la veille de l'adoption de la LOLF en 2001, ils sont au nombre de 848. En outre, l'ordonnance introduit la distinction services votés et mesures nouvelles, permettant ainsi un vote par grandes masses (voir le chapitre 6). Le principe de spécialité budgétaire s'en est trouvé considérablement édulcoré. La LOLF sera la nécessaire occasion de revenir sur un des points noirs de l'expression de la souveraineté parlementaire en matière budgétaire. Il n'est actuellement plus fait recours à la notion de services votés pour le vote de la loi de finances dans des conditions normales.

– L'application des principes d'unité et d'universalité budgétaires connaîtra lui aussi de nombreux soubresauts entre les deux guerres mondiales. Les budgets autonomes se multiplieront avant que ne subsistent plus à titre d'exception que les comptes spéciaux du Trésor et les budgets annexes. Ces deux catégories de budgets sont toujours existantes dans notre droit.

> L'affaire de la statue de l'amiral Chasseloup-Laubat, ministre de la Marine sous le Second Empire, a défrayé la chronique de l'orthodoxie du droit budgétaire.

La règle de non-contraction des recettes et des dépenses laissera dans l'histoire l'affaire de la statue de l'amiral Chasseloup-Laubat, ministre de la Marine sous le Second Empire et érigée en 1874 au lendemain de sa mort, qui a défrayé la chronique de l'orthodoxie du droit budgétaire. Une souscription avait été lancée afin d'ériger une statue en son honneur et son successeur au ministère de la Marine avait fait en outre don du bronze de vieux canons en dépôt, lesquels avaient été directement envoyés à l'usine.

L'orthodoxie budgétaire eut exigé que soient vendus ces canons puis que soient ouverts au budget du ministère les crédits nécessaires à l'achat du bronze. Pour anecdotique et même dérisoire qu'elle paraisse, cette histoire est symbolique et transposable sur d'autres objets dans des volumes financiers plus importants. Elle fait en outre comprendre comment l'absence de transparence peut générer des utilisations non contrôlées de deniers publics.

2 • La IVe République et le décret du 19 juin 1956

La IVe République tentera sans succès de réformer ce désordre en prévoyant dans sa Constitution en 1946 (article 16, alinéa 3) une loi organique propre à régler « le mode de présentation du budget ». L'ampleur de la tâche et l'importance des enjeux en termes d'équilibre des pouvoirs exécutif et législatif expliquent qu'il ait fallu attendre le décret du 19 juin 1956 pour qu'une réforme intervienne.

> Le décret du 19 juin 1956 apporte un certain nombre de clarifications.

Ce décret apporte un certain nombre de clarifications notamment en réduisant le nombre de votes, en fixant les rôles respectifs des commissions des finances et du ministre des Finances, et en donnant à la loi de finances une structuration permanente en deux parties. Ce texte prépare ainsi le terrain sur lequel l'ordonnance du 2 janvier 1959 pourra, dès les premiers mois de la Ve République, procéder à une rationalisation des pouvoirs budgétaires du Parlement dans une relecture des grands principes budgétaires très favorable au pouvoir exécutif.

C L'ORDONNANCE DU 2 JANVIER 1959 : LA PREMIÈRE « CONSTITUTION FINANCIÈRE » DE LA Ve RÉPUBLIQUE

1 • Un texte fondateur mais contesté

➡ Un déficit de légitimité démocratique

L'ordonnance du 2 janvier 1959 portant loi organique relative aux lois de finances a été rédigée et est entrée en vigueur selon les dispositions de l'article 92 qui figurait à la fin de la Constitution « toilettée » en 1995. Cet article autorisait le pouvoir exécutif à adopter, dans les quatre premiers mois d'existence de la Ve République, « les mesures législatives nécessaires à la mise en place des institutions ». Ces ordonnances ne doivent pas être confondues avec celles, toujours existantes, de l'article 38 du même texte, car elles avaient en elles-mêmes « force de loi ». En conséquence, ce texte n'avait fait l'objet ni d'un débat parlementaire ni d'un vote et n'avait eu besoin d'aucune ratification. Le Conseil constitutionnel nouvellement créé n'en a pas non plus été saisi afin de contrôler sa conformité au texte constitutionnel. Il en est résulté un déficit de légitimité démocratique dont ce texte ne s'est jamais départi.

➥ Une conception très restrictive des pouvoirs parlementaires

L'ordonnance de 1959 organise une rationalisation des pouvoirs budgétaires du Parlement qui va très au-delà du cadrage déjà très strict prévu par la Constitution. Ainsi, par exemple, la limitation constitutionnelle du pouvoir d'amendement en matière financière est-elle, par le jeu de sa reformulation dans le texte organique, considérablement aggravée ; de même, la technique des services votés, « inventée » par les rédacteurs de l'ordonnance pour réduire le nombre de votes de la loi de finances de l'année se révèlera particulièrement restrictive du pouvoir parlementaire.

2 • L'interprétation du juge constitutionnel

Le statut des lois organiques au regard du bloc de constitutionnalité n'est pas défini avec exactitude, mais tant l'ordonnance de 1959 que la LOLF sont considérées par le Conseil constitutionnel comme en faisant partie intégrante.

La mise en œuvre de l'ordonnance du 2 janvier 1959 a ainsi donné lieu à une très abondante jurisprudence. En effet, la plupart des lois de finances de l'année de la Ve République ont fait l'objet d'un contrôle de constitutionnalité, sans compter les saisines relatives aux lois de finances rectificatives et aux lois de règlement.

Toutes les dispositions de l'ordonnance ont alimenté la jurisprudence constitutionnelle, à commencer par celles formulant les grands principes budgétaires. Certes l'invalidation d'une loi de finances en son entier n'est intervenue qu'une seule fois dans la décision du 24 décembre 1979 pour la loi de finances pour 1980. Étaient concernées les dispositions relatives au vote de la première partie, et donc de l'article d'équilibre, avant la mise en discussion de la seconde. Les débudgétisations et les atteintes au principe d'unité ont également donné lieu à de grandes décisions comme celle du 29 décembre 1994. L'apport le plus flagrant du juge constitutionnel au droit budgétaire est probablement la création jurisprudentielle du principe de sincérité avant que la LOLF ne lui donne forme de source écrite (voir le chapitre 4).

> L'ordonnance de 1959 et la LOLF font partie du bloc de constitutionnalité.

> L'apport le plus flagrant du juge constitutionnel au droit budgétaire est probablement la création jurisprudentielle du principe de sincérité.

4 L'AVÈNEMENT DE L'ÉTAT GESTIONNAIRE ET MANAGÉRIAL « EN MODE LOLF »

A DE L'ORDONNANCE DU 2 JANVIER 1959 À LA LOI ORGANIQUE RELATIVE AUX LOIS DE FINANCES DU 1er AOÛT 2001

1 • Un changement de « constitution financière »

Le droit budgétaire étatique, mais aussi le droit applicable aux finances locales et sociales, connaît actuellement une importante évolution, sous l'empire d'une volonté de profonde mutation de la gestion publique. Le coup d'envoi de la réforme a été donné par l'adoption de la loi organique du 1er août 2001 relative aux lois de finances. La LOLF, puisque cette loi est désormais le plus souvent désignée par son acronyme, vient abroger et remplacer l'ordonnance organique du 2 janvier 1959 relative aux lois de finances.

La LOLF rétablit pleinement le droit de regard du Parlement dans cette matière budgétaire et financière qui le concerne au plus haut point. En effet, ce texte est

> La LOLF vient abroger et remplacer l'ordonnance organique du 2 janvier 1959 relative aux lois de finances. La LOLF rétablit pleinement le droit de regard du Parlement dans cette matière budgétaire et financière.

2006 est donc la première année qui voit le projet de loi de finances entièrement configuré et adopté en application de la LOLF.

La réforme du budget de l'État n'est rien moins qu'un des éléments de la réforme de l'État.

issu d'une proposition de loi, émanant donc du Parlement, en la personne de ses « pères fondateurs », Messieurs Didier Migaud, député socialiste et rapporteur général de la commission des finances de l'Assemblée nationale au moment de l'adoption de la LOLF, et Alain Lambert, sénateur UMP et président de la commission des finances du Sénat. Son adoption consensuelle a en outre renforcé la légitimité de ce texte, rompant ainsi définitivement avec les critiques adressées à l'ordonnance de 1959.

On comprend mieux dès lors que la réforme de 2001, qui n'est autre que l'adoption d'une « nouvelle constitution financière », ait été présentée par les pouvoirs publics comme une révolution, comme un défi lancé à l'État. La transformation du processus d'élaboration et d'adoption des lois de finances se veut en effet radicale. Deux objectifs essentiels sont poursuivis : améliorer la gestion publique par une efficacité accrue de la dépense publique et rendre au Parlement la capacité d'exprimer sa souveraineté budgétaire et financière conformément aux exigences démocratiques.

2 • L'entrée en vigueur de la LOLF

Les années 2005 et 2006 ont été des moments charnières puisque le 1er janvier 2005 est la date d'entrée en vigueur de la LOLF dans son intégralité. L'ordonnance du 2 janvier 1959 était en effet restée en vigueur, à titre transitoire, dans certaines de ses dispositions jusqu'à cette date.

2006 est donc la première année qui voit le projet de loi de finances entièrement configuré par le Gouvernement et adopté par le Parlement en application de la LOLF. La loi de finances pour 2006 est donc la première à pouvoir connaître l'intégralité du nouveau processus de détermination en son sein des objectifs poursuivis et des moyens nécessaires, et à voir les résultats obtenus par sa mise en œuvre soumis aux nouvelles procédures d'évaluation une fois l'exercice budgétaire achevé. La certification des comptes de l'État par la Cour des comptes en mai 2007 et la loi de règlement de juin 2007 ont parachevé la mise en place du nouveau dispositif.

B LE RÔLE MAJEUR DE LA LOLF COMME LEVIER DE LA MODERNISATION DE L'ÉTAT

Les ministres délégués « au budget et à la réforme de l'État » que furent Alain Lambert (7 mai 2002 – 30 mars 2004) et Jean-François Copé (31 mai 2005 – 15 mai 2007) ont fait place le 18 mai 2007 à Éric Woerth, qui occupe désormais le poste, rebaptisé, de « ministre du Budget, des Comptes publics et de la Fonction publique ». Malgré ce changement de dénomination, ce dispositif marque bien la fin d'une étape : celle de la mise en œuvre de la LOLF en tant que réforme budgétaire indissociable de la réforme de l'État.

1 • Réforme budgétaire et réforme de l'État

L'adoption consensuelle par les assemblées parlementaires de la LOLF en 2001, après plus de trente tentatives infructueuses de réformes de plus ou moins grande ampleur, s'inscrit dans une logique globale qui dépasse largement l'impact déjà considérable de ce texte. La réforme du budget de l'État n'est rien moins qu'un des éléments de la réforme de l'État.

Cette réforme est intervenue à un moment où des facteurs convergents la rendaient inéluctable.

➡ Facteurs endogènes tout d'abord ; il suffit à cet égard de mentionner ici quelques chiffres qui font prendre conscience de la problématique première des finances publiques modernes, à savoir la maîtrise des déficits publics et de l'endettement

public par l'amélioration de la gestion publique. Sur ces deux questions, l'État était le premier concerné parmi les administrations publiques. Dans la loi de finances pour 2001, l'État avait à financer un déficit budgétaire de 28,4 milliards d'euros et l'encours de la dette des administrations publiques atteignait 812,5 milliards d'euros et représentait 57,3 % du PIB. En outre, il est avéré que la responsabilité de cette situation incombait à l'État seul. En effet, en 2001, toutes les administrations publiques avaient atteint l'objectif d'équilibre des finances publiques à l'exception de l'État (rapport Marini fait au nom de la commission des finances du Sénat de juillet 2002 sur la dette publique et ses perspectives d'évolution).
À cet égard, le cadre rigide et quasiment inchangé depuis 45 ans de l'ordonnance de 1959 était devenu obsolète. À défaut de pouvoir augmenter de manière conséquente les recettes, et donc la fiscalité, ou d'obtenir la réduction drastique de la dépense publique, il fallait pouvoir gérer autrement, ce que ne permettait pas ce texte.

« La réforme budgétaire et la réforme de l'État doivent être conduites dans un même esprit, une même logique, une même démarche. »
(Jean-François Copé, ministre délégué au Budget et à la Réforme de l'État 2005).

➥ Facteurs exogènes ensuite : car la France est liée à ses partenaires européens par des engagements, à commencer par le « pacte de stabilité et de croissance » entériné à l'époque par les Quinze au Conseil européen d'Amsterdam le 17 juin 1997 et précisé dans deux règlements en date du 7 juillet 1997.

2 • La modernisation de la gestion publique par la réforme du cadre budgétaire étatique

La modification du cadre budgétaire étatique s'est traduite par l'adoption d'une nouvelle nomenclature budgétaire porteuse de profonds changements de terminologie. Les missions, les programmes, les actions, les objectifs, les résultats, les indicateurs, l'évaluation et même la référence à la sincérité budgétaire sont autant de notions nouvelles introduites dans le droit budgétaire.
Au-delà de leur caractère technique, elles sont la traduction d'une transformation des méthodes de gestion publique. En changeant la grille de lecture du budget de l'État, c'est toute sa conception qui s'en trouve modifiée. Pour reprendre le slogan de l'époque du MINEFI, il s'agit de « mettre la performance au cœur de l'action publique ».

Les notions nouvelles sont la traduction d'une transformation des méthodes de gestion publique.

Dès lors, l'impact de la LOLF est telle une onde de choc qui prend peu à peu toute son amplitude. L'ensemble des finances publiques, non seulement étatiques, mais aussi locales ou sociales, est en passe d'être réformé pour se mettre à l'unisson. Désormais donc, la gestion publique acquiert de nouvelles lettres de noblesse en même temps qu'est réhabilitée la comptabilité publique sous ses nouveaux visages de comptabilité, budgétaire, mais aussi générale et analytique.
Mais d'autres dimensions font également pleinement leur entrée dans la science des finances publiques, comme celle du management public. En effet, la LOLF s'articule avec une nouvelle conception de gestion des ressources humaines. Jean-François Copé, ministre du Budget en charge de la première loi de finances en mode LOLF en 2006, est représentatif de cette nouvelle génération de ministres gestionnaires. Il a suivi des séminaires de formation du *New Public Management* aux États-Unis et défend en matière budgétaire le *benchmarking*, c'est-à-dire l'approche comparatiste des pratiques internationales les plus performantes.
En cela la LOLF est une « révolution budgétaire » qui cache une « révolution culturelle ».

EN PRATIQUE

SUJET DE DISSERTATION

LE DROIT BUDGÉTAIRE MODERNE SE FONDE-T-IL TOUJOURS SUR LE CONSENTEMENT DE L'IMPÔT ET DE LA DÉPENSE PUBLIQUE ?

Introduction rédigée :

La raison d'être du droit budgétaire est de répartir le pouvoir budgétaire entre le Gouvernement et le Parlement. L'idée de consentir l'impôt et la dépense a été consacrée par la Déclaration des droits qui donne à tous les citoyens les droits de consentir l'impôt et la dépense, c'est-à-dire au Parlement dans une démocratie moderne.
Non seulement la réforme de la LOLF s'ancre dans cette tradition, mais elle s'affirme même comme une réhabilitation du rôle du Parlement.

Plan :

I. Les racines parlementaires du droit budgétaire moderne :
   A. La consécration par la Déclaration de 1789
   B. La mise en œuvre sous la Restauration

II. La réhabilitation par la LOLF du pouvoir budgétaire parlementaire
   A. Un pouvoir budgétaire amoindri par l'ordonnance de 1959
   B. Une volonté affirmée de restauration du pouvoir parlementaire

DANS L'AIR DU TEMPS

- Le principe du consentement de l'impôt
- L'article 14 de la Déclaration des droits de l'homme et du citoyen a-t-il toujours un sens ?
- Réforme budgétaire et réforme de l'État

EN PRATIQUE

QRC

- Fallait-il abroger l'ordonnance du 2 janvier 1959 ?
- Pourquoi la LOLF est-elle qualifiée de « Constitution financière » ?
- L'origine des grands principes budgétaires.
- Quel rôle les finances publiques doivent-elles jouer dans un État moderne ?

QCM

1. Le principe du consentement de l'impôt a été proclamé en France :

- A. sous Philippe le Bel
- B. à la Révolution française
- C. sous la Restauration
- D. sous la IIIe République

2. Les principes du consentement de l'impôt et de contrôle de la dépense sont proclamés dans la Déclaration des droits de l'homme et du citoyen :

- A. à l'article 1er
- B. à l'article 13
- C. à l'article 14
- D. à l'article 15

3. Le premier budget respectueux du principe d'antériorité budgétaire date de :

- A. 1790
- B. 1823
- C. 1946
- D. 1958

4. La règle de non compensation des recettes et des dépenses :

- A. permet de contourner le principe d'universalité budgétaire
- B. permet que le budget soit voté en déficit
- C. permet que soit présentée l'intégralité des recettes et des dépenses
- D. permet que soient présentés des soldes budgétaires

5. La technique des douzièmes provisoires :

- A. consiste à reconduire un douzième des recettes du budget précédent pour assurer la continuité de l'État
- B. est encore utilisée à titre exceptionnel sous la Ve République
- C. permet de déroger au principe d'annualité budgétaire
- D. consiste à reconduire par douzièmes les sommes dépensées au budget précédent

6. La LOLF est entrée en vigueur dans son intégralité au 1er janvier :

- A. 2001
- B. 2004
- C. 2005
- D. 2006

CHAPITRE 2 LA NOUVELLE GESTION PUBLIQUE

Le passage d'un budget conçu en termes de moyens d'action à un budget conçu en termes de finalités d'action engendre un nouvel équilibre des pouvoirs d'autorisation et de contrôle.

Ce sont des objectifs bien plus ambitieux que la réforme des règles financières régissant le budget de l'État qui ont été assignés à la LOLF, « nouvelle constitution financière ». L'enjeu est fort : il s'agit bien de l'avènement d'une nouvelle forme de puissance publique : l'État gestionnaire et une administration toute entière tournée vers un objectif de performance. L'ambition est de taille car cette réforme des finances publiques est devenue le fer de lance de la réforme de l'État. Elle doit impérativement s'articuler sur un renforcement du pouvoir parlementaire démocratique (voir le chapitre 4). Le passage d'un budget conçu en termes de moyens d'action à un budget conçu en termes de finalités d'action engendre un nouvel équilibre des pouvoirs d'autorisation et de contrôle. La latitude d'action ouverte aux gestionnaires par la nouvelle nomenclature budgétaire nécessite en effet une refonte du contrôle parlementaire *a posteriori*. Il s'agit donc bien d'une logique d'ensemble, quand bien même rénovation du pouvoir du Parlement en matière budgétaire et financière et réforme de la gestion publique sont abordées séparément.

1 LA RECHERCHE DE PERFORMANCE BUDGÉTAIRE

Jusqu'à la réforme de la LOLF, le budget se déclinait par ministère, par titre, et par chapitre. Primait ainsi une logique ministérielle inadaptée à la règle des trois E : économie, efficacité, efficience.

Jusqu'à la réforme de la LOLF, le budget se déclinait par ministère, par titre, et par chapitre. Primaient ainsi une logique ministérielle, fortement ancrée dans les us et coutumes de la vie politique française, une logique de moyens et une spécialisation budgétaire étroite et rigide, souvent qualifiée de carcan budgétaire. C'est ce modèle inadapté à la règle des trois E : « économie, efficacité, efficience » que la LOLF remet en cause.

Désormais, le budget se décline par missions, détaillées par programmes, précisant les crédits par action et par nature de dépense. Cette nouvelle nomenclature budgétaire est à la fois une nouvelle organisation du budget de l'État mais aussi et surtout, elle est porteuse d'une logique d'objectifs et de résultats. L'article 7 est à ce titre l'un des articles phares du texte de 2001 ; il consacre des nouveautés majeures d'un budget et d'autorisations budgétaires désormais conçus « en mode LOLF ».

A LES MISSIONS

La mission devient l'unité de vote du budget de l'État de la loi de finances en lieu et place de la distinction services votés/mesures nouvelles. Elle devient aussi la nouvelle grille de présentation du budget de l'État, traduction juridique des choix de politiques publiques du pouvoir exécutif.

1 • Définition

La définition très explicite que donne l'article 7–I de la mission mérite que l'on s'y attache mot à mot.

Article 7
I. - Les crédits ouverts par les lois de finances pour couvrir chacune des charges budgétaires de l'État sont regroupés par mission relevant d'un ou plusieurs services d'un ou plusieurs ministères.
Une mission comprend un ensemble de programmes concourant à une politique publique définie. Seule une disposition de loi de finances d'initiative gouvernementale peut créer une mission.
Toutefois, une mission spécifique regroupe les crédits des pouvoirs publics, chacun d'entre eux faisant l'objet d'une ou de plusieurs dotations. De même, une mission regroupe les crédits des deux dotations suivantes :
1° Une dotation pour dépenses accidentelles, destinée à faire face à des calamités, et pour dépenses imprévisibles ;
2° Une dotation pour mesures générales en matière de rémunérations dont la répartition par programme ne peut être déterminée avec précision au moment du vote des crédits.

Il faut donc établir l'équation terminologique suivante :

Crédits ouverts par les lois de finances
=
Charges budgétaires de l'État
=
Politiques publiques définies
=
Missions

Il est à remarquer que la LOLF se met ainsi en cohérence avec le texte constitutionnel qui se réfère aux charges de l'État dans deux de ses articles. L'article 34 : « Les lois de finances déterminent les ressources et les charges de l'État (...) » et l'article 40 « Les propositions et amendements formulés par les membres du Parlement ne sont pas recevables lorsque leur adoption aurait pour conséquence soit une diminution des ressources publiques, soit la création ou l'aggravation d'une charge publique ». Cette double référence constitutionnelle permet de comprendre l'exclusivité du pouvoir exécutif dans la formulation des missions.
L'article 7 renchérit d'ailleurs sur ce point puisqu'il y est affirmé que « seule une disposition de loi de finances d'initiative gouvernementale peut créer une mission » (art. 7–1 alinéa 2).

Il faut établir l'équation terminologique suivante :
Crédits ouverts par les lois de finances
=
Charges budgétaires de l'État
=
Politiques publiques définies
=
Missions

La LOLF se met ainsi en cohérence avec le texte constitutionnel qui se réfère aux charges de l'État dans deux de ses articles : l'article 34 et l'article 40.

2 • Expression du choix des politiques publiques

Les missions sont énumérées par ordre alphabétique dans l'état législatif annexé B qui détaille le premier article de la deuxième partie de la loi de finances (moyens des politiques publiques) (voir le chapitre 4).
À titre d'exemple, l'article 71 de la loi du 27 décembre 2008 de finances pour 2009, qui ouvre la seconde partie de la loi de finances consacrée aux « moyens des politiques publiques », fixe le montant global des dépenses figurant au budget général à répartir entre les différentes missions.

AUTORISATIONS BUDGÉTAIRES POUR 2009 – CRÉDITS ET DÉCOUVERTS
TITRE Ier
I. – CRÉDITS DES MISSIONS
Article 71
Il est ouvert aux ministres, pour 2009, au titre du budget général, des autorisations d'engagement et des crédits de paiement s'élevant respectivement aux montants de 392 019 909 146 € et de 379 028 426 440 €, conformément à la répartition par mission donnée à l'état B annexé à la présente loi.

L'état législatif annexé B de la loi de finances pour 2009 détaille donc par ordre alphabétique les 32 missions retenues. Chaque loi de finances est susceptible de les reconfigurer tant dans leur nombre que dans leurs périmètres pour mettre en relief les priorités gouvernementales. Ainsi par exemple, la mission transport qui figurait en loi de finances pour 2007 n'existe plus en tant que telle dans la loi de finances pour 2008. Elle est désormais intégrée sous forme de programme à la mission « Écologie, développement et aménagement durable » qui s'en trouve élargie d'autant. Est aussi apparue dans la LF 2008 une mission « Immigration, asile et intégration ». Ces modifications s'expliquent par la nécessité de tenir compte des modifications de périmètres ministériels et de les mettre en cohérence avec les unités de vote (les missions) et les unités de spécialisation des crédits budgétaires (les programmes). Les fonctions régaliennes de l'État sont retranscrites dans de nombreuses missions : par exemple la mission « Défense », mission « Sécurité », mission « Justice ». Certaines missions rendent compte d'activités publiques fondamentales, telles la mission « Culture » ou la mission « Recherche et enseignement supérieur ». Mais la loi de finances comporte désormais des intitulés plus thématiques, qui traduisent davantage les grandes politiques publiques sur lesquelles le Gouvernement met l'accent. C'est le cas de la mission « Écologie et développement durable » dont l'intitulé s'est transformé pour tenir compte de l'augmentation de son périmètre (voir ci-dessus) pour devenir mission « Énergie, écologie, développement et aménagement du territoire » ou encore de la mission « Gestion et contrôle des finances publiques ».

3 • La vocation interministérielle des missions

La vocation d'une mission est d'être soit ministérielle soit interministérielle, c'est-à-dire « mission relevant d'un ou plusieurs services d'un ou plusieurs ministères » (article 7).

Là réside une des grandes nouveautés de la LOLF qui tend à privilégier l'utilisation des crédits en termes de politiques publiques et non en termes de ministère. L'expérimentation de la LOLF dans une version à blanc du budget 2005 avant sa mise en œuvre exhaustive dans le budget 2006 (premier budget exclusivement en mode LOLF) avait déjà montré les difficultés rencontrées par les ministères à formuler leur action en termes de finalités et qui plus est interministérielle. La démarche, en totale contradiction avec les habitudes politico-administratives françaises, s'apparente à une véritable révolution des pratiques et des cultures non seulement des ministres mais de l'ensemble des ministères.

L'exemple est souvent cité des réticences particulièrement fortes auxquelles a donné lieu de part et d'autre le regroupement de la police nationale (8,4 milliards d'euros de crédits de paiement) et de la gendarmerie nationale (7,4 milliards d'euros) au sein de la mission « Sécurité » (15,8 milliards d'euros).
D'interministérielle, cette mission est devenue ministérielle en raison du passage de la gendarmerie de la tutelle du ministère de la Défense à celle du ministère de l'Intérieur, sur fond de redéfinition complète de la carte de la sécurité en France. C'est un bel exemple des enjeux politico-administratifs de la présentation technique du budget de l'État.

Le budget général compte 32 missions, auxquelles s'ajoutent les 2 missions correspondant à chaque budget annexe : contrôle et exploitation aériens ; publications officielles et information administrative et les 13 missions correspondant à chacun des comptes spéciaux du Trésor.

Le budget général compte 32 missions, auxquelles s'ajoutent :
– Les 2 missions correspondant à chaque budget annexe : contrôle et exploitation aériens ; publications officielles et information administrative.
– Les 13 missions correspondant à chacun des comptes spéciaux du Trésor.
Parmi les comptes d'affectation spéciale citons la mission « Contrôle et sanction automatisés des infractions au code de la route (pour 2009 : en crédits de paiement pour le programme radars 201,7 millions d'euros et pour le programme fichier national du permis de conduire 10,3 millions d'euros).
Parmi les 7 comptes de concours financiers, citons la mission « Avances aux collectivités territoriales » pour un budget global de 85,7 milliards d'euros dont la quasi-totalité correspond au programme « Avances sur le montant des impositions revenant aux régions, départements, communes, établissements et divers organis-

mes » ou encore celui, de bien moindre ampleur, des « Avances au fonds d'aide à l'acquisition de véhicules propres (478 millions d'euros) ».

➥ Sur les 32 missions du budget général, seules 9 sont interministérielles :
Aide publique au développement, Anciens combattants, Mémoire et liens avec la nation, Enseignement scolaire, Médias, Politique des territoires, Recherche et enseignement supérieur, Régimes sociaux et de retraite, Solidarité, intégration et égalité des chances, Travail et emploi.
Leur nombre est donc en régression par rapport à la LF 2008 qui en décomptait 11, les missions Sécurité et Sécurité sanitaire étant devenues ministérielles.

L'état législatif annexé B de la loi de finances pour 2009 détaille les 32 missions. Chaque loi de finances est susceptible de les reconfigurer tant dans leur nombre que dans leurs périmètres.

B LES PROGRAMMES

La nouvelle nomenclature budgétaire structurée en missions prévoit pour chacune d'elles au minimum deux programmes. Ils sont l'unité de spécialisation des crédits budgétaires en lieu et place des chapitres. Ils sont également le niveau auquel se joue la formalisation de la recherche de performance.

1 • Définition

L'article 7 donne une définition de la nouvelle notion de programme dans laquelle s'exprime pleinement la nouvelle philosophie d'un budget d'objectifs et d'une recherche de la performance budgétaire.
Contrairement aux missions, les programmes sont strictement ministériels. Ils relèvent d'un ministre gestionnaire responsable et leur mise en œuvre incombe à un responsable de programme.
L'article 7–II précise en outre que « les crédits sont spécialisés par programme ou par dotation ». La LOLF prévoit deux missions, qu'elle qualifie de « spécifiques », dont les crédits sont regroupés par dotations et non par programmes. La première est intitulée « Pouvoirs publics », la seconde « Provisions ».
Pour 2009, les crédits de paiement de la mission « Pouvoirs publics » s'élèvent à un milliard d'euros réparti en dotations.

Pour 2009, les crédits de paiement de la mission « Pouvoirs publics » s'élèvent à un milliard d'euros de crédits de paiement répartis en dotations.

Présidence de la République : (31 783 605 euros en 2007)	112 335 666	euros
Assemblée nationale :	533 910 000	euros
Sénat	327 694 000	euros
La chaîne parlementaire	30 735 000	euros
Indemnités des représentants français au Parlement européen	4 745 974	euros
Conseil constitutionnel	12 460 000	euros
Haute Cour	0	euro
Cour de justice de la République	845 080	euros

De même, la mission « Provisions » regroupe les crédits des deux dotations suivantes. Elle présente des crédits, destinés au financement :
– d'une part, des « mesures générales en matière de rémunérations ». En 2007, aucun crédit n'avait fait l'objet d'une inscription sur la dotation relative aux rémunérations. Pour l'année 2009, comme pour l'année 2008, 150 millions d'euros de crédits prévisionnels ont été adoptés, dans le but de financer les exonérations de cotisations sociales sur les heures supplémentaires effectuées dans la fonction publique d'État ;
– d'autre part, des « dépenses accidentelles » et des « dépenses imprévisibles ». Cette dotation a pour vocation d'assurer les crédits nécessaires à des dépenses accidentelles, imprévisibles et urgentes. Il s'agit notamment des dépenses liées à des catastrophes naturelles, en France ou à l'étranger, ou à des événements extérieurs qui requièrent le rapatriement de Français. La nature même de ces dépenses expli-

que que la répartition par programme ne puisse en être déterminée avec précision au moment du vote des crédits. Elle s'élève à 75 millions d'euros pour 2009.

Deux spécificités majeures de la mission « Provisions » peuvent être soulignées. Elle rassemble en premier lieu des crédits globaux, destinés à couvrir des dépenses indéterminées au moment du vote. Ces crédits sont répartis suivant une procédure par voie règlementaire, en tant que besoin en cours d'exercice, entre les autres missions, par programme. Ces crédits viennent donc abonder des programmes et sont par nature susceptibles d'entraîner une dérogation au caractère limitatif desdits programmes. Pour autant, les crédits de provision sont eux-même limitatifs. En second lieu, aucun objectif de performance n'est fixé. Ses programmes, par conséquent, ne font l'objet d'aucun indicateur, et leur présentation n'est pas accompagnée d'un projet annuel de performances.

Les programmes sont la nouvelle unité de spécialisation des crédits budgétaires, les nouvelles unités de compte du budget.

2 • Des chapitres aux programmes

Les programmes sont la nouvelle unité de spécialisation des crédits budgétaires, les nouvelles unités de compte du budget. Ces enveloppes budgétaires font littéralement exploser la rigidité imposée par la répartition par chapitre des crédits budgétaires. Là où l'on décomptait 850 chapitres se trouvent 130 programmes dans la LF pour 2009, marquant ainsi une grande stabilité de leur nombre (133 dans la LF pour 2008).

De la même manière que pour les missions, le Gouvernement crée ou supprime des programmes en fonction des politiques menées. Par exemple, dans le cadre de la démarche de modernisation du patrimoine immobilier de l'État, la loi de finances pour 2009 prévoit la création sur le budget général d'un programme « Entretien des bâtiments de l'État ». Ce programme a pour finalité d'améliorer la programmation des dépenses par le regroupement progressif des crédits d'entretien du propriétaire, aujourd'hui dispersés sur les budgets des différentes administrations occupantes. À terme, une fois sa montée en charge terminée, ce programme constituera un puissant instrument de rationalisation et de professionnalisation de la dépense immobilière consacrée à l'entretien lourd des bâtiments de l'État (contrôles réglementaires, audits et diagnostics, maintenance préventive et corrective, travaux de mise en conformité, de remise en état et de rénovation thermique).

Article 7–I al. 2 :
« (...) Un programme regroupe les crédits destinés à mettre en œuvre une action ou un ensemble cohérent d'actions relevant d'un même ministère et auquel sont associés des objectifs précis, définis en fonction de finalités d'intérêt général, ainsi que des résultats attendus et faisant l'objet d'une évaluation. »

Dans l'article 7–I, la LOLF donne la définition de la notion de programme telle qu'il faut désormais l'entendre en droit budgétaire :

> Un programme regroupent les crédits destinés à mettre en œuvre une action ou un ensemble cohérent d'actions relevant d'un même ministère et auquel sont associés des objectifs précis, définis en fonction de finalités d'intérêt général, ainsi que des résultats attendus et faisant l'objet d'une évaluation.

L'ancienne présentation par titres et par chapitres ne disparaît pas pour autant.

> Article 7–II.
> Les crédits sont spécialisés par programme ou par dotation.
> Les crédits d'un programme ou d'une dotation sont présentés selon les titres mentionnés à l'article 5.
> La présentation des crédits par titre est indicative. Toutefois, les crédits ouverts sur le titre des dépenses de personnel de chaque programme constituent le plafond des dépenses de cette nature.

L'ordonnance du 2 janvier 1959 portant sur la loi organique relative aux lois de finances répartissait en effet les crédits à l'intérieur de sept titres (article 6). La LOLF les garde pour l'essentiel. Elle supprime le septième, obsolète : les dépenses

pour dommages de guerre. En revanche, de manière beaucoup plus fondamentale, elle dédouble l'ancien titre 3 qui regroupait une partie des dépenses dites ordinaires de l'État, à savoir les dépenses de personnel et de matériel applicables au fonctionnement des services.
Désormais, l'article 5 de la LOLF détaille de manière très didactique les différents titres et leur contenu. L'ancien titre 3 fait place à deux titres : le 2, réservé aux dépenses de personnel, et le 3, consacré aux autres dépenses de fonctionnement.

Article 5
I • Les charges budgétaires de l'État sont regroupées sous les titres suivants :
1° Les dotations des pouvoirs publics ;
2° Les dépenses de personnel ;
3° Les dépenses de fonctionnement ;
4° Les charges de la dette de l'État ;
5° Les dépenses d'investissement ;
6° Les dépenses d'intervention ;
7° Les dépenses d'opérations financières.

II • Les dépenses de personnel comprennent :
– les rémunérations d'activité ;
– les cotisations et contributions sociales ;
– les prestations sociales et allocations diverses.
Les dépenses de fonctionnement comprennent :
– les dépenses de fonctionnement autres que celles de personnel ;
– les subventions pour charges de service public.
Les charges de la dette de l'État comprennent :
– les intérêts de la dette financière négociable ;
– les intérêts de la dette financière non négociable ;
– les charges financières diverses.
Les dépenses d'investissement comprennent :
– les dépenses pour immobilisations corporelles de l'État ;
– les dépenses pour immobilisations incorporelles de l'État.
Les dépenses d'intervention comprennent :
– les transferts aux ménages ;
– les transferts aux entreprises ;
– les transferts aux collectivités territoriales ;
– les transferts aux autres collectivités ;
– les appels en garantie.
Les dépenses d'opérations financières comprennent :
– les prêts et avances ;
– les dotations en fonds propres ;
– les dépenses de participations financières.

Cette dissociation est essentielle pour la mise en œuvre de la LOLF. Désormais, les crédits de chaque programme sont dissociés, ce qui permet d'identifier d'une part les crédits du programme, d'autre part les crédits du titre 2 consacré aux dépenses de personnel dont la maîtrise devenue un enjeu majeur pour l'État.

Ainsi, par exemple, dans la mission « Recherche et enseignement supérieur », l'un des 12 programmes, intitulé « Formations supérieures et recherche », bénéficie dans la loi de finances pour 2009 d'une ouverture de crédits de 11,6 milliards d'euros dont 6,7 milliards pour le titre 2, ce qui correspond notamment aux rémunérations des enseignants-chercheurs.

Désormais, les crédits de chaque programme sont dissociés, ce qui permet d'identifier d'une part les crédits du programme, d'autre part les crédits du titre 2 consacré aux dépenses de personnel.

La spécialisation proposée par titre et par chapitre est, aux termes de l'article 7, purement indicative.
Elle n'en demeure pas moins un référentiel dans la numérotation des crédits budgétaires et son utilité est fondamentale dans la nomenclature d'exécution des crédits (présentation dans les blancs budgétaires).

> *Article 7-IV :*
> « Les crédits ouverts sont mis à la disposition des ministres.
> Les crédits ne peuvent être modifiés que par une loi de finances ou, à titre exceptionnel, en application des dispositions prévues aux articles 11 à 15, 17, 18 et 21.
> La répartition des emplois autorisés entre les ministères ne peut être modifiée que par une loi de finances ou, à titre exceptionnel, en application du II de l'article 12. »

Dans le cadre de la loi organique n° 2001-692 du 1er août 2001 relative aux lois de finances, une nouvelle nomenclature a été élaborée. Cette nomenclature budgétaire (en prévisionnel dans la loi de finances) et comptable (dans la nomenclature d'exécution des crédits à savoir les blancs budgétaires) permet de retracer les crédits et les dépenses suivant deux axes : une part, selon la destination, et, d'autre part, selon la nature.

L'axe *destination* est décliné par la loi de finances en missions, programmes, actions et, le cas échéant, sous-actions. Dans la nomenclature d'exécution (blancs budgétaires), l'axe destination peut être encore affiné au niveau des articles d'exécution.

L'axe *nature* est composé quant à lui, en prévision, des titres et catégories. En exécution, il s'agit alors d'un code alphanumérique qui associe ces crédits au compte par nature du plan comptable de l'État (PCE).

La nomenclature d'exécution des crédits est présentée dans les blancs budgétaires et dresse pour chaque programme la liste des imputations de crédits qui pourront figurer sur les ordonnances et les mandats de paiement.

Nomenclature d'exécution 2009
Programme 181
« Prévention des risques »
Mission ministérielle : TA « Écologie, développement et aménagement durables »
Ministère : 23 « Écologie, énergie, développement durable et aménagement du territoire »

Programme 181 – Prévention des risques (chapitre 0181)					
Autres titres : autres dépenses (article de prévision 02)					
Nomenclature budgétaire par destination	Gestion				Libellés
Programme Action Sous-action ou autre subdivision	Programme (Chapitre)	Action, sous-action ou autre subdivision (Article d'exécution)	Catégorie	Compte PCE (§)	
181-01-18	(0181)	(33)			Contrôle des barrages et des digues
			52	2031 (AA)	Coûts de développement en cours
			52	20531 (AD)	Logiciels acquis
			52	2088 (AH)	Autres immobilisations incorporelles non ventilées

La nouveauté introduite par la LOLF est très clairement exposée dans l'article 7 : seule la spécialisation budgétaire par programmes est impérative. La spécialisation proposée par titre et par chapitre est purement indicative. Elle n'en demeure pas moins un référentiel dans la numérotation des crédits budgétaires et son utilité est fondamentale.

Ce codage permet désormais la lisibilité et la circulation dans le budget de l'État, mais ne délimite plus des enveloppes budgétaires contraignantes pour le pouvoir exécutif. Cette présentation par titres n'empêche donc pas la fongibilité asymétrique des crédits budgétaires.

Dès la promulgation de la loi de finances, le Premier ministre prend un décret de répartition qui fixe par programme ou par dotation les crédits ouverts en distinguant les dépenses de personnel du titre 2.
Ce décret est ainsi conçu comme « l'instrument juridique de passage entre l'unité de vote et l'unité de spécialité budgétaire », à savoir entre la mission et les programmes.

Avec la notion de programme apparaît toute la terminologie de la performance.

Ainsi, à titre d'illustration, le décret du 30 décembre 2009 portant répartition des crédits et découverts autorisés par la loi de finances initiale pour 2009 met « à la disposition des ministres » les crédits budgétaires ouverts en loi de finances (Article 7–IV). En annexe figurent les états législatifs annexés à la loi de finances.

État A - Répartition par programme ou dotation et fixation pour le titre 2 des crédits ouverts sur les missions du budget général pour 2009

INTITULÉS DE LA MISSION et du programme ou de la dotation	NUMÉRO du programme ou de la dotation	MONTANT de l'autorisation d'engagement (en euros)	MONTANT du crédit de paiement (en euros)	MINISTRE DISPOSANT DES CRÉDITS du programme ou de la dotation
ACTION EXTERIEURE DE L'ÉTAT		2 493 487 986	2 511 908 296	
Action de la France en Europe et dans le monde	105	1 590 730 047	1 609 150 357	Ministre des Affaires érangères et européennes
Dont titre 2		523 303 747	523 303 747	
Rayonnement culturel et scientifique	185	512 821 996	512 821 996	Idem
Dont titre 2		87 706 581	87 706 581	
Français à l'étranger, affaires consulaires et sécurité des personnes	151	309 935 943	309 935 943	Idem
Dont titre 2		188 427 494	188 427 494	
ADMINISTRATION GÉNÉRALE ET TERRITORIALE DE L'ÉTAT		2 601 644 070	2 592 794 169	
ADMINISTRATION TERRITORIALE	108	1 667 437 359	1 667 437 359	Ministre de l'Intérieur, de l'outre-mer et des collectivités territoriales
Dont titre 2		1 333 483 545	1 333 483 545	

Chaque programme est détaillé par un PAP. Ils doivent décrire les actions constituant le programme, prévoir leur coût, définir les objectifs sur trois axes : l'efficacité socio-économique, la qualité du service rendu, l'efficacité de la gestion. Il aide à mesurer les objectifs de performance.

Dès lors les modifications pouvant être apportées en cours d'exécution budgétaire à l'autorisation initiale donnée par les parlementaires sont en conséquence tout à fait limitées et encadrées (voir le chapitre 3).
L'article 7 alinéa IV explicite ce point et ses conséquences :

> Les crédits ne peuvent être modifiés que par une loi de finances ou, à titre exceptionnel, en application des dispositions prévues aux articles 11 à 15, 17, 18 et 21.
> La répartition des emplois autorisés entre les ministères ne peut être modifiée que par une loi de finances ou, à titre exceptionnel, en application du II de l'article 12.

2 LES OUTILS DE LA PERFORMANCE

A LE PROJET ANNUEL DE PERFORMANCE (PAP)

1 • L'article 51-5° de la LOLF

Chaque programme est détaillé par un PAP qui le décline notamment (article 51-5° a) :
- en actions ;
- en coûts associés ;
- en objectifs poursuivis ;
- ainsi qu'en termes de résultats obtenus et attendus pour les années à venir mesurés au moyen d'indicateurs précis dont le choix est justifié.

Avec la notion de programme s'engouffre toute la terminologie de la performance. À chacun d'entre eux sont associés :
- des objectifs précis qui sont définis en fonction de finalités d'intérêt général ;
- des résultats attendus qui font l'objet d'une évaluation.

Ces éléments sont constitutifs des projets annuels de performances décrits au 5° de l'article 51 de la LOLF. Ici se rejoignent de manière caractérisée les problématiques, évoquées en introduction, de la recherche de performance dans la nouvelle gestion publique (article 7 définissant les programmes) et la nécessaire information parlementaire (article 51–5° décrivant le contenu des PAP). Chaque programme est détaillé par un PAP qui le décline notamment (article 51-5° a) :
- en actions ;
- en coûts associés ;
- en objectifs poursuivis ;
- ainsi qu'en termes de résultats obtenus et attendus pour les années à venir mesurés au moyen d'indicateurs précis dont le choix est justifié.

Les PAP doivent ainsi décrire les actions constituant le programme, prévoir leur coût, définir les objectifs sur trois axes. L'efficacité socio-économique en premier lieu : les indicateurs désignent alors, pour une politique donnée, l'impact réel de son action et permettent d'évaluer si les objectifs de cette politique ont été atteints. C'est ici le point de vue du citoyen qui est adopté. La qualité du service en second lieu : les indicateurs servent alors à mesurer la qualité du service rendu et les résultats sont obtenus au moyen d'enquêtes réalisées auprès des usagers. C'est donc ici le point de vue de l'usager qui est retenu. L'efficience de la gestion enfin. Il s'agit alors d'indicateurs d'analyse de productivité qui correspondent au point de vue du contribuable. Les PAP fournissent également des indicateurs de mesure d'activité et de résultats en fixant les cibles (niveaux de performance obtenus et attendus).

Les PAP comportent aussi, entre autres, l'échéancier des crédits de paiement associés aux autorisations d'engagement, ou encore l'évaluation des dépenses fiscales associées à chaque programme, ou enfin la répartition prévisionnelle des emplois rémunérés par l'État.

Les PAP comportent aussi, entre autres, l'échéancier des crédits de paiement associés aux autorisations d'engagement, ou encore l'évaluation des dépenses fiscales associées à chaque programme, ou enfin la répartition prévisionnelle des emplois rémunérés par l'État.

Ci-dessous, un exemple pour la mission « Conseil et contrôle de l'État ». Trois programmes figurent dans la LF 2009 :

- Conseil d'État et autres juridictions administratives.
- Conseil économique et social.
- Cour des comptes et autres juridictions financières.

Les PAP (nouveaux bleus budgétaires) des différents programmes s'organisent en six rubriques :
1 - Présentation stratégique du projet annuel de performances.
2 - Présentation des crédits du programme et des dépenses fiscales associées.
3 - Présentation du programme et des actions.
4 - Objectifs et indicateurs de performance.
5 - Justification au premier euro.
6 - Analyse des coûts du programme et des actions.

2 • Les objectifs et les indicateurs de performance

Le projet annuel de performances donne lieu à la formulation des objectifs (chacun étant donné en vertu du point de vue soit de l'usager, soit du contribuable, soit du citoyen) et des indicateurs de performance.

Pour reprendre l'exemple du programme « Conseil d'État et autres juridictions administratives », quatre objectifs sont assignés à l'utilisation des crédits budgétaires. Chaque objectif est assorti d'indicateurs de performance :

> Le projet annuel de performances donne lieu à la formulation des objectifs (chacun étant donné en vertu du point de vue soit de l'usager, soit du contribuable, soit du citoyen) et des indicateurs de performance.

OBJECTIF 1 : réduire les délais de jugement (point de vue de l'usager).
- Indicateur 1.1 : délai prévisible moyen de jugement des affaires en stock.
- Indicateur 1.2 : proportion d'affaires en stock enregistrées depuis plus de deux ans.
- Indicateur 1.3 : délai moyen de l'instance pour les affaires en cassation devant le Conseil d'État.
- Indicateur 1.4 : nombre de juridictions pour lesquelles le délai prévisible moyen de jugement des affaires en stock est supérieur à deux ans.

OBJECTIF 2 : maintenir la qualité des décisions juridictionnelles (point de vue de l'usager).
- Indicateur 2.1 : taux d'annulation par les cours administratives d'appel des jugements des tribunaux administratifs.
- Indicateur 2.2 : taux d'annulation par le Conseil d'État des arrêts des cours administratives d'appel.
- Indicateur 2.3 : taux d'annulation par le Conseil d'État des jugements des tribunaux administratifs.

OBJECTIF 3 : améliorer l'efficience des juridictions (point de vue du contribuable).
- Indicateur 3.1 : nombre d'affaires réglées par membre du Conseil d'État ou par magistrat des tribunaux administratifs et des cours administratives d'appel.
- Indicateur 3.2 : nombre d'affaires réglées par agent de greffe.

OBJECTIF 4 : assurer l'efficacité du travail consultatif (point de vue du citoyen).
- Indicateur 4.1 : proportion des textes examinés en moins de deux mois par les sections administratives du Conseil d'État.

Si l'on retient pour exemple l'objectif n° 1, réduire les délais de jugement, quatre indicateurs de performances sont retenus ; chacun fait l'objet d'une présentation sous forme de tableau chiffré.

• Indicateur 1.1 : délai prévisible moyen de jugement des affaires en stock (point de vue de l'usager)

	Unité	2006 Réalisation	2007 Réalisation	2008 Prévision PAP 2008	2008 Prévision actualisée	2009 Prévision	2011 Cible
Au Conseil d'État.	année	9 mois et 19 jours	10 mois	1 an	10 mois	10 mois	10 mois
Dans les cours administratives d'appel.	année	1 an et 18 jours	1 an, 1 mois et 3 jours	11 mois	1 an, 1 mois et 15 jours	1 an et 1 mois	1 an et 1 mois
Dans les tribunaux administratifs.	année	1 an, 3 mois et 14 jours	1 an, 2 mois et 5 jours	1 an et 5 mois	1 an et 2 mois	1 an et 1 mois	1 an
À la Cour nationale du droit d'asile	année	12 mois et 3 jours	10 mois et 21 jours		10 mois	8 mois et 15 jours	6 mois

Source : Site du MINEFI.

Pour 2009, sont décomptés pour le budget général 559 objectifs – contre 621 dans la LF 2008 – et 1 167 indicateurs – contre 1 276 dans la LF 2008.

42 % des indicateurs sont liés à l'efficacité socio-économique (point de vue du citoyen), 23 % à la qualité du service (point de vue de l'usager) et 35 % à l'efficience (point de vue du contribuable).

• Indicateur 1.2 : proportion d'affaires en stock enregistrées depuis plus de deux ans
• Indicateur 1.3 : délai moyen de l'instance pour les affaires en cassation devant le Conseil d'État
• Indicateur 1.4 : nombre de juridictions pour lesquelles le délai prévisible moyen de jugement des affaires en stock est supérieur à deux ans

Chaque année, les objectifs et les indicateurs de performance bénéficient du retour d'expérience des RAP (rapports annuels de performance) annexés à la loi de règlement. Ils sont ainsi formulés de manière plus pertinente. Pour 2009, sont décomptés pour le budget général 559 objectifs – contre 621 dans la LF 2008 – et 1 167 indicateurs – contre 1 276 dans la LF 2008. Ces chiffres témoignent d'une grande stabilité, même si une inflexion du nombre des objectifs et indicateurs de performance tend à se confirmer. Ainsi, le premier budget en mode LOLF comportait 1 300 indicateurs.
De plus, la fiabilité de ces indicateurs se renforce comme en témoigne le fait que 74 % des indicateurs demeurent inchangés entre la LF 2007 et la LF 2008. L'évolution de la répartition des indicateurs par catégories témoigne en outre de la volonté d'accroître le nombre d'indicateurs d'efficience et de qualité : 42 % des indicateurs sont liés à l'efficacité socio-économique (point de vue du citoyen), 23 % à la qualité du service (point de vue de l'usager) et 35 % à l'efficience (point de vue du contribuable).
Non seulement l'historique des indicateurs de performance s'allonge d'année en année, offrant ainsi des valeurs de référence, mais le renforcement de la dimension pluriannuelle de la recherche de performance amène aussi les années cibles à se projeter au-delà de la loi de finances de l'année à venir. Dans les PAP 2008, 67 % des indicateurs sont formulés à moyen terme au-delà des trois ans, soit 2010 et au-delà.

3 • Les actions

L'article 7 achève la définition de la nouvelle nomenclature budgétaire en précisant qu' « [...] un programme regroupe les crédits destinés à mettre en œuvre une action ou un ensemble cohérent d'actions relevant d'un même ministère [...] » (I. al. 2).

Sur l'exemple retenu ici du programme « Conseil d'État et autres juridictions administratives », le PAP prévoit sept actions :
ACTION 1 : Fonction juridictionnelle : Conseil d'État.
ACTION 2 : Fonction juridictionnelle : cours administratives d'appel.
ACTION 3 : Fonction juridictionnelle : tribunaux administratifs.
ACTION 4 : Fonction consultative.
ACTION 5 : Fonction études, expertise et services rendus aux administrations de l'État et des collectivités.
ACTION 6 : Soutien.
Une septième action a été ajoutée dans le PAP 2009 :
ACTION 7 : Cour nationale du droit d'asile (nouveau).

Chacune de ces actions est vouée à occuper une partie des crédits du programme concerné, ce qui donne schématiquement pour l'exemple retenu :

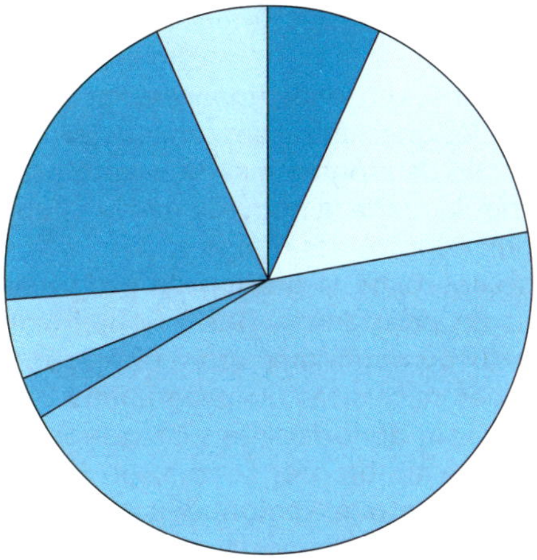

Source : PAP PLF 2009 site du MINEFI.

B) LA RESPONSABILISATION DES GESTIONNAIRES DANS L'EXÉCUTION BUDGÉTAIRE

Ici encore, la terminologie est révélatrice des évolutions profondes. Jusqu'à la LOLF, les ministres étaient habituellement qualifiés de « dépensiers » – sans qu'il y ait une connotation négative – afin de les différencier du ministre des Finances, seul à détenir non seulement un budget à dépenser, mais également en charge du recouvrement des recettes. Désormais, l'heure est aux « ministres gestionnaires », marquant ainsi le nouvel esprit de la LOLF.

1 • La fongibilité asymétrique

Ériger les ministres en gestionnaires signifie que chacun d'entre eux doit être responsable de la qualité de sa gestion des crédits budgétaires et des résultats obtenus. Certes, les formes que pourra prendre cette responsabilité restent à inventer ; elle sera toutefois assurément une nouvelle dimension du débat politique.

Pour chaque programme, désormais, l'ensemble des crédits doit être justifié au premier euro. La demande budgétaire doit donc être parfaitement calibrée. L'idée de responsabilisation implique cependant que soit laissée une marge de manœuvre au gestionnaire concerné. C'est ce que permet le programme qui est en soi une enveloppe budgétaire où les crédits sont certes répartis par titres mais de manière purement indicative (article 7). Les crédits budgétaires sont dits « fongibles », c'est-à-dire qu'ils peuvent être basculés d'un titre à l'autre sans autre formalisme et sans que soit remise en cause l'autorisation budgétaire. Les dépenses de fonctionnement du titre 3 peuvent donc se transformer en dépenses d'investissements du titre 5 ; tout cela étant laissé à la libre responsabilité du ministre gestionnaire.

Toutefois, cette fongibilité est dite asymétrique. L'article 5 de la LOLF énumère les différents titres budgétaires et permet ainsi une identification par nature de dépense. La dissociation du titre 2, consacré aux dépenses de personnel, du titre 3, englobant toutes les autres dépenses de fonctionnement, joue le rôle d'un garde-fou dans une dynamique de maîtrise des dépenses de personnel.

Le redéploiement consacré par le principe de fongibilité permet au gestionnaire de redéployer des crédits entre les différents titres. Toutefois, si les dépenses de personnel peuvent servir à abonder d'autres titres d'un programme, l'inverse n'est pas admis. On ne peut, par exemple, transférer des dépenses de fonctionnement en dépenses de personnel. C'est ce que l'on qualifie de fongibilité asymétrique.

Ériger les ministres en gestionnaires signifie que chacun d'entre eux doit être responsable de la qualité de sa gestion des crédits budgétaires et des résultats obtenus.

Le redéploiement consacré par le principe de fongibilité permet au gestionnaire de redéployer des crédits entre les différents titres. Toutefois, si les dépenses de personnel peuvent servir à abonder d'autres titres d'un programme, l'inverse n'est pas admis. C'est ce que l'on qualifie de fongibilité asymétrique.

Une fois votés, les programmes du budget de l'État sont donc déclinés sur le terrain en BOP. Il se définit comme la déclinaison d'une partie de programme. Un BOP couvre un territoire (par exemple : administration centrale, région, département) et/ou un périmètre fonctionnel (par exemple : une part d'activités du programme, des moyens à mobiliser).
Il se décompose en unités opérationnelles (UO).

2 • Les responsables de programmes et les responsables de budgets opérationnels de programme (BOP)

Les crédits de chacun des programmes autorisés en loi de finances sont confiés à la responsabilité d'un ministre, lequel doit désigner un responsable de programme pour en assurer le pilotage. Les responsables de programmes, nouveaux acteurs de la gestion publique, sont des « pierres angulaires de la nouvelle gestion publique » pour reprendre l'expression utilisée par un ministre des Finances.

Le responsable de programme délègue lui-même la gestion du programme en constituant des budgets opérationnels de programme (BOP) dont il confie la mise en œuvre soit à des services centraux ou nationaux, soit à des responsables de services déconcentrés en fonction des nécessités du programme. Une fois votés, les programmes du budget de l'État sont donc déclinés sur le terrain en BOP. Il se définit comme la déclinaison d'une partie de programme. Un BOP couvre un territoire (par exemple : administration centrale, région, département) et/ou un périmètre fonctionnel (par exemple : une part d'activités du programme, des moyens à mobiliser).

Il se décompose en unités opérationnelles (UO). Les UO préparent, sous la responsabilité d'un responsable d'UO, la programmation des opérations : fonctionnement courant du service, organisation des activités, opérations d'investissements à mener. Tout doit être recensé au plus près des réalités du terrain.

Ainsi se dessine une nouvelle carte de la gestion publique structurée autour de près de 1 100 responsables de BOP et plus de 2 200 BOP. L'objectif est de permettre à la nouvelle logique associant liberté de gestion et responsabilisation accrue des gestionnaires de se réaliser dans la mise en œuvre territoriale.

Chaque responsable de BOP (RBOP) doit optimiser l'emploi des moyens qui lui sont confiés afin d'atteindre les résultats auxquels il s'est engagé. Il est donc en charge de la réalisation d'une partie des actions de ce programme relevant de son périmètre d'activité ou de son ressort géographique (région, département). Là se jouent ainsi la mise en œuvre opérationnelle du programme et l'utilisation des crédits au plus près du terrain.

Le BOP se compose :
- d'une programmation des activités à réaliser (avec un volet performance déclinant des objectifs et des indicateurs pour le pilotage du BOP) ;
- d'un budget prévisionnel en autorisations d'engagement (AE) et crédits de paiement (CP), comportant, pour la masse salariale, les éléments relatifs aux dépenses de personnel et au pilotage de la masse salariale (un schéma d'emplois en équivalents temps plein travaillés (ETPT) indicatif s'inscrivant dans le plafond d'emplois limitatif du ministère concerné) ;
- d'un schéma d'organisation financière (SOF) détaillant la répartition des activités programmées et le budget prévisionnel associé dans les unités opérationnelles rattachées au BOP.

Au sein du BOP, les crédits sont fongibles entre actions selon les règles fixées par le responsable de programme. Cette fongibilité entre natures de dépenses est asymétrique : les crédits de personnel peuvent être redéployés pour réaliser des dépenses de fonctionnement, d'intervention ou d'investissement. En revanche, l'inverse n'est pas possible.

Le BOP se compose :
- d'une programmation des activités à réaliser (avec un volet performance déclinant des objectifs et des indicateurs pour le pilotage du BOP) ;
- d'un budget prévisionnel en autorisations d'engagement (AE) et crédits de paiement (CP), comportant, pour la masse salariale, les éléments relatifs aux dépenses de personnel et au pilotage de la masse salariale ;
- d'un schéma d'organisation financière (SOF) détaillant la répartition des activités programmées et le budget prévisionnel associé dans les unités opérationnelles rattachées au BOP.

3 • La mise en place d'un dialogue de gestion

Les BOP permettent la mise en place d'un dialogue de gestion entre les responsables de programme et les responsables opérationnels, et entre ces derniers et l'ensemble des services placés sous leur responsabilité (on parle aussi d'animation de gestion). En effet, définir des plans d'action n'a de sens que dans le cadre d'une démarche

de management amenant les responsables à faire régulièrement le point sur l'avancement des actions engagées et sur les résultats obtenus.
Le dialogue de gestion se définit comme « le processus d'échanges existant entre un niveau administratif et les niveaux qui lui sont subordonnés, relatifs aux volumes de moyens mis à disposition des entités subordonnées et aux objectifs qui leur sont assignés ». L'objectif est de faciliter la participation et le goût de l'initiative de chaque agent, et ce à tous les niveaux de responsabilité et à tous les niveaux d'implication. La réforme de l'État et la nouvelle gestion publique impliquent la mise en œuvre d'un tel dialogue entre les différents niveaux de responsabilité ; celui-ci s'appuie sur le contrôle de gestion.

Le dialogue de gestion se définit comme « le processus d'échanges existant entre un niveau administratif et les niveaux qui lui sont subordonnés, relatifs aux volumes de moyens mis à disposition des entités subordonnées et aux objectifs qui leur sont assignés ».

SUJET DE DISSERTATION

LOLF ET RÉFORME DE L'ÉTAT

Introduction rédigée :

Contre toute attente, la LOLF est devenue l'instrument de prédilection de la réforme de l'État.
La notion d'État doit être entendue au sens large : elle comprend tant l'État central, que les collectivités territoriales, les organismes de protection sociale, ou encore les entreprises publiques. La LOLF avait pour objectif de rénover le cadre budgétaire d'adoption, la présentation de la loi de finances sous la forme de chapitres budgétaires nuisant à la clarté de sa présentation et déresponsabilisant les gestionnaires. Enfin, la LOLF avait pour but de restaurer le Parlement dans ses fonctions de contrôle et d'améliorer son information.
Mais ce dépoussiérage nécessaire de l'ordonnance de 1959 va plus loin, la LOLF est devenue le fer de lance de la modernisation de l'État.

Plan :

I. La modernisation de la gestion publique
- A. La nouvelle présentation de la LOLF
- B. La mise en œuvre de la performance

II. La réaffirmation du rôle du Parlement en matière financière
- A. L'amélioration du pouvoir d'information du Parlement
- B. L'augmentation du pouvoir de contrôle du Parlement

DANS L'AIR DU TEMPS

La nouvelle gestion publique permet-elle une meilleure maîtrise des finances publiques ?
En quoi la LOLF modernise-t-elle l'État ?

EN PRATIQUE

QRC

- Le nouveau calendrier budgétaire.
- Le DOB.
- L'avantage de la nouvelle présentation en missions et programmes.

QCM

1. Les missions :

- ◯ A. sont l'unité de vote de la loi de finances
- ◯ B. sont interministérielles
- ◯ C. représentent les composantes des programmes
- ◯ D. sont des objectifs non contraignants prévus par la loi de finances

2. La fongibilité :

- ◯ A. permet de redéployer des crédits au sein des programmes
- ◯ B. permet aux gestionnaires d'être plus libres
- ◯ C. permet de modifier le contenu des missions
- ◯ D. permet de modifier le contenu des dépenses de personnel

3. La règle de la fongibilité asymétrique :

- ◯ A. prévoit que les dépenses de personnel ne peuvent pas abonder les dépenses de fonctionnement
- ◯ B. sert à limiter les dépenses de personnel
- ◯ C. prévoit que les dépenses de fonctionnement ne peuvent servir à augmenter le montant des dépenses de personnel
- ◯ D. prévoit que les dépenses d'investissement peuvent être utilisées pour augmenter les charges en personnel

4. Le débat d'orientation budgétaire :

- ◯ A. a été inauguré avec la LOLF
- ◯ B. est issu de la pratique parlementaire
- ◯ C. permet au Parlement de discuter dès le printemps du projet de loi de finances
- ◯ D. permet au Parlement d'interroger dès le mois de juin le Gouvernement sur son projet de loi de finances

5. Les PAP :

- ◯ A. accompagnent les programmes
- ◯ B. accompagnent les missions
- ◯ C. contiennent le détail des objectifs de performance
- ◯ D. définissent le rôle des responsables de programme

6. Les programmes :

- ◯ A. sont fongibles
- ◯ B. sont interministériels
- ◯ C. sont la nouvelle unité de vote de la loi de finances
- ◯ D. définissent les grandes politiques publique de l'État

CHAPITRE 3

LES NOUVELLES CONTRAINTES BUDGÉTAIRES ET FINANCIÈRES

La problématique des finances publiques est désormais résolument tournée vers la maîtrise des déficits et de la dette publique. La LOLF a posé les bases juridiques et comptables d'une nouvelle gestion publique propre à apporter des réponses à ces nouvelles contraintes financières pesant sur les finances publiques de la France.

En 1956, dans son *Manuel d'institutions financières*, Maurice Duverger écrivait : « La dette publique n'est pas une charge pour les générations futures, considérées globalement. Elle n'est qu'un transfert. Mais ce transfert est obligatoire pour l'État, qui se trouve lié par les engagements pris vis-à-vis des prêteurs. »

Aujourd'hui, cette conception est bien lointaine et chacun s'accorde à décrire la dette comme un fardeau actuel mais aussi pour les générations futures.

C'est cette vision qui prévaut pour le premier rapport du Conseil d'orientation des finances publiques (février 2007) : « Cette augmentation de la dette publique, qui revient à transférer aux générations futures le financement de dépenses d'une autre génération pose un problème d'équité intergénérationnelle. »

La problématique des finances publiques est désormais résolument tournée vers la maîtrise des déficits et de la dette publique. La LOLF a posé les bases juridiques et comptables d'une nouvelle gestion publique propre à apporter des réponses à ces nouvelles contraintes financières pesant sur les finances publiques de la France.

L'interdépendance des finances de l'État, des collectivités territoriales et des organismes sociaux est sur ce thème, plus encore que sur tout autre, un paramètre incontournable.

Dans la perspective de la maîtrise de ses déficits et de sa dette publique, la France s'est dotée de divers outils à commencer par la démarche de révision générale des politiques publiques (RGPP). Celle-ci permet d'enclencher une stratégie budgétaire pluriannuelle axée sur la recherche de légitimité de la dépense publique et d'économies structurelles.

1 DÉFICIT, DETTE ET ENGAGEMENTS EUROPÉENS DE LA FRANCE

A LES NOTIONS

La question des déficits et de la dette se heurte en tout premier lieu à des difficultés de terminologie qui brouillent parfois la compréhension des chiffres âprement discutés par les hommes politiques et par les experts en la matière.

1 • Dette publique, dette de l'État, dette sociale, dette du pays

➥ La dette publique et la dette de l'État

La dette publique est constituée du total des engagements financiers des administrations publiques (APU), à savoir l'État, mais aussi des collectivités territoriales et des organismes de Sécurité sociale.

La dette publique est constituée du total des engagements financiers des administrations publiques (APU), à savoir l'État, mais aussi des collectivités territoriales et des organismes de Sécurité sociale.

Elle résulte plus précisément de l'accumulation des besoins de financement des administrations publiques, c'est-à-dire de la différence, année après année, entre leurs ressources de financement – notamment les recettes fiscales ou encore les produits de privatisations, etc. – et leurs charges – dépenses budgétaires, prises de participation, etc. Elle se matérialise sous la forme d'emprunts pris par ces personnes publiques chaque année pour financer leur déficit et pour rembourser les emprunts passés arrivant à échéance.

La mesure de référence de la dette publique est le ratio dette publique/PIB. En effet, elle doit être mesurée au regard de la capacité d'un pays à rembourser sa dette et donc des ressources qu'il peut mobiliser.
Le service de la dette désigne le paiement annuel des échéances des emprunts, c'est-à-dire les intérêts payés sur la dette et la partie du capital emprunté devant être remboursés au cours de l'année.
La charge de la dette correspond quant à elle au seul paiement des intérêts. L'encours de la dette correspond au montant total et global des crédits souscrits par un emprunteur calculé à un moment précis et donné.

➡ La dette de l'État ne correspond qu'aux besoins et aux ressources de financement de ce dernier. À ce titre, figure dans la loi de finances un tableau présentant les besoins de financement de trésorerie et les ressources correspondantes. La loi de finances autorise ainsi l'État à emprunter à hauteur de ce besoin de financement.

La dette de l'État ne correspond qu'aux besoins et aux ressources de financement de ce dernier.

II. - Pour 2009 :
1° Les ressources et les charges de trésoreries qui concourent à la réalisation de l'équilibre financier sont évaluées comme suit (en milliards d'euros) :

Besoin de financement	
Amortissement de la dette à long terme	63,6
Amortissement de la dette à moyen terme	47,4
Engagements de l'État	1,6
Déficit budgétaire	67,0
Total	**179,6**
Ressources de financement	
Émissions à moyen et long termes (obligations assimilables du Trésor et bons du Trésor à taux fixe et intérêt annuel) nettes des rachats effectués par l'État et par la Caisse de la dette publique	135,0
Annulation de titres de l'État par la Caisse de la dette publique	2,5
Variation nette des bons du Trésor à taux fixe et intérêts précomptés	20,9
Variation des dépôts des correspondants	–
Variation du compte de Trésor et divers	19,0
Autres ressources de trésorerie	2,2
Total	**179,6**

2° Le ministre de l'Économie, des Finances et de l'Emploi est autorisé à procéder, en 2009, dans des conditions fixées par décret :
a) à des emprunts à long, moyen et court termes libellés en euros ou en autres devises pour couvrir l'ensemble des charges de trésorerie ou pour renforcer les réserves de change ;
b) à l'attribution directe de titres de dette publique négociable à la Caisse de la dette publique ;
c) à des conversions facultatives, à des opérations de pension sur titres d'État ;
d) à des opérations de dépôts de liquidités auprès de la Caisse de la dette publique, sur le marché interbancaire de la zone euro et auprès des États de la même zone ;
e) à des souscriptions de titres de créances négociables émis par des établissements publics administratifs, à des rachats, à des échanges d'emprunts, à des échanges de devises ou de taux d'intérêt, à l'achat ou à la vente d'options, de contrats à terme sur titres d'État ou d'autres instruments financiers à terme ;
3° Le ministre de l'Économie, des Finances et de l'Emploi est, jusqu'au 31 décembre 2009, habilité à conclure, avec des établissements de crédit spécialisés dans le financement à moyen et long termes des investissements et chargés d'une mission d'intérêt général, des conventions établissant pour chaque opération

les modalités selon lesquelles peuvent être stabilisées les charges du service d'emprunts qu'ils contractent en devises étrangères ;

4° Le plafond de la variation nette, appréciée en fin d'année, de la dette négociable de l'État d'une durée supérieure à un an est fixé à 24 milliards d'euros.

III. – Pour 2009, le plafond d'autorisation des emplois rémunérés par l'État, exprimé en équivalent temps plein travaillé, est fixé au nombre de 2 120 830.

IV – Pour 2009, les éventuels surplus mentionnés au 10° du I de l'article 34 de la loi organique n° 2001-692 du 1er août 2001 relative aux lois de finances sont utilisés dans leur totalité pour réduire le déficit budgétaire.
Il y a constatation de tels surplus, si, pour l'année 2009, le produit des impositions de toute nature établies au profit de l'État net des remboursements et dégrèvements d'impôts, révisé dans la dernière loi de finances rectificative de l'année 2009 ou, à défaut, dans le projet de loi de finances pour 2010, est, à législation constante, supérieur à l'évaluation figurant dans l'état A mentionné au I du présent article.

La dette de l'État en chiffres : le service de la dette de l'État représente 110 milliards d'euros, ce qui correspond à la totalité de ses ressources fiscales directes, ou encore, presque à la TVA (environ 130 milliards).

➡ La dette de l'État en chiffres : le service de la dette de l'État représente 110 milliards d'euros, ce qui correspond à la totalité de ses ressources fiscales directes, ou encore, presque à la TVA (environ 130 milliards). Elle a augmenté en 2008 de 10 % (en 2007, elle s'élevait à 1 209,5 milliards d'euros). Selon l'INSEE, à la fin du premier trimestre 2009, la dette publique s'élève à 1 413,6 milliards d'euros. Elle est en hausse de 86,5 milliards d'euros par rapport à 2008. La dette s'élève à 12,9 % du PIB, en hausse de 4,8 points par rapport au trimestre précédent. Il se décompose donc en intérêts et en capital :

– La charge des intérêts de la dette de l'État = 39 milliards en 2006 = 50 milliards d'euros en 2007, soit une augmentation de 12 % = l'équivalent du déficit public = deuxième poste budgétaire de l'État français en 2005 après l'Éducation nationale et avant la Défense.
En 2009, elle devrait s'élever à 44,2 milliards.
– Le remboursement du capital de la dette pour l'État (qui compose le service de la dette) représente pour l'État environ 70 milliards d'euros = la somme de toutes les autres recettes fiscales directes (impôt sur les sociétés, ISF, etc.).

Les crédits budgétaires sont dits « fongibles », à savoir qu'ils peuvent être basculés d'un titre à l'autre sans autre formalisme et sans que soit remise en cause l'autorisation budgétaire.

➡ La dette publique et APU
La dette fait l'objet d'une définition partagée par les États membres de la communauté. Le règlement de la Commission européenne n° 3605, du 22 novembre 1993, relatif à l'application du protocole sur la procédure concernant les déficits excessifs annexé au traité instituant la Communauté européenne définit la dette ainsi : « le total des dettes brutes, à valeur nominale en cours à la fin de l'année et consolidées à l'intérieur du secteur des administrations publiques. »
Cette définition de la dette fait donc référence expressément aux administrations publiques (APU). Au sens de la comptabilité nationale, cela inclut en premier lieu les administrations centrales, c'est-à-dire l'État (budget général, comptes spéciaux du Trésor, budgets annexes) et les « organismes divers d'administration centrale » (ODAC). Plusieurs centaines d'établissements de statut public ou privé sont ainsi regroupés sous cette dénomination, dont notamment la CADES, l'ANPE, le CNRS, le CNASEA, le CEA, les grandes écoles, les musées nationaux.
En second lieu, sont incluses les administrations publiques locales (APUL), à savoir les collectivités locales, et leurs satellites : les établissements publics locaux, à commencer par les structures intercommunales, les organismes consulaires, les caisses des écoles, et tous les organismes publics ou parapublics financés majoritairement par les collectivités locales.

La notion d'APU englobe celle d'ASSO, c'est-à-dire les administrations de Sécurité sociale.

En troisième et dernier lieu, la notion d'APU englobe celle d'ASSO, c'est-à-dire les administrations de Sécurité sociale. Sont concernés l'ensemble des régimes obligatoires de Sécurité sociale (régime général, régimes d'assurance chômage, régimes complémentaires de retraite et régimes de prévoyance, régimes indépendants et agricoles, régimes spéciaux de salariés) ainsi que les organismes financés par ces régimes (œuvres, hôpitaux publics et privés participant au service public hospitalier). Seules manquent à cette définition les entreprises publiques.

➡ La dette sociale

Il est à remarquer que la définition de la dette publique comprend la dette sociale, c'est-à-dire la somme de la dette brute prise en charge par la CADES (Caisse d'amortissement de la dette sociale) et de celle qui reste directement à la charge des ASSO. La Cour des comptes constate que cette dette s'est accrue, passant de 8,3 milliards d'euros en 1990 à 45,3 milliards en 1999, 110,4 milliards à la fin de l'année 2005, pour atteindre 129,8 milliards d'euros soit 6,9 % du PIB (soit l'équivalent d'une année de prestations maladie du régime général). Après un bond de 2003 à 2004, elle s'accroît désormais de 10 milliards d'euros par an environ. Elle est la conséquence des déficits accumulés par le régime général. Début 2009, 26,6 milliards de dette supplémentaire ont été confiés à la CADES. La baisse de la masse salariale de 1,25 % se traduira par 8 milliards d'euros de recettes en moins (cotisations sociales et CSG). Le déficit du régime général devrait être compris entre 20 et 21,3 milliards d'euros. Les projections d'avant crise financière permettaient d'envisager une dette de 105 milliards d'euros, fin 2009.

L'endettement intérieur total d'un pays est constitué de la somme des dettes des administrations publiques, des ménages et des entreprises.

SOLDE PAR SOUS-SECTEUR EN POINTS DE PIB ⬅

	2008 (INSEE)	2009 (LPFP)	2009 (prév.juin)
Ensemble des administrations publiques (en % du PIB)	**– 3,4**	**– 4,4**	**– 7/– 7,5**
dont État	– 2,8	– 3,8	– 5,5/– 6
ODAC (organismes divers d'administration centrale)	– 0,1	0,2	0,2
APUL (administrations publiques locales)	– 0,4	– 0,3	– 0,4
ASSO (administrations de Sécurité sociale)	0	– 0,4	– 1/– 1,5
Dette publique (en % du PIB)			
hors SFEF pour la préision de juin 2009	68,1	68,9	77

La Cour des comptes affirme avec beaucoup de netteté que cette dette sociale « traduit une situation anormale, injustifiable tant sur le plan économique que sur celui de l'équité intergénérationnelle, qui consiste à reporter dans le futur le financement d'une partie des prestations maladies et des retraites d'aujourd'hui, alors qu'au contraire le vieillissement de la population justifierait la constitution d'excédents pour faire face aux déficits futurs ».

La dette publique est à distinguer de la dette extérieure de la France, c'est-à-dire de l'ensemble des engagements des administrations publiques, des entreprises et des ménages vis-à-vis des autres pays.

➡ L'endettement intérieur total ou la dette du pays

La dette publique ne doit pas être confondue avec la dette du pays, la première ne comprend que les seules administrations publiques, la seconde comprend aussi les entreprises et ménages. L'endettement intérieur total d'un pays est donc constitué de la somme des dettes des administrations publiques, des ménages et des entreprises.

En France, en 2007, l'endettement intérieur total était de 3 600 milliards d'euros, soit 190 % du PIB réparti comme suit dans le tableau :

Endettement intérieur total en France en 2008

	Part dans l'endettement intérieur	Endettement en % du PIB
Administrations publiques	33,5 %	63 %
Entreprises	41,5 %	78 %
Ménages	25 %	48 %
Total	100 %	190 %

Source : INSEE.

La notion de déficit budgétaire renvoie au seul besoin de financement de l'État.

Enfin, la dette publique est à distinguer de la dette extérieure de la France, c'est-à-dire de l'ensemble des engagements des administrations publiques, des entreprises et des ménages vis-à-vis des autres pays. En 2006, la dette extérieure brute représentait 2 918 milliards d'euros, soit 162 % du PIB national ; mais rapprochée des créances détenues par la France sur l'étranger, la dette extérieure nette est proche de zéro.

2 • Déficit public et déficit budgétaire

➡ Le déficit public

Le déficit public se définit comme le déficit cumulé des administrations publiques, au sens retenu par la comptabilité nationale. Il englobe donc le solde des recettes et des dépenses de l'État et des organismes divers d'administration centrale (ODAC), mais aussi des collectivités territoriales (administrations publiques locales APUL) et des organismes de Sécurité sociale (administrations de Sécurité sociale ASSO). Chaque déficit public, financé par l'emprunt, vient ainsi annuellement alimenter la dette publique.

La réduction du déficit public français engagée en 2004 s'est interrompue en 2007 où il s'est élevé à la fin de l'année à 50,3 milliards d'euros soit 2,7 % du PIB (voir le tableau ci-dessous). Ainsi, depuis 2005, le déficit public se situe légèrement au-dessous du plafond des 3 % imposé par le protocole sur les déficits excessifs annexé au traité de l'Union européenne. L'année 2009 sera marquée par un déficit public record. D'abord prévu par la loi de finances initiale à 42 milliards d'euros, il s'élèvera finalement à 79 milliards d'euros.

➡ Le déficit budgétaire, déficit prévisionnel, déficit d'exécution

La notion de déficit budgétaire renvoie quant à elle au seul besoin de financement de l'État. Il n'englobe pas le solde des recettes et des dépenses des collectivités territoriales et de la Sécurité sociale.

Le déséquilibre entre recettes et dépenses du budget de l'État engendre un solde négatif : les recettes de l'État (hors remboursement d'emprunt) sont inférieures à ses dépenses (hors emprunt) au cours d'une année. Ce déficit budgétaire se concrétise lui-même par de nouveaux emprunts contractés au cours de l'année.

Il s'agit d'un déficit prévisionnel tel qu'il apparaît en loi de finances initiale retracé dans l'article d'équilibre de la loi de finances. À ce titre figure dans la loi de finances un tableau d'équilibre fixant le déficit prévisionnel. Le déficit prévisionnel en loi de finances pour 2008 s'établissait à 41,9 milliards d'euros pour le budget général.

LOI DE FINANCES POUR 2008 →

TITRE II. DISPOSITIONS RELATIVES À L'ÉQUILIBRE DES RESSOURCES ET DES CHARGES

Article 58

I. Pour 2008, les ressources affectées au budget, évaluées dans l'état A annexé à la présente loi, les plafonds des charges et l'équilibre général qui en résultent sont fixés aux montants suivants :

(En millions d'euros)

	RESSOURCES	CHARGES	SOLDES
Budget général			
Recettes fiscales brutes/dépenses brutes	354 839	354 501	
À déduire : remboursements et dégrèvements	83 217	83 217	
Recettes fiscales nettes/dépenses nettes	271 622	271 284	
Recettes non fiscales	28 051		
Recettes totales nettes/dépenses nettes	299 673	271 284	
À déduire : prélèvements sur recettes au profit des collectivités territoriales et des communautés européennes	69 610		
Montants nets pour le budget général	230 063	271 284	– 41 221

Évaluation des fonds de concours et crédits correspondants	3 438	3 438	
Montants nets pour le budget général, y compris fonds de concours	233 501	274 722	
Budgets annexes			
Contrôle et exploitation aériens	1 704	1 704	
Publications officielles et information administrative	197	196	1
Totaux pour les budgets annexes	1 901	1 900	1
Évaluation des fonds de concours et crédits correspondants :			
Contrôle et exploitation aériens	19	19	
Publications officielles et information administrative			
Totaux pour les budgets annexes, y compris fonds de concours	1 920	1 919	1
Comptes spéciaux			
Comptes d'affectation spéciale	54 450	54 458	– 8
Comptes de concours financiers	93 248	93 965	– 717
Comptes de commerce (solde)			199
Comptes d'opérations monétaires (solde)	39		59
Solde pour les comptes spéciaux			– 467
Solde général			**– 41 687**

Article 1er

Résultats du budget de l'année 2008

I - Le résultat budgétaire de l'État en 2008 est arrêté à la somme de – 56 271 159 295,99 euros.

II - Le montant définitif des recettes et des dépenses du budget de l'année 2008 est arrêté aux sommes mentionnées dans le tableau ci-après :

Budget général			
Recettes	DÉPENSES	RECETTES	SOLDES
Recettes fiscales brutes		352 135 273 852,24	
À déduire : remboursements et dégrèvements d'impôts		92 174 205 391,40	
Recettes fiscales nettes (a)		259 961 068 460,84	
Recettes non fiscales (b)		27 958 321 622,62	
Montant net des recettes hors fonds de concours (c) = (a) + (b)		287 919 390 083,46	
À déduire : prélèvements sur recettes au profit des collectivités territoriales et des communautés européennes (d)		69 876 347 241,98	
Total net des recettes hors prélèvements sur recettes (e) = (c) – (d)		218 043 042 841,48	
Fonds de concours (f)		3 202 307 451,70	
Montant net des recettes y compris fonds de concours (g) = (e) + (f)		221 245 350 293,18	
Dépenses			
Dépenses brutes hors fonds de concours	367 206 538 077,51		

PROJET DE LOI DE RÈGLEMENT DES COMPTES POUR 2008

On distingue le déficit primaire, c'est-à-dire le déficit calculé sans prendre en compte le service de la dette, et le déficit final qui l'englobe.

En juin 2008, la Cour constate la dégradation de la situation d'ensemble des finances publiques dans son ensemble.
Elle souligne en premier lieu l'alourdissement du déficit et de la dette et met en garde contre les risques réels d'aggravation à venir.

À déduire : Remboursements et dégrèvements d'impôts	92 174 205 391,40		
Montant net des dépenses (h)	275 032 332 686,11		
Fonds de concours (i)	3 202 307 451,70		
Montant net des dépenses y compris fonds de concours (j) = (h) + (i)	278 234 640 137,81		
Total du budget général y compris fonds de concours	278 234 640 137,81	221 245 350 293,18	– 56 989 289 844,63
Budgets annexes			
Contrôle et exploitation aériens	1 700 516 901,33	1 700 516 901,33	
Publications officielles et information administrative	236 706 272,24	236 706 272,24	
Montant des budgets annexes hors fonds de concours	1 937 223 173,57	1 937 223 173,57	
Fonds de concours	17 126 030,73	17 126 030,73	
Total des budgets annexes y compris fonds de concours	1 954 349 204,30	1 954 349 204,30	
Comptes spéciaux			
Comptes d'affectation spéciale	50 880 295 851,89	51 553 643 671,20	673 347 819,31
Comptes de concours financiers	90 793 430 604,84	90 670 048 465,86	– 123 382 138,98
Comptes de commerce (solde)	– 182 282 964,66		182 282 964,66
Comptes d'opérations monétaires hors Fonds monétaire international (solde)	14 118 096,35		– 14 118 096,35
Total des comptes spéciaux hors Fonds monétaire international	141 505 561 588,423	142 223 692 137,06	718 130 548,64
Solde d'exécution des lois de finances hors Fonds monétaire international			– 56 271 159 295,99

Exposé des motifs :
Le I de l'article 37 de la loi organique n° 2001-692 du 1er août 2001 relative aux lois de finances dispose que « la loi de règlement arrête le montant définitif des recettes et des dépenses du budget auquel elle se rapporte, ainsi que le résultat budgétaire qui en découle ».
Les résultats définitifs de l'exécution de la loi de finances de l'année 2008 présentés dans le présent article sont à rapprocher de l'article 58 de la loi de finances initiale « Dispositions relatives à l'équilibre des ressources et des charges ».
La loi de finances initiale prévoyait en 2008 un déficit de 41,7 milliards d'euros. L'exécution budgétaire s'est traduite par un solde budgétaire négatif de 56,3 milliards d'euros (17,9 milliards d'euros de plus qu'en 2007, où il avait été arrêté à 38,4 milliards d'euros).
On distingue le déficit primaire, c'est-à-dire le déficit calculé sans prendre en compte le service de la dette, et le déficit final qui l'englobe.
Le solde budgétaire peut donc être négatif ou excédentaire. La France connaît un déficit budgétaire continu depuis plus de 27 ans, qui vient gonfler l'encours de sa dette, c'est-à-dire le montant total des emprunts.

B L'ÉVOLUTION DES DÉFICITS ET DE L'ENDETTEMENT PUBLIC

Chaque année, en application de l'article 58-3 de la LOLF, la Cour des comptes fait un audit d'ensemble de la situation des finances publiques dans son rapport sur la situation et les perspectives des finances publiques de l'État rendu au ministre du Budget, des Comptes publics et de la Fonction publique. Dans le dernier en date, en juin 2008, la Cour constate la dégradation de la situation d'ensemble des finances publiques dans son ensemble.
Elle souligne en premier lieu l'alourdissement du déficit et de la dette, et met en garde contre les risques réels d'aggravation à venir.

1 • L'évolution des déficits et de l'endettement publics

% du PIB	2002	2003	2004	2005	2006	2007
Déficit public	3,1	4,1	3,6	2,9	2,4	2,7
Dette publique	58,8	62,9	64,9	66,4	63,6	63,9
p.m. croissance du PIB (en %)	1,0	1,1	2,5	1,9	2,2	2,2

Le déficit public (État, Sécurité sociale et collectivités locales) devrait aussi grimper fortement. Le budget 2009 avait prévu un déficit de 52 milliards d'euros pour l'État, il devrait atteindre le chiffre record de 103,8 milliards d'euros.
Les raisons de ces mauvais chiffres viennent des dépenses liées aux plans de relance :
– 2,65 milliards d'euros pour les mesures d'accompagnement social ;
– 6,9 milliards d'aide à l'industrie automobile ;
– 6,5 milliards de baisse de recettes fiscales liées notamment au ralentissement de l'activité économique.
Le 10 juin 2009, un rapport sur « le rôle des gouvernants face à la crise » a été remis au Premier ministre. Il estime : « Pour le pays moyen de la zone OCDE, la dette devrait augmenter de 70 à 100 points de PIB entre 2007 et 2010. » Les administrations publiques centrales (APUC), regroupent l'État et les organismes divers d'administration centrale (ODAC). La division des administrations publiques, en APUC, ASSO (Administration de Sécurité sociale) et ODAC (Organismes divers d'administration centrale : enseignement supérieur, CNRS, CEA…) permet d'avoir une vue d'ensemble des comptes de l'État et des organismes qui lui sont liés ; en outre, elle correspond aux critères européens. Le déficit des administrations publiques devrait s'établir en 2009 entre 7 et 7,5 points de PIB. Cette importante dégradation serait directement imputable, selon le Gouvernement, à la crise économique (source : rapport préparatoire au débat d'orientation budgétaire, fin 2009).

ÉVOLUTION DU SOLDE DES ADMINISTRATIONS PUBLIQUES

En points de PIB	2008	2009	2010	2011	2012
Solde des administrations publiques	– 2,7 %	– 2,7 %	– 2,0 %	– 1,2 %	– 0,5 %
dont solde de l'État	– 2,4 %	– 2,4 %	– 2,0 %	– 1,6 %	– 1,2 %
dont solde des organismes divers d'administrations centrales	0,0 %	0,2 %	0,2 %	0,2 %	0,3 %
dont solde des administrations de Sécurité sociale	0,0 %	– 0,1 %	0,0 %	0,2 %	0,3 %
dont solde des administrations publiques locales	– 0,3 %	– 0,3 %	– 0,2 %	– 0,1 %	0,0 %

ÉVOLUTION DE LA DETTE PUBLIQUE

En points de PIB	2008	2009	2010	2011	2012
Dette des administrations publiques	65,3 %	66,0 %	65,3 %	63,9 %	61,8 %

Source : Projet de loi de programmation des finances publiques pour les années 2009 à 2012.

Le programme de stabilité des finances publiques transmis par le Gouvernement à la Commission européenne prévoit un taux d'endettement ramené sous les 60 % (contre 63,9 % en 2007) et un déficit public ramené à zéro en 2012.

2 • La spirale de la dette en France

En décembre 2005, Michel Pébereau, président de BNP Paribas, remettait au ministre de l'Économie, des Finances et de l'Industrie, Thierry Breton, un rapport sur la dette publique intitulé *Des finances publiques au service de notre avenir. Rompre avec la facilité de la dette publique pour renforcer notre croissance et notre cohésion sociale.* Ce rapport allait marquer les esprits en formulant très clairement l'ampleur du problème et la nécessité d'y apporter des solutions. Il intervenait en effet à un moment où la dette publique dépassait le chiffre alors symbolique 1 000 milliards d'euros, faisant ainsi peser sur chaque Français un endettement public de plus de 17 000 euros. Pour la première fois aussi en 2006, les recettes de l'impôt sur le revenu n'allaient servir pour ainsi dire qu'à rembourser les intérêts de cette dette publique.

Il actait dans ce rapport une augmentation continue de la dette financière des administrations publiques depuis 25 ans alors même que le niveau de prélèvements obligatoires était le plus élevé des grands pays industrialisés. À titre de comparaison, la dette publique était en 1980 de 90 milliards d'euros, soit 21 % du PIB et revenait quasi exclusivement à l'État puisque la décentralisation restait à venir. Multipliée par cinq depuis 1980, elle est passée d'un cinquième aux deux tiers de la production nationale annuelle.

CADES : Caisse d'amortissement de la dette sociale.

Le rapport Pébereau ajoutait à cette dette financière la dépense résultant d'autres engagements de l'État, à commencer par les retraites des fonctionnaires – dite dette viagère – qu'il évaluait à un montant compris entre 790 et 1 000 milliards d'euros. Ce rapport relève également que la dette a servi en majeure partie à financer les dépenses courantes de l'État, faisant ainsi peser sur les générations futures le poids de l'endettement, reportant les réformes dont l'État avait besoin. Le montant ainsi présenté de la dette publique avoisinait donc les 2 000 milliards d'euros et projetait ce problème au premier plan sur les scènes politique et médiatique.

Dans son rapport 2007, la Cour des comptes met à nouveau en garde contre l'aggravation de la dette publique. La dette brute consolidée des APU au sens du protocole annexé au traité de l'Union européenne a augmenté de 60 milliards d'euros en 2007 atteignant ainsi 1 210 milliards d'euros soit 19 000 euros par habitant ou encore 47 000 euros par actif occupé (c'est-à-dire par personne au travail). Fin 2008, la dette des APU atteint les 1 300 milliards d'euros. La loi de programmation envisage une augmentation de leur dette à 70,5 % du PIB fin 2007, suivie d'une baisse à 68,6 % du PIB en 2012.

La Cour (Rapport public annuel 2009) indique que le surcroît de dette en 2010 induira des charges supplémentaires d'intérêts de 10 milliards d'euros. Ces charges s'élevaient à 2 000 euros par an, par actif occupé français ; elles s'élèveraient à 2 400 en 2010.

Le ratio d'endettement s'établit à 63,9 % du PIB à la fin 2007. En conséquence et pour la cinquième année consécutive, le plafond des 60 % imposé par l'Union européenne n'est pas respecté.

Le ratio d'endettement s'établit à 63,9 % du PIB à la fin 2007. En conséquence, le plafond des 60 % imposé par l'Union européenne n'est pas respecté.

Cette spirale semblait à ce point sans fin que la Commission européenne a engagé contre la France une procédure de déficit excessif en mars 2003 (rapport de la Cour des comptes 2006).

La dette reste malgré tout difficilement évaluable car d'autres coûts sont à prendre en compte. Les charges d'intérêts par exemple, représentent en moyenne aujourd'hui 2,7 % du PIB. Cette croissance de la dette concerne toutes les APU. Conjuguée avec la hausse des taux d'intérêt, elle amène une charge d'intérêts croissante. Les intérêts versés par les APU ont atteint à la fin 2007 le montant de 51,8 milliards d'euros à savoir l'équivalent des missions « Défense » et « Sécurité » du budget de l'État.

Cet état des lieux faisait apparaître en outre une distorsion préoccupante au regard des partenaires européens de la France, pays d'Europe dont le ratio de dette publique s'était le plus accru ces dix dernières années sans que rien ne soit entrepris pour réduire sa dette financière. Pour autant, la France a un endettement (proportionnellement au PIB) comparable à celui des États-Unis (66 %) et se trouve bien loin des 130 % d'endettement du Japon, des 120 % d'endettement de l'Italie ou du 100 % d'endettement de la Belgique.
En matière de déficit public, à l'exception du Royaume-Uni et de la Grèce, la situation des États de l'Union européenne ayant enregistré un déficit en 2006 s'est améliorée. L'Allemagne, en particulier, est revenue à l'équilibre en 2007.

B LA GESTION ACTIVE DE LA DETTE

1 • L'Agence France Trésor

L'Agence France Trésor créée par l'arrêté du 8 février 2001 a pour mission de gérer la dette ainsi que la trésorerie de l'État.
L'article 2 de l'arrêté du 8 février 2001 énumère les compétences de l'AFT :
« L'agence :
- est chargée de la gestion de la dette de l'État et du contrôle des risques ;
- est chargée de la gestion de la trésorerie de l'État et des relations avec les correspondants du Trésor [...]. »

Deux objectifs gouvernent son action : gérer la dette au mieux des intérêts du contribuable – en effet c'est l'impôt qui, au final, finance la dette –, et faire en sorte que ces opérations soient effectuées avec le plus de sécurité possible.

L'AGENCE FRANCE TRÉSOR : Elle a été créée par l'arrêté du 8 février 2001. Elle a pour mission de gérer la dette ainsi que la trésorerie de l'État.

2 • La nécessité d'une gestion active de la dette

La charge de la dette de l'État est inscrite au titre du budget général ; elle comprend les intérêts versés chaque année aux détenteurs de cette dette : 41,2 milliards d'euros prévus au budget 2008. Le poids des intérêts engendrés par la dette pour les administrations publiques est considérable et augmente sous le double impact de la croissance de la dette publique et de la hausse des taux d'intérêts. Ces taux sont passés en moyenne annuelle pour les emprunts à 3 mois de 3,1 % en 2006 à 4,3 % en 2007. En 2009, ils seraient à 4 %, ce qui correspond à 20 milliards d'euros de charges d'intérêts annuels en plus. La même remarque peut être faite sur les OAT à dix ans qui ont vu les taux d'intérêts passer de 3,8 % à 4,3 % sur la même période. Ainsi d'une manière générale, le montant des charges d'intérêt des APU a augmenté de 12,2 % en 2007 pour atteindre 51,8 milliards d'euros.
La stabilisation du montant des intérêts (45 milliards sur la période 2001-2006) et la diminution du ratio en pourcentage de PIB – passé de 3,6 % en 1996 à 2,6 % PIB en 2006 grâce à la baisse des taux d'intérêts – ne se confirme donc plus. Une gestion active de la dette s'impose donc pour tenter de limiter au mieux ce coût, d'autant que les économistes prévoient une augmentation de ces taux dans le futur, ce qui renchérit mécaniquement la charge de la dette. L'AFT assure le financement de la dette en cherchant sur le marché des ressources à court ou long terme. Elle assure ainsi le financement des besoins de l'État en émettant sur le marché des titres financiers.

En milliards d'euros	LFI 2008	2009	2010	2011
Charges de la dette	41,2	42,5	44,2	46,2

3 • Dette négociable et dette non négociable

Il faut distinguer la dette négociable de la dette non négociable.
La première est contractée sous forme d'instruments financiers échangeables sur les marchés financiers. Sont ainsi émis des titres tels les obligations (OAT) et les bons du Trésor (BTAN et BTF). Cette dette négociable représentait, fin 2007, 77 % de la dette de l'État.

LES OBLIGATIONS ASSIMILABLES DU TRÉSOR (OAT) : D'une durée de 30 ans, elles permettent le financement à long terme de la dette de l'État. Les bons du Trésor à taux fixe et à intérêt annuel (BTAN) d'une durée de 2 à 5 ans permettent un endettement à moyen terme.

Les obligations assimilables du Trésor (OAT) ont une durée allant jusqu'à 30 ans et permettent le financement à long terme de la dette de l'État. Les taux sur les OAT à dix ans sont passés en moyenne annuelle de 3,8 % à 4,3 % en 2007.
Les bons du Trésor à taux fixe et à intérêt annuel (BTAN), d'une durée de 2 à 5 ans, permettent un endettement à moyen terme.
Les bons du Trésor à taux fixe (BTF), d'une durée d'un mois à un an, financent la dette à court terme. Les taux d'intérêts à trois mois sont passés en moyenne annuelle de 3,1 % en 2006 à 4,3 % en 2007.

La seconde, la dette non négociable, correspond aux dépôts de certains organismes – appelés correspondants du Trésor (collectivités territoriales, établissements publics, etc.) – sur le compte du Trésor. Son importance se réduit d'année en année.

La dette française est détenue à 60 % par des prêteurs étrangers, c'est ce que l'on appelle la dette publique extérieure. La dette publique intérieure est quant à elle détenue par des agents économiques résidents de l'État émetteur de l'emprunt. La question est posée de savoir dans quelle mesure la détention de la dette par des non-résidents constitue un problème, la France étant en quelque sorte dans un état de dépendance vis-à-vis de capitaux étrangers. L'Agence France Trésor avance au contraire que le risque encouru par l'État émetteur est moindre lorsqu'il diversifie sa base d'investisseurs. À l'appui de cette affirmation, l'AFT avance deux arguments : d'une part, le volume de la demande potentielle s'accroît, et d'autre part, le comportement moyen des investisseurs est stabilisé au cours du temps.
La dette publique française est l'une des dettes les mieux gérée d'Europe. En effet, la gestion de la trésorerie par l'AFT permet d'obtenir une dette au meilleur coût.

C LES CONTRAINTES COMMUNAUTAIRES DE MAÎTRISE DES DÉFICITS ET DE L'ENDETTEMENT PUBLIC

1 • Les critères de Maastricht et la procédure de contrôle des déficits publics excessifs

Le traité de Maastricht – signé en février 1992, ratifié par la France en septembre 1992 par référendum et entré en vigueur le 1er novembre 1993 – consacrait le principe d'une monnaie unique européenne au sein d'une zone euro. La consécration de la monnaie unique par le traité de Maastricht, pour être totalement parachevée, nécessitait une plus grande convergence entre les politiques économiques des États membres. La participation à l'Union économique et monétaire (UEM) impose le respect d'une discipline économique et budgétaire et nécessite que des « critères de convergence » soient remplis. Le déficit des APU ne doit pas être excessif et donc dépasser 3 % du PIB et la dette publique ne doit pas dépasser 60 % du PIB.

> La participation à l'Union économique et monétaire (UEM) impose le respect d'une discipline économique et budgétaire et nécessite que des « critères de convergence » soient remplis. Le déficit des APU ne doit pas être excessif et donc dépasser 3 % du PIB, et la dette publique ne doit pas dépasser 60 % du PIB.

Le traité de Maastricht a donc introduit à la fois un dispositif de coordination et de surveillance des politiques économiques et budgétaires des États membres (art. 99 et 104 TCE). Chaque année, les États membres de la zone euro doivent présenter au Conseil des ministres de l'économie et des finances (conseil ECOFIN) un programme de stabilité donnant leurs prévisions de croissance et de politique budgétaire pour les trois années suivantes.

L'article 99 TCE, relatif à la coordination des politiques économiques des États membres, prévoit l'adoption par le conseil de grandes orientations de politique économique (GOPE) et institue un processus de surveillance multilatérale des politiques économiques. Si le conseil constate que la politique économique d'un État membre n'y est pas conforme, il peut lui adresser des recommandations, éventuellement rendues publiques.
L'article 104 du TCE parachève le processus en mettant en place une procédure

de contrôle des déficits publics excessifs (PDE, à savoir « procédure pour déficit excessif »). L'État défaillant n'ayant pu contenir son niveau de déficit public en deçà de 3 % du PIB peut être sanctionné au terme d'une procédure en plusieurs étapes faisant intervenir la Commission (chargée de recommander des mesures à prendre au Conseil des ministres) et le Conseil des ministres, seul compétent pour constater l'existence d'un déficit excessif et en tirer les conséquences. Le conseil peut faire des recommandations, mais également des mises en demeure, et peut prendre des sanctions pécuniaires élevées en cas de non-respect par les États membres de ces recommandations.

L'article 104 du TCE parachève le processus en mettant en place une procédure de contrôle des déficits publics excessifs (PDE, à savoir « procédure pour déficit excessif).

2 • Le Pacte de stabilité et de croissance (PSC)

Les critères de Maastricht ont été précisés et complétés par le « Pacte de stabilité et de croissance » adopté par le Conseil européen d'Amsterdam en juin 1997, révisé et assoupli en mars 2005. Il prévoit un dispositif de surveillance et de coordination des finances publiques des États membres de la zone euro.
La résolution du Conseil européen du 17 juin 1997 prévoit que « les États membres s'engagent à respecter l'objectif budgétaire à moyen terme d'une position proche de l'équilibre ou excédentaire ».

Le règlement (CE) n° 1466/97 du Conseil relatif au renforcement de la surveillance et de la coordination des politiques économiques (7 juillet 1997), prévoit que l'ensemble des États membres présente tous les ans un programme de stabilité. Il fixe ainsi le contenu, la présentation, l'examen et le suivi des programmes de stabilité et de convergence dont le but est de lutter contre les déficits excessifs des administrations publiques et de promouvoir la surveillance et la coordination des politiques économiques des États membres.

Pour répondre à cette exigence communautaire, la France transmet chaque année à la Commission européenne – comme tous les membres de l'Union européenne – un programme de stabilité (dit aussi programme de convergence pour les États non membres de la zone euro). Ainsi s'effectue la surveillance multilatérale des politiques économiques. Ces programmes existent depuis 1999 et projettent l'état des finances publiques sur plusieurs années. Un programme pluriannuel des finances publiques esquissant le programme de stabilité est communiqué au Parlement chaque année en application de l'article 50 de la LOLF via le rapport économique, social et financier annexé au projet de loi de finances.

Le programme de stabilité pour la période 2007-2009 s'inscrit dans une stratégie de désendettement devant amener les comptes publics à l'équilibre et ramener la dette publique au-dessous des 60 % du PIB d'ici à 2010. Pour ce faire, le Gouvernement instaure des règles de comportement de dépenses formulées dans une nouvelle terminologie :

- pour la dépense de l'État est visée une stabilisation en valeur dite règle du « zéro valeur » ;
- pour les collectivités territoriales, il s'agit d'une stabilisation de leurs dépenses en volume, ce que l'on appelle la règle du « zéro volume » ;
- les organismes de Sécurité sociale devraient pour leur part voir progresser leurs dépenses de 1 %.

Le programme de stabilité pour la période 2007-2009 s'inscrit dans une stratégie de désendettement devant amener les comptes publics à l'équilibre et ramener la dette publique au-dessous des 60 % PIB d'ici à 2010.

En décembre 2007 a été transmis à Bruxelles le programme de stabilité 2009-2012. Ce document confirme, selon un scénario basé sur une croissance comprise entre + 2 à + 2,5 % en 2008 et de + 2,5 % par an à partir de 2009, les objectifs suivants :

- une réduction progressive de la dette publique qui évolue de 64 % du PIB en 2008 à 63,2 % en 2009 et passe sous la barre des 60 % en 2012 ;
- un déficit public (État, Sécurité sociale et collectivités locales) en baisse constante :

En 2008, les 27 ministres de l'Économie et des Finances ont approuvé la proposition de la Commission pour que la Slovaquie adopte l'euro le 1er janvier 2009.

Actuellement, pour la première fois depuis 2002, aucun État membre de la zone euro ne fait plus l'objet d'une surveillance de ses finances publiques au titre du Pacte de stabilité et de croissance.

moins de 2,3% du PIB en 2008, moins de 1,7% en 2009 avec un équilibre du solde en 2012. Avec la crise financière et ses impacts sur l'économie française, cet objectif semble lointain. En 2008, le déficit public communiqué à la commission s'établissait à 3,4 % du PIB contre 2,7 % du PIB en 2007.
À titre d'exemple de la mise en application de ces exigences communautaires, le 8 juillet 2008, les 27 ministres de l'Économie et des Finances ont approuvé la proposition de la Commission pour que la Slovaquie adopte l'euro le 1er janvier 2009. Ils ont fixé définitivement le taux de conversion entre la couronne slovaque et l'euro. Ils ont adopté des avis sur le programme de stabilité actualisé de la Belgique et sur le programme de convergence actualisé de la Pologne, ainsi qu'une décision qui clôture la procédure de déficit excessif pour la Pologne. En revanche, ils ont ouvert une procédure pour déficit contre le Royaume-Uni. Ils ont évoqué la situation des marchés pétroliers et l'évolution des prix pétroliers.

3 • La difficile mise en œuvre de la procédure de déficit excessif

Ces procédures visant à la réduction des déficits excessifs ne sont pas rares. Au printemps 2006, pas moins de 12 pays – et c'était un record – étaient concernés par une PDE. Actuellement et pour la première fois depuis 2002, aucun État membre de la zone euro ne fait plus l'objet d'une surveillance de ses finances publiques au titre du Pacte de stabilité et de croissance.

La France s'est trouvée maintes fois confrontée à ces exigences communautaires. En novembre 2003, les ministres des Finances des vingt-sept ont clôturé une « procédure pour déficit excessif » qui avait pourtant provoqué une crise de grande ampleur opposant le couple franco-allemand (l'Allemagne étant également concernée par cette procédure) et ses partenaires européens en 2003. Au vu des chiffres définitifs pour 2002 établissant à 3,2 % du PIB le déficit public de la France, la Commission avait ouvert cette procédure. La PDE se déroule en toute une série d'étapes pouvant aller jusqu'à l'instauration d'amendes.

S'étaient alors opposées la France et l'Allemagne d'une part, appuyées par leurs alliés italiens, grecs ou portugais et la Commission d'autre part, soutenue par les petits pays « vertueux » qui avaient réussi à respecter les critères imposés. Le couple franco-allemand prônait la souplesse dans une période de basse conjoncture afin de soutenir la croissance. Francis Mer, alors ministre de l'Économie, s'était ainsi ouvertement heurté à la Commission en affirmant que « la France a d'autres priorités que la réduction des déficits ».

Il s'en suivit plusieurs rebondissements. Deux recommandations furent prises par le Conseil enjoignant aux deux États de réduire leurs déficits, sans résultat. La Commission a alors recommandé au Conseil d'adopter des décisions constatant que ni l'Allemagne ni la France n'avaient pris des mesures adéquates pour réduire leurs déficits. Mais le 25 novembre 2003, le Conseil, incapable de réunir une majorité pour prendre cette décision, s'est borné à adopter des conclusions conduisant à suspendre les procédures de déficit excessif à l'égard de l'Allemagne et de la France. La Commission a reproché au Conseil des ministres d'avoir gelé la procédure de déficit excessif contre la France et l'Allemagne et a considéré qu'il s'agissait là d'une violation des règles du traité. La Commission a alors saisi la Cour de Justice des Communautés européennes, le 24 janvier 2004, d'un recours visant tout autant la carence du Conseil à prendre une décision que les conclusions. Par l'arrêt rendu le 13 juillet 2004, la Cour de justice a condamné la décision du Conseil sans pour autant donner entièrement raison à la Commission.
La procédure a depuis été légèrement amendée. Les chefs d'État et de gouvernement, réunis pour le Conseil européen de Bruxelles, les 22 et 23 mars 2005 ont en-

tériné la réforme assouplissant le pacte de stabilité mettant ainsi fin à un difficile débat entamé trois ans plus tôt. Les modifications du pacte prévoient d'accorder, dans certaines conditions, des circonstances atténuantes aux pays dont le déficit dépasse temporairement la barre des 3 % du PIB, tout en restant proche de cette valeur de référence. Le déficit d'un pays ne doit pas être déclaré « excessif » si un effort important est effectué en matière de recherche et de développement et de réformes structurelles. En outre, parmi les facteurs, les pays peuvent désormais faire valoir leurs contributions à la « solidarité internationale et à la réalisation des buts de politique européenne ». Le périmètre de ces notions n'est pas facile à identifier et prête à discussion : cela couvre l'aide au développement – ce qui était souhaité par la France –, mais n'est pas explicite s'agissant de la défense, ou des versements importants au budget européen et de l'unification, comme l'aurait voulu l'Allemagne. Avec la crise financière, des procédures pour déficit excessif ont été entamées en 2009 : la France, la Grèce, l'Espagne, l'Irlande, le Royaume-Uni (depuis juillet 2008), la Hongrie (depuis juillet 2004).

> Le déficit d'un pays ne doit pas être déclaré « excessif » si un effort important est effectué en matière de recherche et de développement et de réformes structurelles.

2 AUDITS DE MODERNISATION ET RGPP

La convergence de la réforme budgétaire et de la réforme de l'État, symbolisée par la nomination en juin 2005 d'un ministre « au Budget et à la Réforme de l'État » en la personne de Jean-François Copé, a impulsé une démarche globale et systématique d'« audits de modernisation » des administrations de l'État. À cette première phase a succédé la révision générale des politiques publiques.

A LA PHASE PRÉPARATOIRE : LES AUDITS DE MODERNISATION

1 • La méthode

La démarche comparatiste qui préside à ces innovations est essentielle à souligner. Les méthodes, tout comme les solutions, sont recherchées dans les pratiques de gestion les plus performantes (*benchmarking*) utilisées dans d'autres pays. Le modèle de formalisation de ces audits revendiqué par le ministre des Finances est celui des « revues de programmes » conduites au Canada et au Royaume-Uni, mais aussi celui des grands programmes d'audits lancés dans des entreprises comme France Télécom. L'exemple du Canada, qui a le premier inventé la « revue des programmes », est mis en avant : en quatre ans, les dépenses des programmes révisés y ont diminué de 10,3 % et les effectifs de l'État ont été réduits de 16 %, soit 60 000 emplois. Les solutions opérationnelles préconisées résultent également de l'examen de l'organisation des structures équivalentes et de problèmes voisins dans d'autres États modernes.

Lors du lancement de la première vague des audits en octobre 2005, le ministre avait souligné la nouveauté de la méthode employée : « On a déjà, par le passé, conduit des missions d'inspection ponctuelles, sur un service ou une procédure. Mais là, le schéma est radicalement différent : c'est tout l'État qui est concerné, puisqu'on lance un audit au minimum par ministère, et cela tous les deux mois, de façon systématique et continue. C'est donc un acte fondateur de la réforme de l'État, avec un objectif majeur : la mise en place d'un véritable contrôle de gestion. » La détermination des besoins réels en personnels attendue de ces audits génère une approche profondément renouvelée de la gestion des ressources humaines.

> Lors du lancement de la première vague des audits en octobre 2005, le ministre avait souligné la nouveauté de la méthode employée : « [...] c'est tout l'État qui est concerné, puisqu'on lance un audit au minimum par ministère, et cela tous les deux mois, de façon systématique et continue. C'est donc un acte fondateur de la réforme de l'État, avec un objectif majeur : la mise en place d'un véritable contrôle de gestion. »

2 • Les modalités

Un programme a été mis en place par une circulaire du 29 septembre 2005 relative à la mise en place du programme d'audits de modernisation, complétée par une circulaire du 13 juillet 2006 relative à la conduite des audits.

Les audits ont été déclenchés par vagues, tous les deux mois, dans chaque ministère. Chacun doit être mené sur une période de deux ou trois mois. Sept vagues d'audits ont ainsi été engagées d'octobre 2005 à avril 2007. Cela correspond à 167 audits portant sur près de 150 milliards d'euros de dépenses.

Les audits ont été déclenchés par vagues, tous les deux mois, dans chaque ministère. Chacun doit être mené sur une période de deux ou trois mois. Sept vagues d'audits ont ainsi été engagées d'octobre 2005 à avril 2007. Cela correspond à 167 audits portant sur près de 150 milliards d'euros de dépenses.

Ils sont pilotés par la Direction générale de la modernisation de l'État, la DGME, créée au 1er janvier 2006. Elle travaille en association avec les ministères concernés. Les audits sont menés par des équipes d'inspecteurs issus du ministère concerné (corps d'inspection ministériels), d'autres ministères (corps de contrôle interministériels), ainsi qu'éventuellement des consultants privés extérieurs à l'administration choisis par la voie de l'appel d'offres.

3 • L'objet des audits

Les différentes vagues d'audits ont toutes été très éclectiques, ce qui ne doit pas cependant occulter la volonté de systématicité dans laquelle ils sont menés.
Ont ainsi été auditées :
– des procédures : par exemple la télédéclaration pour l'impôt sur le revenu, la modernisation du paiement des amendes, l'indemnisation des refus de concours de la force publique et la procédure de prévision et de gestion des crédits d'hébergement d'urgence ;
– des fonctions : par exemple l'organisation des examens au sein de l'Éducation nationale, la sûreté aéroportuaire, la collecte de la taxe pour le développement de l'apprentissage, l'archéologie préventive, l'organisation de la garde des centres de rétention administrative, la gestion et le contrôle des pêches ;
– et des services : par exemple l'ensemble des services du Premier ministre, le service de la police de l'Air et des Frontières de Roissy, la grille horaire des enseignements au lycée.
La vague d'audits lancée en avril 2007 obéit à la même logique. Sont ainsi en prévision deux inspections sur les établissements de santé (suivis statistiques de leurs dépenses et optimisation des campagnes budgétaires et tarifaires pour leur financement) ou encore sur les échanges d'information entre administration fiscale et organismes sociaux, la politique d'édition d'art au ministère de la Culture et le pilotage et la tutelle des opérateurs.

À côté de ces audits, il faut faire mention spécifique de l'audit de modernisation des achats publics dont la vocation est transversale et thématique. Les audits de modernisation sur les achats de l'État ont été menés de juin à septembre 2006, dans l'ensemble des ministères. L'objectif était triple :
– réduire les dépenses ;
– professionnaliser la fonction « achats » ;
– simplifier les procédures à l'attention tant des acheteurs que des gestionnaires et des fournisseurs.

Les audits de modernisation sur les achats de l'État ont été menés de juin à septembre 2006, dans l'ensemble des ministères. L'objectif était triple :
– réduire les dépenses ;
– professionnaliser la fonction « achats » ;
– simplifier les procédures à l'attention tant des acheteurs, que des gestionnaires et des fournisseurs.

Le plan de modernisation des achats de l'État s'appuie sur trois actions pilotes : rationalisation de la gestion du parc automobile afin de réduire les coûts et les impacts environnementaux, mutualisation de l'achat des carburants par carte achat et mutualisation de l'achat de papier. Il est attendu de la mise en œuvre des recommandations de ces audits sur les achats 1,3 milliard d'euros d'économies en trois ans.

4 • Les résultats des audits

Les conclusions des audits se présentent sous la forme de rapports d'audits relativement brefs (vingt pages). Leur vocation est strictement opérationnelle à travers l'analyse des dysfonctionnements, la proposition de solutions concrètes, d'un plan d'action et d'un calendrier. Ils sont très largement diffusés puisque leurs destinataires sont tant les ministres gestionnaires concernés, que les parlementaires. Ils sont accessibles à l'opinion publique sur le site du MINEFI.

Les conclusions des audits se présentent sous la forme de rapports d'audits relativement brefs (vingt pages). Leur vocation est strictement opérationnelle à travers l'analyse des dysfonctionnements, la proposition de solutions concrètes, d'un plan d'action et d'un calendrier.

La philosophie affirmée de cet examen approfondi de l'appareil productif de l'État doit permettre de « faire le meilleur service public au meilleur coût » et donc de dégager des gains de productivité tout en améliorant le service rendu à l'usager.

B LA RGPP

Nouveau visage de la réforme de l'État, la RGPP a été lancée à l'été 2007.

1 • Champ d'application

La RGPP se présente sous la forme de 374 mesures permettant de réaliser 7,7 milliards d'euros d'économies, parmi lesquelles la fusion des administrations de Bercy, la révision de dizaines de procédures ou la réduction du nombre de tribunaux, ou encore le transfert de la gendarmerie sous l'autorité organique et fonctionnelle du ministre de l'Intérieur, la création des bases de défense, des agences régionales de santé, la mise en œuvre de l'autonomie des universités, le transfert de la gendarmerie nationale sous l'autorité du ministère de l'Intérieur ou la constitution de la direction générale des finances publiques...

La RGPP concerne non seulement les dépenses de l'État et de ses opérateurs mais aussi une partie des dépenses d'intervention des ASSO (maladie, famille, santé, solidarité). Les dépenses des APUL ne sont pas concernées en tant que telles, libre administration des collectivités territoriales oblige, mais elles seront envisagées dans le cadre du chantier interministériel des relations État-collectivités territoriales.

2 • Les objectifs de la RGPP

Philippe Josse, directeur du Budget, a présenté, lors de son lancement en juillet 2008, le guide méthodologique de la RGPP. Celle-ci procède d'un impératif, d'une ambition et d'une méthodologie spécifique.

Un impératif qui se décline en un objectif central : revenir à un niveau de dette publique inférieur à 60 % en 2012, et un objectif opérationnel : une progression des dépenses publiques deux fois moins rapide que sur les dix dernières années, soit une progression d'environ 1 % en volume.

Une ambition qui s'articule sur deux axes : comment mettre en œuvre l'objectif global de non-remplacement d'un fonctionnaire sur deux partant à la retraite et passer en revue l'ensemble des moyens de fonctionnement et d'intervention de l'État pour procéder ensuite à des réformes profondes ?

Le processus commence par une mutation de la procédure budgétaire en passant notamment :

– d'une démarche budgétaire rigide calée sur l'annualité du budget à une stratégie pluriannuelle orientée vers la recherche d'économies structurelles ;

– d'une dimension purement budgétaire mettant l'accent sur le volume des enveloppes budgétaires à une recherche de performance, c'est-à-dire de légitimité, d'efficacité et d'efficience de la dépense publique ;

– d'une vision très ministérielle des budgets à une dimension transversale de la dépense publique.

> La RGPP procède d'un impératif, d'une ambition et d'une méthodologie spécifique.
> Un impératif qui se décline en un objectif central : revenir à un niveau de dette publique inférieur à 60 % en 2012, et un objectif opérationnel : une progression des dépenses publiques deux fois moins rapide que sur les dix dernières années, soit une progression d'environ 1 % en volume.

3 • La méthodologie de la RGPP

Une méthodologie spécifique accompagne le principe de la révision générale des politiques publiques. Une grille d'analyse commune est ainsi proposée passant en revue sept questionnements :

1/ Que faisons-nous ? 2/ Quels sont les besoins et les attentes personnelles ? 3/ Faut-il continuer à faire de la sorte ? 4/ Qui doit le faire ? 5/ Comment faire mieux et moins cher ? 6/ Qui doit payer ? 7/ Quel scénario de transformation ?

Deux rapports d'étapes ont été remis au président de la République depuis le lancement de la RGPP (décembre 2008 et mai 2009). Le degré d'avancement a été

> Une grille d'analyse commune est ainsi proposée passant en revue sept questionnements :
> 1/ Que faisons-nous ? 2/ Quels sont les besoins et les attentes personnelles ? 3/ Faut-il continuer à faire de la sorte ? 4/ Qui doit le faire ? 5/ Comment faire mieux et moins cher ? 6/ Qui doit payer ? 7/ Quel scénario de transformation ?

associé à des feux tricolores : un feu vert est donné à 75 % des mesures qui sont donc en voie de réalisation réussie, 20 % des mesures obtiennent un feu orange ce qui signifie que leur réalisation a pris du retard ou rencontré des difficultés à résoudre (par exemple le droit effectif à la mobilité des fonctionnaires), 5 % des mesures sont donc marquées d'un feu rouge dès lors qu'elles n'ont pas été engagées (par exemple la dématérialisation et la sécurisation du permis de conduire).
Dans chaque administration, des équipes d'auditeurs, dirigées par un inspecteur des Finances et en liaison avec le ministère du Budget, des Comptes publics et de la Fonction publique, identifient les chantiers de modernisation à engager.
Les décisions seront prises par un Conseil de la modernisation des politiques publiques présidé par le président de la République et qui se réunit deux fois par an.

La RGPP est également le point de passage obligé dans la mise en œuvre d'une budgétisation pluriannuelle.

3 VERS UN PILOTAGE DES FINANCES PUBLIQUES PLURIANNUEL ET GLOBAL

La programmation pluriannuelle des finances publiques connaît une montée en puissance sans précédent.
Jusqu'à la LOLF, la pluriannualité budgétaire n'avait qu'une dimension informative dont on pouvait trouver quelque trace dans l'Ordonnance de 1959 qui prévoyait que soit joint à la loi de finances de l'année un « rapport définissant l'équilibre économique et financier, les résultats connus et les perspectives d'avenir ».
La seule véritable programmation budgétaire n'était établie que dans le cadre des engagements européens, dans le programme de stabilité de l'année.
Désormais l'évolution se fait vers un véritable pilotage des finances publiques impulsé par la LOLF dans son article 50. Cette évolution a été confortée par la création de la conférence nationale des finances publiques, laquelle permet une concertation autour de la stratégie des finances publiques. Mais la révision constitutionnelle de 2008 a donné une ampleur inédite à la dimension pluriannuelle par la création d'une nouvelle catégorie de lois : les lois de programmation pluriannuelle des finances publiques.

La première étape de cette évolution est marquée par l'adoption de l'article 50 de la LOLF.
L'article 50 de la LOLF dispose qu'une programmation pluriannuelle des finances publiques doit être jointe au projet de loi de finances de l'année sous la forme d'un rapport.

A PREMIÈRE ÉTAPE : 2005-2009

La première étape de cette évolution est marquée par l'adoption de l'article 50 de la LOLF.
• L'article 50 de la LOLF dispose qu'une programmation pluriannuelle des finances publiques doit être jointe au projet de loi de finances de l'année sous la forme d'un rapport :

> « [...] un rapport sur la situation et les perspectives économiques, sociales et financières de la nation. [...] Il présente et explicite les perspectives d'évolution, pour au moins les quatre années suivant celle du dépôt du projet de loi de finances, des recettes, des dépenses et du solde de l'ensemble des administrations publiques détaillées par sous-secteurs et exprimées selon les conventions de la comptabilité nationale, au regard des engagements européens de la France, ainsi que, le cas échéant, des recommandations adressées à elle sur le fondement du traité instituant la Communauté européenne. »

Cet article renforce considérablement, dans l'information parlementaire, la mise en perspective pluriannuelle.

Cette programmation pluriannuelle des finances publiques figure dans le tome I du rapport social, économique et financier annexé au projet de loi de finances. Outre l'année précédente, cette programmation couvre donc l'année en cours et les trois suivantes. Ainsi, la programmation pluriannuelle annexée au projet de loi de finances 2006 concernait les années 2005 à 2009. Le fait qu'elle soit annexée au projet de loi de finances, qui traite du budget de l'État, n'empêche aucunement que la programmation pluriannuelle des finances publiques concerne l'ensemble des administrations publiques. Elle inscrit ainsi le budget de l'État dans une stratégie globale de finances publiques.

• La création en 2006 de la conférence nationale des finances publiques a eu pour effet de conforter cette dynamique de programmation pluriannuelle. Cette instance de concertation réunit, sous l'autorité du Premier ministre, à la fois les ministres concernés, en particulier le ministre du Budget, des Comptes publics et de la Fonction publique et le ministre de l'Économie, de l'Industrie et de l'Emploi, des représentants du Parlement et des exécutifs locaux, ainsi que des organismes de protection sociale et des organisations syndicales. Lors de ces conférences nationales des finances, le Gouvernement présente sa stratégie de finances publiques.

B LA DEUXIÈME ÉTAPE : 2009-2012

Cette étape a été franchie avec la révision constitutionnelle de 2008 et la création des lois de programmation des finances publiques

La loi constitutionnelle du 23 juillet 2008 modifie doublement l'article 34 : tout d'abord, la notion de « lois de programme à caractère économique et social » est remplacée par celle, plus générale, de « lois de programmation » qui « déterminent les objectifs de l'action de l'État ». De plus un alinéa est ajouté *in fine* à l'article 34 :

> « Les orientations pluriannuelles des finances publiques sont définies par des lois de programmation. Elles s'inscrivent dans l'objectif d'équilibre des comptes des administrations publiques. »

Cette nouvelle catégorie de lois doit permettre une programmation précise des dépenses des administrations publiques. L'ensemble des dépenses publiques est concerné ; l'approche est donc globale et s'inscrit dans la logique des engagements européens de la France. Loi de programmation, son contenu doit toutefois être confirmé par les projets de loi de finances et de financement de la Sécurité sociale annuels à venir.

Dans le contexte actuel de crise financière et économique, la loi de programmation précise et conforte la stratégie gouvernementale des finances publiques et fixe un cap précis et opérationnel pour le redressement des comptes publics. Elle traduit les incidences du plan de relance de l'économie issu de la loi de finances du 27 décembre 2008 pour 2009 et de la loi du 4 février 2009 de finances rectificative pour 2009. Elle s'inscrit dans le cadre des engagements européens de la France. Cette loi constitue un jalon particulièrement important dans le processus de maîtrise d'ensemble de la dépense publique.

La loi du 9 février 2009 de programmation des finances publiques pour les années 2009 à 2012 contient des articles qui indiquent l'évolution des dépenses de l'État, des concours de l'État aux collectivités territoriales et de l'objectif national d'assurance-maladie pour chaque année de ladite période. Une clause de rendez-vous annuel est prévue afin de permettre de s'assurer du respect de la programmation, tant en dépenses qu'en recettes, chaque année au moment du débat d'orientation budgétaire.

Un rapport est annexé à cette loi. Il comporte une programmation sur cette période des dépenses de chaque sous-secteur (État, ODAC, administrations de Sécurité sociale, collectivités territoriales). Il indique également les principales réformes liées à cette programmation.

• La loi de programmation 2009-2012 présente également le budget pluriannuel de l'État (2009-2011). Ce dispositif est au cœur de la loi de programmation : il intègre les réformes décidées dans le cadre de la Révision générale des politiques publiques (RGPP). L'élaboration d'un premier budget pluriannuel de l'État sur la période 2009-2011 a été lancée à l'été 2007, conformément à l'engagement du président de la République et du Premier ministre. Il a été présenté au moment du débat d'orientation des finances publiques (DOFP) de juillet 2008 et donc intégré à la loi de programmation des finances publiques. Selon le ministère du Budget, « la loi de programmation permet de sécuriser la trajectoire des finances publiques sur la période, en assurant la maîtrise de la dépense de l'État définie pour trois ans ». Le budget pluriannuel défini en 2008 sert de base à la préparation des PLF des années suivantes, qui demeurent déposés et examinés chaque année : un nouveau budget pluriannuel sera préparé en 2010 pour les années 2011-2013, à partir du plafond défini en 2008 pour 2011.

• Le programme de stabilité transmis par le Gouvernement à la Commission européenne (décembre)

En outre, chaque année, le Gouvernement doit transmettre avant le 1er décembre un programme de stabilité à la Commission européenne. Prévue dans le cadre du pacte de stabilité et de croissance, cette obligation s'applique aux États membres de l'Union européenne.

Pour les États membres de la zone euro, ce document est appelé « programme de stabilité », pour les autres, il se nomme programme de convergence.

Ces documents constituent un outil de surveillance multilatérale des finances publiques des États membres.

En raison de contraintes de calendrier, la programmation pluriannuelle, transmise début octobre en même temps que le projet de loi de finances de l'année à venir, constitue une esquisse du programme de stabilité, transmis pour sa part début décembre.

Le programme de stabilité 2009-2012 a été transmis à la Commission européenne fin décembre 2008. Il s'inscrit dans un contexte particulièrement difficile de crise économique et financière mondiale.

4 L'IMPACT DE LA LOLF ET DE LA STRATÉGIE DE PILOTAGE PLURIANNUEL ET GLOBAL DES FINANCES PUBLIQUES SUR LA PRÉPARATION DU BUDGET

A LES PRINCIPAUX ACTEURS

La LOLF, dans son article 38, répartit de manière très laconique et brève les compétences respectives dans la préparation du projet de loi de finances.

> Article 38 : « Sous l'autorité du Premier ministre, le ministre chargé des finances prépare les projets de loi de finances, qui sont délibérés en conseil des ministres. »

Ces dénominations génériques peuvent recouvrir des réalités différentes. Depuis juin 2007, il faut souligner tant le dédoublement du MINEFI que les nouveaux périmètres ministériels dans le gouvernement nommé suite aux élections législatives de juin 2007, tout à fait révélateurs des perspectives retenues. Il y a désormais un ministère de l'Économie, des Finances et de l'Emploi, ayant à sa tête, pour la première fois dans notre histoire, une femme, Christine Lagarde, et un ministre du Budget, des Comptes publics et de la Fonction publique, M. Éric Woerth. C'est ce dernier qui a donc en charge la préparation du projet de loi de finances.

En pratique, c'est la direction du budget qui occupe un rôle central en la matière, forte de ses 240 agents dont plus des deux tiers sont des cadres A. Elle assure, depuis le 1er janvier 2006, le pilotage de la mise en œuvre de la LOLF et plus largement elle joue un rôle essentiel de conception et d'exécution dans le pilotage des finances publiques. Philippe Josse, directeur du budget, considère qu'elle est « à la fois le maître d'ouvrage de l'ensemble de l'architecture budgétaire et le garant de la qualité des informations qu'elle abrite et qu'elle transmet ». Ainsi, s'agissant des nouveaux outils budgétaires axés sur la recherche de performance, les PAP, la DGB se doit de « *challenger* les ministères, vérifier la sincérité et la crédibilité des renseignements fournis ».

B LE NOUVEAU CALENDRIER DE PRÉPARATION DU PROJET DE LOI DE FINANCES

La nouvelle gestion publique impose que soient intégrés à la conception même du projet de loi de finances les éléments nécessaires à la performance qui s'impose dans l'utilisation des crédits budgétaires. Tout le calendrier budgétaire classique a dû être refondu pour que puissent intervenir ces nouvelles étapes de formulation des objectifs et indicateurs. En outre, la recherche systématique des possibilités d'économies budgétaires a donné lieu à de nouvelles formes de travail.

Une circulaire du 21 janvier 2005 « relative à la préparation du projet de loi de finances pour 2006 dans le nouveau cadre budgétaire » est intervenue pour réorganiser le calendrier de préparation du projet de loi de finances.

Une année entière est nécessaire pour que le processus de préparation et de vote puisse aboutir à une nouvelle loi de finances de l'année.

La préparation du premier budget pluriannuel a profondément modifié la phase de préparation budgétaire qui porte désormais, depuis le budget 2009, non plus sur une seule année, mais sur chacune des trois années de la période 2009-2011.

Les neuf premiers mois s'achèvent sur la date butoir posée par la Constitution de 1958 du premier mardi d'octobre. Il s'agit d'une phase purement administrative qui se déroule au MINEFI.

En janvier se déroule un séminaire gouvernemental dédié à la stratégie budgétaire. Il en résulte une lettre de cadrage envoyée par le Premier ministre à tous les ministres qui fixe les grandes orientations budgétaires et la norme de dépense pour l'année à venir.

Pour intégrer la pluriannualité budgétaire, des réunions techniques se sont tenues au début de l'année 2008 entre la direction du Budget et les ministères gestionnaires. Elles ont permis de définir les tendanciels de dépenses. La direction du Budget a, sur cette base, conduit un exercice de programmation à moyen terme (PMT) sur la période.

De février à début mai, c'est la phase des travaux préalables : trois types de réunion sont organisés.

1° Les conférences d'économies structurelles

Ce sont des rencontres du ministre du Budget et le ministre des Finances avec l'ensemble des ministres pour un examen des perspectives budgétaires, des projets de réforme et des économies qui leur sont associées.

2° Les conférences de performance (en mars)

Ce sont des réunions entre le ministère du Budget et les autres ministères pour définir des objectifs et indicateurs de performance des politiques publiques retenues.

La préparation du premier budget pluriannuel a profondément modifié la phase de préparation budgétaire qui porte désormais, depuis le budget 2009, non plus sur une seule année, mais sur chacune des trois années de la période 2009-2011.

3° Les conférences de budgétisation
Ce sont des réunions entre la direction du Budget et les ministères gestionnaires. Les premiers défendent et justifient leur budget et leurs nouvelles demandes. Les représentants de la seconde défendent le point de vue du MINEFI en faisant des contre-propositions.
À l'issue de ces conférences de budgétisation, les sujets n'ayant pas fait l'objet d'accords ont été arbitrés au niveau du Premier ministre.

Mi-mai à mi-juillet, c'est la phase des arbitrages politiques : des réunions de restitution se déroulent tout d'abord chez le Premier ministre, actant pour chacun des ministères les résultats obtenus dans les réunions précédentes.
Enfin, l'ensemble des plafonds pluriannuels de crédits et d'emplois ainsi arrêtés pour la période 2009-2011 ont été traduits dans les lettres plafonds, envoyées à la mi-juillet par le Premier ministre à chacun des ministres. Y sont arrêtées pour chaque mission le montant des crédits et, pour chaque ministère, les plafonds d'effectif.

À ce stade de la procédure, la LOLF introduit un droit pour le Parlement à être informé à travers la remise de deux rapports :
– le rapport sur l'évolution de l'économie nationale et des finances publiques rédigé par le Gouvernement ;
– le rapport préliminaire de la Cour des comptes sur l'exécution des lois de finances.
Il y a aussi, éventuellement, une possibilité de débattre par la tenue d'un débat d'orientation budgétaire (fin juin-début juillet).

À ce stade de la procédure, la LOLF introduit un droit pour le Parlement à être informé à travers la remise de deux rapports :
– le rapport sur l'évolution de l'économie nationale et des finances publiques rédigé par le Gouvernement ;
– le rapport préliminaire de la Cour des comptes sur l'exécution des lois de finances.
Il y a aussi, éventuellement, une possibilité de débattre par la tenue d'un débat d'orientation budgétaire (fin juin-début juillet). Le DOB s'est déroulé le 15 juillet 2008 en perspective de la préparation de la loi de finances pour 2009.

De mi-juillet au premier mardi d'octobre, c'est la phase de finalisation des documents budgétaires.
Des réunions de répartition se tiennent afin de finaliser le contenu du budget. Une répartition fine des crédits et des effectifs par programme, action, titre et catégorie est effectuée. Le ministère du Budget veille à la sincérité et à la « soutenabilité » des choix opérés par les gestionnaires.
Les travaux sur la performance se parachèvent par la définition des cibles pour les objectifs et les indicateurs de performance.
Au même moment, la LOLF réaffirme le droit du Parlement d'être informé par l'envoi de questionnaires parlementaires avant le 10 juillet. La LOLF fixe au Gouvernement la date butoir du 10 octobre pour y répondre.

Fin septembre :
– saisine pour avis du Conseil d'État ;
– passage du projet de loi de finances en Conseil des ministres pour adoption.

Le premier mardi d'octobre au plus tard commence la phase parlementaire du débat budgétaire. Le projet de loi de finances doit être déposé sur le bureau de l'Assemblée nationale accompagné de ses annexes.

Fin décembre :
– vote par le Parlement ;
– saisine éventuelle du Conseil constitutionnel ;
– promulgation de la loi de finances.

La logique de la LOLF trouve ainsi ses prolongements dans la préparation du projet de finances alors même qu'elle laisse, en la matière, libre champ à l'organisation voulue par le ministère. Mais la recherche de performance impose de nouveaux rythmes. Parallèlement, le Parlement voit désormais s'ouvrir un certain nombre de possibilités d'information et d'expression pendant les mois qui précèdent sa saisine officielle.

Le budget pluriannuel, défini en 2008, sert de base à la préparation des PLF des années suivantes. Principe d'annualité oblige, les projets de lois de finances demeurent déposés et examinés chaque année. Ainsi, en 2009, la préparation du PLF 2010 est conduite à partir des plafonds de crédits et d'emplois précédemment arrêtés (fermes au niveau de la mission, indicatifs au niveau du programme). Dès lors la préparation du budget se limite désormais dans le cadre pluriannuel à ajuster les plafonds dans les cas où cela s'avère nécessaire. C'est le cas en particulier pour les dépenses entièrement contraintes (charges de la dette, pensions). La préparation budgétaire annuelle sert également à affermir la budgétisation au niveau des programmes budgétaires.

La logique de la LOLF trouve ainsi ses prolongements dans la préparation du projet de finances alors même qu'elle laisse, en la matière, libre champ à l'organisation voulue par le ministère. Mais la recherche de performance impose de nouveaux rythmes.

CHAPITRE 4 L'AUTORISATION BUDGÉTAIRE PARLEMENTAIRE

La loi de finances est un acte prévisionnel déterminant pour l'action publique, et aussi un acte d'autorisation fondamental et symbolique donné pour le prélèvement de l'impôt et la réalisation de la dépense publique.

Le vote de la loi de finances par le Parlement est un moment majeur de la vie politique d'une démocratie à au moins deux titres.
Cette loi est porteuse du budget de l'État, puisqu'elle détermine ses ressources et ses charges. Elle définit le solde budgétaire de l'année qui permet de mettre en évidence le niveau de déficit annuel. Il s'agit d'un acte prévisionnel déterminant pour l'action publique.
Les débats budgétaires et le choix de voter ou non la loi de finances de l'année sont aussi un moment essentiel où se marquent les contours de la majorité politique en place et l'adhésion aux choix que le Gouvernement fait dans le projet de loi de finances. Ce texte est donc aussi un acte d'autorisation fondamental et symbolique donné pour le prélèvement de l'impôt et la réalisation de la dépense publique.
En raison de l'importance des enjeux que cet acte législatif revêt, le pouvoir parlementaire en matière budgétaire bénéficie d'un encadrement juridique protecteur qui se formule à travers de grands principes budgétaires (1). En outre, les lois qualifiées de lois de finances se distinguent des autres lois et obéissent à un formalisme rigoureux (2).

1 LE CADRE JURIDIQUE DE L'AUTORISATION BUDGÉTAIRE : LES PRINCIPES BUDGÉTAIRES

Les principes budgétaires trouvent leur origine au début du XIXe siècle et accompagnent la montée en puissance des pouvoirs du parlement en matière budgétaire et financière (cf. chapitre 1). L'adoption de la LOLF, loin de les remettre en cause, a amené leur reconfiguration ou leur simple réaménagement, adaptant ainsi leur contenu aux nouvelles exigences de la gestion publique. L'équilibre budgétaire est parfois présenté comme étant l'un de ces principes, mais sa dimension juridique est moins forte. Il occupe une place à part et s'intègre davantage aux analyses liées aux déficits budgétaires annuels.

A LA RECONFIGURATION DES PRINCIPES D'ANNUALITÉ ET DE SPÉCIALITÉ BUDGÉTAIRES

1 • Le principe d'annualité budgétaire

L'annualité trouve à s'appliquer tant au niveau de l'autorisation budgétaire donnée en loi de finances qu'au niveau de l'exécution de celle-ci.

La loi de finances de l'année doit entrer en vigueur au 1er janvier et s'appliquer jusqu'au 31 décembre de la même année pour laisser place ensuite à la loi de finances de l'année suivante. Cet énoncé *a priori* d'une grande simplicité revêt des enjeux fondamentaux et connaît un certain nombre d'adaptations, voire même de dérogations.
L'annualité trouve à s'appliquer tant au niveau de l'autorisation budgétaire donnée en loi de finances qu'au niveau de l'exécution de celle-ci. Outre une dimension budgétaire, le principe d'annualité a donc également une dimension comptable. Ce principe concerne donc ici la durée de la portée de l'autorisation budgétaire donnée dans le budget prévisionnel en loi de finances.

➥ L'affirmation du principe : loi de finances de l'année et ses modifications par voie législative

La LOLF, dans son article 1er, réaffirme le principe d'annualité budgétaire tant en prévision qu'en exécution : la loi de finances initiale en vigueur au 1er janvier est appelée « loi de finances de l'année » et « l'exercice (budgétaire et financier) s'étend sur une année civile ».
Alors même que le principe d'annualité figure dans le droit budgétaire de tous les pays, l'année civile n'est pas toujours la référence. Ainsi, pour la Grande-Bretagne, le Japon et le Canada, l'exercice budgétaire débute le 1er avril, et pour les États-Unis, le 1er octobre.

Le principe d'annualité budgétaire revêt plusieurs dimensions :
– La première est celle de la nécessaire antériorité du budget, en tant qu'autorisation budgétaire, au regard de sa mise en exécution. L'idée est simple : la loi de finances doit être votée avant le début de l'exercice budgétaire, faute de quoi l'autorisation dont elle est porteuse perd de son effectivité.
– La seconde dimension est celle de la limitation dans la durée de cette autorisation budgétaire : au-delà de l'exercice budgétaire qui s'achève au 31 décembre, l'ouverture des crédits et l'autorisation de prélever l'impôt deviennent en principe caduques. L'article 15 de la LOLF dispose ainsi que « les crédits ouverts et les plafonds des autorisations d'emplois fixés au titre d'une année ne créent aucun droit au titre des années suivantes ».
La LOLF reprend les aménagements du principe d'annualité préexistants dans l'ordonnance de 1959. Il existe en effet plusieurs possibilités d'en atténuer la rigueur, plus ou moins respectueuses du pouvoir parlementaire et offrant plus ou moins de prise à des dérives dans leur mise en pratique. Les modifications apportées à la loi de finances initiale peuvent être le fait du pouvoir législatif par l'adoption de lois de finances rectificatives.

Les modifications apportées à la loi de finances initiale peuvent être le fait du pouvoir législatif par l'adoption de lois de finances rectificatives.

Cette technique permet au Parlement, sollicité par le Gouvernement, de voter en cours d'année une ou plusieurs lois modifiant le contenu de la loi de finances initial. Le Parlement est ici maintenu dans le principe de sa compétence en matière de détermination des ressources et de charges de l'État (art. 34 de la Constitution). Pour autant, la pratique des lois de finances rectificatives pose un certain nombre de problèmes au regard du principe d'annualité notamment lorsqu'elles sont porteuses en fin d'année budgétaires de dispositions de trop grande envergure.
Les modifications apportées à la loi de finances initiale peuvent aussi résulter d'actes unilatéraux pris par le pouvoir exécutif qui nécessitent dès lors un encadrement rigoureux et respectueux du pouvoir parlementaire. Ces modifications peuvent avoir une dimension infra-annuelle selon qu'elles modifient le contenu de l'autorisation budgétaire en cours d'année ou qu'elles tendent à prolonger ses effets au-delà de l'année.

➡ Les modifications à portée infra-annuelle pouvant être apportées au Gouvernement

Toute une série de décrets peuvent être adoptés pendant l'année budgétaire dont la portée est infra-annuelle. Les décrets de virement sont prévus à l'article 12. Ils dérogent fortement au principe de spécialité budgétaire mais aussi à l'annualité budgétaire en ce qu'ils modifient en cours d'année la destination initiale des crédits. En raison de la portée de ces décrets, la LOLF leur donne un régime juridique soumis à une double contrainte. D'une part ils ne peuvent modifier la répartition des crédits qu'entre programmes d'un même ministère. D'autre part le montant cumulé, au cours d'une même année, des crédits ayant fait l'objet de virements, ne peut excéder 2 % des crédits ouverts par la loi de finances de l'année pour chacun des programmes concernés. Ce plafond s'applique également aux crédits ouverts sur le titre des dépenses de personnel pour chacun des programmes.

Certaines modifications peuvent aussi résulter d'actes unilatéraux. Les décrets de virement sont prévus à l'article 12. Ils dérogent fortement au principe de spécialité budgétaire mais aussi à l'annualité budgétaire en ce qu'ils modifient en cours d'année la destination initiale des crédits.

La portée dérogatoire des décrets de transfert est moindre. La destination initiale du crédit est respectée, seul le ministère gestionnaire change.

Les décrets de transfert sont prévus au même article, mais leur portée dérogatoire est moindre. La destination initiale du crédit est respectée, seul le ministère gestionnaire change. Dès lors leur régime juridique est plus souple : ils peuvent modifier la répartition des crédits entre programmes de ministères distincts, dans la mesure où l'emploi des crédits ainsi transférés, pour un objet déterminé, correspond à des actions du programme d'origine. Ces transferts peuvent être assortis de modifications de la répartition des emplois autorisés entre les ministères concernés. Cependant, la fongibilité asymétrique s'applique à ces modifications d'ouverture de crédits à savoir que les crédits virés ou transférés ne peuvent être effectués au profit du titre des dépenses de personnel à partir d'un autre titre.

L'article 13 ouvre la possibilité de prendre des décrets d'avance dans deux cas de figure.

En premier lieu, ces décrets peuvent ouvrir des crédits supplémentaires « en cas d'urgence » dès lors que cela n'affecte pas l'équilibre budgétaire défini par la dernière loi de finances. Ils doivent pour ce faire procéder à l'annulation de crédits ou constater des recettes supplémentaires. Ils sont pris en Conseil d'État après avis des commissions des finances. Leur montant cumulé ne peut excéder 1 % des crédits ouverts par la loi de finances de l'année.

En second lieu, des crédits supplémentaires peuvent être ouverts « en cas d'urgence et de nécessité impérieuse d'intérêt national ». Ils se différencient des premiers en cela que la réserve relative au respect de l'équilibre budgétaire n'est plus formulée. Compte tenu de l'importance de ces actes, ils ont le rang de décret en Conseil des ministres.

Il faut citer enfin les décrets d'annulation. La LOLF a pris acte de la rédaction inadéquate de l'ordonnance de 1959 au regard de la pratique budgétaire. L'hypothèse retenue pour permettre une annulation de crédit était celle d'« un crédit devenu sans objet ». L'article 14 conserve cette hypothèse d'annulation mais consacre expressément le cas de figure le plus usité : « afin de prévenir une détérioration de l'équilibre budgétaire défini par la dernière loi de finances afférente à l'année concernée, un crédit peut être annulé par décret pris sur le rapport du ministre chargé des finances ». Ici encore une limite quantitative est fixée cependant : le montant cumulé des crédits annulés par décrets d'annulation et par décrets d'avances ne peut dépasser 1,5 % des crédits ouverts par les lois de finances afférentes à l'année en cours.
La pratique des annulations de crédits est de nature à susciter la polémique au regard des principes d'annualité et de sincérité.

La pratique des annulations de crédits est de nature à susciter la polémique au regard des principes d'annualité et de sincérité.

La loi de finances pour 2003 en fournit un exemple caractérisé. Le Gouvernement avait en effet annoncé, au cours des débats parlementaires, la mise en réserve, dès le début de l'année, de crédits susceptibles d'être ultérieurement annulés. Les parlementaires avaient souligné le caractère désobligeant d'une telle décision vis-à-vis de la représentation nationale amenée à voter un texte déjà partiellement vidé de son contenu. Ils avaient en outre saisi le Conseil constitutionnel du grief d'insincérité de la loi de finances quant aux prévisions de dépenses. Celui-ci a jugé qu'il était « loisible au Gouvernement de prévoir la mise en réserve, en début d'exercice, d'une faible fraction des crédits ouverts afin de prévenir une détérioration éventuelle de l'équilibre du budget » et que « en informant le Parlement de cette intention, il a respecté le principe de sincérité ». La même argumentation sera réitérée au sujet des lois de finances pour 2004 et 2005. Le principe d'annualité passe au second plan, certes dans l'argumentation juridique, derrière l'impératif de sincérité, mais l'enjeu de ces annulations de crédits est bien celui du respect du contenu de l'autorisation budgétaire annuelle.

Ici se joue la question de la régulation budgétaire, tendant à maintenir, par un « gel » des crédits budgétaires, le niveau du déficit public à un niveau acceptable. Les reports de crédits budgétaires obéissent à une nécessité pratique, mais leur volume doit demeurer limité.

Ici se joue la question de la régulation budgétaire tendant à maintenir, par un « gel » des crédits budgétaires, pour reprendre la terminologie journalistique, le déficit public à un niveau acceptable.

➥ Les prolongements de l'année budgétaire

Il est d'autres techniques dont la vocation est de permettre d'établir des passerelles d'une année sur l'autre. Certaines sont comptables, d'autres budgétaires.

Les reports de crédits budgétaires obéissent à une nécessité pratique, mais leur volume doit demeurer limité. Les sommes concernées s'étaient en effet accrues de manière très excessive, passant de 7,2 milliards d'euros en 1994 à 14,1 milliards d'euros en 2002, soit 5% des crédits votés. Les ministères reportaient de manière quasi automatique les crédits non consommés en fin d'année budgétaire. L'ampleur de ce phénomène constitue une véritable atteinte au principe d'annualité et fait peser un risque sérieux sur la maîtrise de l'exécution budgétaire.

La LOLF a strictement limité les possibilités de reports dans son article 15 ; deux cas de figure sont prévus :

– premier cas : « Les autorisations d'engagement disponibles sur un programme à la fin de l'année peuvent être reportées sur le même programme...» La LOLF ne fixe aucune limitation afin de laisser les ministres gestionnaires libres de gérer leurs décisions d'engagement sans être contraints à des dépenses hâtives en fin d'exercice budgétaire.

– deuxième cas : « Les crédits de paiement disponibles sur un programme à la fin de l'année peuvent être reportés sur le même programme... », mais dans la limite de 3 % des crédits initiaux. Cette limite s'applique respectivement aux dépenses de personnel et aux autres crédits inscrits. Pour ces derniers, l'article 15 ouvre cependant la possibilité à la loi de finances de prévoir des dérogations ponctuelles majorant cette limitation des reports.

La LOLF a strictement limité les possibilités de reports dans son article 15 ; deux cas de figure sont prévus. Pour 2006, les arrêtés de reports de crédits de paiement sur le budget général ont porté sur 4,6 milliards d'euros. L'article 8 dispose que « les crédits ouverts sont constitués d'autorisations d'engagement et de crédits de paiement ».

En conséquence, pour 2006, les arrêtés de reports de crédits de paiement sur le budget général ont porté sur 4,6 milliards d'euros. Ce montant est le plus bas constaté depuis treize ans et en diminution de plus de 50 % par rapport à 2005.

Ces reports pris par arrêté conjoint du ministre chargé des finances et du ministre intéressé sont publiés au plus tard le 31 mars de l'année budgétaire suivante. La liste des programmes concernés figure en loi de finances.

➥ L'introduction de la dimension pluriannuelle : la budgétisation AE/CP

L'apport de la LOLF réside dans l'introduction et la systématisation d'une nouvelle dimension de l'ouverture des crédits budgétaires, pluriannuelle, plus conforme aux exigences de l'action d'un État dans le monde moderne. Les investissements publics, mais aussi la gestion publique dans son ensemble, nécessitent désormais de pouvoir être pensés sur plusieurs années.

L'ordonnance de 1959 connaissait déjà la possibilité d'ouvrir les crédits budgétaires sur plusieurs années à travers la technique des autorisations de programmes et crédits de paiement (AP/CP). Toutefois elle n'était applicable qu'aux dépenses en capital, autrement dit aux dépenses d'investissement.

La LOLF reprend cette technique en l'élargissant potentiellement à tous les crédits budgétaires et en en adaptant la terminologie (AE/CP). L'article 8 dispose que « les crédits ouverts sont constitués d'autorisations d'engagement et de crédits de paiement ». Les premières, pluriannuelles, sont définies comme « constituant la limite supérieure des dépenses pouvant être engagées ». Les seconds, votés chaque année en loi de finances et respectueux du principe d'annualité, « constituent la limite supérieure des dépenses pouvant être ordonnancées ou payées pendant l'année pour la couverture des engagements contractés dans le cadre des autorisations d'engagement ».

Réserve doit être faite des dépenses de personnel, lesquelles, malgré leur caractère éminemment pluriannuel, ont un traitement particulier : « Le montant des autorisations d'engagement ouvertes est égal au montant des crédits de paiement ouverts. »

➡ La programmation pluriannuelle des finances publiques

L'article 50 de la LOLF indique qu'une programmation pluriannuelle des finances publiques doit être annexée au projet de loi de finances, dans le tome I du rapport social, économique et financier. Le cadre de la loi de finances ne fait aucunement obstacle à ce que cette programmation ait une dimension globale, qui intègre l'ensemble des administrations publiques. Un pas supplémentaire a été franchi en vue de la mise en œuvre d'un budget pluriannuel lors du premier conseil de modernisation des politiques publiques. Le principe d'un budget pluriannuel y a été retenu et sa mise en œuvre a été prévue pour la période 2009-2011 comme l'a précisée la lettre du Premier ministre, en date du 11 février 2008. Il s'appuiera sur la révision générale des politiques publiques dans la perspective d'un retour à l'équilibre en 2012. Il s'agit de déterminer pour trois ans les enveloppes de crédits par mission et l'évolution des effectifs. Les projets de lois de finances devront s'inscrire dans cette programmation.

> Le Gouvernement doit transmettre avant le 1er décembre un programme de stabilité à la Commission européenne.

En outre, chaque année, le Gouvernement doit transmettre avant le 1er décembre un programme de stabilité à la Commission européenne. Cette obligation est prévue dans le cadre du pacte de stabilité et de croissance.
La programmation pluriannuelle qui accompagne le projet de loi de finances est remise au Parlement au début du mois d'octobre et constitue ainsi une esquisse du programme de stabilité, transmis début décembre.

2 • La mutation radicale du principe de spécialité budgétaire

> L'ordonnance de 1959 a dissocié le vote des crédits de leur niveau de spécialisation.

➡ Les enjeux du principe

L'ordonnance de 1959 a mis fin aux excès de la spécialisation budgétaire (cf. ch. 1) de deux manières. Elle a tout d'abord dissocié le vote des crédits de leur niveau de spécialisation.
S'agissant du niveau de vote, l'ordonnance introduit la distinction entre services votés et mesures nouvelles, permettant ainsi un vote par grandes masses. La portée du vote parlementaire s'en est cependant trouvée considérablement édulcorée.

> Le chapitre budgétaire restait le plus petit niveau de détail auquel l'autorisation budgétaire s'imposait au pouvoir exécutif.

S'agissant de la spécialisation des crédits, le chapitre budgétaire restait le plus petit niveau de détail auquel l'autorisation budgétaire s'imposait au pouvoir exécutif. La présentation et de la discussion des crédits se faisait donc toujours par chapitre, cependant pour éviter les errements des républiques précédentes, le nombre des chapitres a été considérablement réduit. À la veille de l'adoption de la LOLF en 2001, ils étaient au nombre de 848.
Jusqu'à la LOLF, la portée effective du principe de spécialité était mesurée à l'aune du niveau de détail auquel l'autorisation budgétaire accordée par le Parlement se situait.

> La LOLF place désormais la spécialité budgétaire au niveau des programmes. Là où la loi de finances pour 2005 comptait 850 chapitres, la loi de finances pour 2009 comprend 130 programmes.

➡ L'apport de la LOLF : la spécialisation par programme

Cette grille de lecture ne s'avère plus exacte avec la LOLF qui place désormais la spécialité budgétaire au niveau des programmes. Ceux-ci sont des enveloppes budgétaires beaucoup plus larges que ne l'étaient les chapitres. Leur nombre en témoigne : là où la loi de finances pour 2005, dernière de son genre à être conçue sur la base de l'ordonnance de 1959, comptait 850 chapitres, la loi de finances pour 2009 comprend 130 programmes.
Il semblerait donc que de ce point de vue la portée du principe de spécialité budgétaire ait régressé. Il y aurait ainsi un certain paradoxe dans le passage du chapitre au programme. Mais celui-ci n'est qu'apparent et souffre d'un manque de mise

en perspective de la réforme dans son ensemble, analyse ne tenant pas compte du déplacement fondamental opéré par la LOLF dans le rôle attribué au Parlement en la matière.

L'autorisation budgétaire est certes donnée de manière plus globale au pouvoir exécutif à travers les programmes, ce qui répond à une volonté de responsabilisation des gestionnaires publics. Mais le droit de regard du Parlement se renforce considérablement sur l'exécution budgétaire. Les programmes s'accompagnent en effet de la formulation de projets annuels de performance (PAP) qui détaillent les indicateurs à partir desquels doit se faire l'évaluation des résultats obtenus dans la réalisation des différents programmes au regard des objectifs formulés.
La confrontation de ces PAP avec leur pendant, les rapports annuels de performance (RAP), annexés à la loi de règlement, se veut un nouveau mode de réalisation du principe de spécialité budgétaire. Le Parlement effectue en aval ce contrôle détaillé de l'utilisation de l'argent public et le principe de spécialité budgétaire s'en trouve dès lors renforcé.

B LA CONSOLIDATION DES PRINCIPES D'UNITÉ ET D'UNIVERSALITÉ

Ces deux principes sont des garanties complémentaires données au Parlement de pouvoir discuter un texte unique et complet.

1 • L'imbrication textuelle des deux principes

L'article 6 (alinéas 2 et 3) de la LOLF pose tout d'abord le principe d'universalité budgétaire : « Le budget décrit, pour une année, l'ensemble des recettes et des dépenses budgétaires de l'État. » Ce principe se subdivise en deux règles qui sont autant de facettes de l'universalité.

Le principe d'universalité budgétaire se subdivise en deux règles : la non compensation des dépenses et des recettes et la non affectation des recettes.

➥ La première est celle de la non compensation des dépenses et des recettes. « Il est fait recette du montant intégral des produits, sans contraction entre les recettes et les dépenses. » Il s'agit de faire en sorte que la lisibilité des dépenses et des recettes soit effective, ce que ne permettrait pas une présentation qui ne mettrait en valeur que des soldes budgétaires.

➥ La seconde est celle de la non affectation des recettes, « l'ensemble des recettes assurant l'exécution de l'ensemble des dépenses ». Ce principe de solidarité s'ancre dans l'esprit de l'article 13 de la Déclaration de 1789 qui pose le caractère indispensable d'une « contribution commune », « pour l'entretien de la force publique et pour les dépenses d'administration ».
L'affectation des recettes peut cependant permettre au discours politique de légitimer et d'expliquer la création d'un nouvel impôt. Ainsi l'impôt de solidarité sur la fortune a été présenté au moment de sa création comme étant affecté au paiement du revenu minimum d'insertion. Pour autant la cohérence budgétaire ne permet pas de rendre dépendante une dépense du niveau d'une recette – par définition aléatoire – permettant de la couvrir.

L'article 6 alinéa 3 s'achève par la formulation du principe d'unité budgétaire « [...] toutes les recettes et toutes les dépenses sont retracées sur un compte unique, intitulé budget général ». De ce principe, Léon Say, économiste libéral et ministre des Finances de la fin du XIXe siècle, écrivait qu'« il est nécessaire d'enfermer le budget dans un monument dont on puisse apprécier aisément l'ordonnance et saisir d'un seul coup d'œil les grandes lignes. »

2 • L'assainissement des exceptions au principe d'unité budgétaire

Le principe d'unité budgétaire connaît un certain nombre d'assouplissements d'intensité plus ou moins forte.

➥ Les documents complémentaires du budget général

Il faut rappeler en premier lieu que la loi de finances contient non seulement le budget général, mais aussi les budgets annexes et les comptes spéciaux du Trésor qui sont autant de dérogations aux grands principes budgétaires. Leur multiplication quelque peu anarchique a pu poser problème. La LOLF a restreint leur nombre et recadré leur raison d'être.

D'aucuns ont également critiqué la distinction faite depuis 1996 entre loi de finances et loi de financement de la Sécurité sociale, s'interrogeant sur la légitimité d'une telle exclusion des dépenses sociales du budget de l'État.

➥ Les débudgétisations

Plus délicates encore sont les débudgétisations :

Les débudgétisations s'imposent le plus souvent en raison de l'évolution du rôle de l'État.

– Elles s'imposent le plus souvent en raison de l'évolution du rôle de l'État et de la transformation du périmètre de ses missions, sous l'influence notamment du principe communautaire de libre concurrence.
L'ancien budget annexe des PTT, Postes et Télécommunications, a ainsi donné naissance en 1990 à deux entités totalement distinctes du budget de l'État : la Poste et France Télécom (EPIC). Autre exemple, la loi de finances pour 2007 supprime le budget annexe des Monnaies et Médailles et crée un nouvel établissement public industriel et commercial, la Monnaie de Paris. Lui sont transférés de plein droit, pour accomplir les anciennes missions des services du budget annexe, l'ensemble des biens et des droits à caractère mobilier et immobilier ainsi que l'ensemble des droits, obligations et contrats relevant anciennement de l'État.

– Pour autant, cette multiplication d'établissements publics, quand bien même créés par la loi, peut dans d'autres hypothèses receler une véritable atteinte au principe d'unité.

Les débudgétisations peuvent prêter à discussion lorsqu'elles concernent des dépenses qui, bien que présentant par nature un caractère permanent, ne sont pas prises en charge par le budget de l'État.

Les débudgétisations peuvent en effet prêter à discussion, notamment devant le Conseil constitutionnel, lorsqu'elles concernent des dépenses qui, bien que présentant par nature un caractère permanent, ne sont pas prises en charge par le budget de l'État. Le Conseil constitutionnel, dans sa décision du 29 décembre 1994 relative à la loi de finances pour 1995, a considéré comme non conforme au principe d'universalité le transfert de la charge des majorations de pensions de fonctionnaires de l'État retraités à un établissement public, le fonds de solidarité vieillesse (FSV). Il a considéré que s'agissant du financement de charges permanentes de l'État, ces dépenses devaient figurer dans le budget général en loi de finances. Le problème se pose aussi lorsqu'un transfert de recettes fiscales a lieu au bénéfice de la Sécurité sociale. La décision du 21 décembre 1999 relative à la loi de financement de la Sécurité sociale pour 2000 en offre un autre exemple. Cette loi transférait aux régimes d'assurance maladie certaines dépenses qui incombaient auparavant à l'État, afférentes entre autres au dépistage et au traitement de certaines maladies réalisés par des centres spécialisés. Les députés requérants avaient fait valoir que ces transferts constituaient des « débudgétisations » de dépenses relevant par nature du budget général de l'État, en méconnaissance des principes d'unité, d'universalité et de sincérité budgétaire. Le Conseil constitutionnel a rejeté le moyen en considérant que ces dépenses avaient directement trait à la sauvegarde de la santé publique et ne devaient donc pas être regardées comme des dépenses devant, par nature, figurer au budget de l'État.

➥ Les non budgétisations

Un mot peut être enfin ajouté sur les non budgétisations, qui consistent à ne pas faire figurer certains prélèvements ou certains emplois publics en loi de finances. Par exemple, le Conseil constitutionnel a été amené dans une décision du 29 décembre 1993, relative à la loi de finances pour 1994, à devoir qualifier l'opération de reprise par l'État de la dette de l'Agence centrale des organismes de Sécurité sociale (ACOSS) à l'égard de la Caisse des dépôts et consignations. Il a considéré qu'elle s'analysait en « une opération de trésorerie intervenant en dehors du budget », mais cependant respectueuse de l'ordonnance de 1959 alors en vigueur.

3 • Les aménagements du principe d'universalité

➥ Les prélèvements sur recettes

L'article 6 alinéa 4 de la LOLF prévoit l'existence de la technique des prélèvements sur recettes (voir la reproduction du tableau d'équilibre) qui présente cette particularité de faire figurer en recettes des sommes qui viennent non pas s'additionner, mais se soustraire. Un montant déterminé de recettes de l'État peut donc « être rétrocédé directement au profit des collectivités territoriales ou des Communautés européennes en vue de couvrir des charges incombant à ces bénéficiaires ou de compenser des exonérations, des réductions ou des plafonnements d'impôts établis au profit des collectivités territoriales ». Les prélèvements sur recettes sont définis et évalués de façon précise et distincte dans leur destination et leur montant. Critiqué devant le Conseil constitutionnel sur le terrain de l'atteinte au principe d'universalité budgétaire, ce dernier a considéré dans sa décision du 29 décembre 1982 relative à la loi de finances pour 1983, que le mécanisme des prélèvements sur recettes « satisfait aux objectifs de clarté des comptes et d'efficacité du contrôle parlementaire qui ont inspiré ces dispositions ainsi que celles de l'ensemble de l'ordonnance du 2 janvier 1959, dès lors que ces prélèvements sont, dans leur montant et leur destination, définis de façon distincte et précise dans la loi de finances, qu'ils sont assortis, tout comme les chapitres budgétaires, de justifications appropriées, enfin qu'il n'y est pas recouru pour la couverture de charges permanentes de l'État. »

> Les prélèvements sur recettes sont définis et évalués de façon précise et distincte dans leur destination et leur montant.

Cette technique de présentation budgétaire est reprise par la LOLF, mais désormais les prélèvements sur recettes sont définis et évalués de façon précise et distincte dans leur destination et leur montant.

Par exemple la loi de finances pour 2009 évalue à 52,2 millions d'euros les prélèvements sur recettes de l'État au profit des collectivités territoriales. Les prélèvements sur recettes au profit des Communautés sont évalués à 18,9 millions d'euros.

➥ Les dépenses fiscales

Elles se distinguent des « dépenses budgétaires ». L'article 32 de la loi de finances pour 1980 les définit comme « des dispositions législatives ou réglementaires dont la mise en œuvre entraîne pour l'État une perte de recettes et donc, pour les contribuables, un allégement de leur charge fiscale par rapport à ce qui serait résulté de l'application de la norme, c'est-à-dire des principes généraux du droit fiscal français ».

> L'article 32 de la loi de finances pour 1980 définit les dépenses fiscales comme « des dispositions législatives ou réglementaires dont la mise en œuvre entraîne pour l'État une perte de recettes et donc, pour les contribuables, un allégement de leur charge fiscale par rapport à ce qui serait résulté de l'application de la norme, c'est-à-dire des principes généraux du droit fiscal français ».

– Un statut de fiscalité dérogatoire

Les dépenses fiscales sont par définition dérogatoires aux règles fiscales existantes. Ce caractère se traduit sur le terrain du droit budgétaire. Les dépenses fiscales s'analysent comme une dérogation au principe de non compensation des recettes et des dépenses. En effet, ce mécanisme permet au Gouvernement d'offrir aux particuliers ou aux entreprises des avantages fiscaux, en lieu et place d'une aide financière directe, afin d'atteindre certains objectifs stratégiques sur le plan économique, social ou encore environnemental. Le renoncement à une recette fiscale finance donc « par compensation » une politique publique déterminée. La dépense budgétaire et la recette fiscale se « contractent » donc en une « dépense fiscale ». La lisibilité et la transparence requises des prévisions de recettes et de dépenses s'en trouvent nécessairement amoindries, d'autant que les modalités de

La dépense budgétaire et la recette fiscale se « contractent » donc en une « dépense fiscale ».

Le programme « Handicap et dépendance », inclus dans la mission « solidarité et intégration » en constitue un exemple. Il est chiffré en AE/CP, mais aussi en dépenses fiscales d'État concourant à la réalisation des objectifs de ce programme, comme la demi-part supplémentaire pour les contribuables invalides évaluée à 350 millions d'euros.

ces dépenses sont très diverses : multiples exonérations, déductions, réductions, crédits ou reports d'impôts.

Publiées dans le tome II du *Fascicule budgétaire des voies et moyens depuis 1980*, leur liste figure également désormais dans les documents budgétaires par mission (bleus budgétaires) : chaque programme est présenté sous la forme de crédits limitatifs, mais aussi de dépenses fiscales associées. Un exemple parmi les autres est fourni par le programme « Handicap et dépendance », inclus dans la mission « Solidarité et intégration ». Il est chiffré en AE/CP, mais aussi en dépenses fiscales d'État concourant à la réalisation des objectifs de ce programme, comme la demi-part supplémentaire pour les contribuables invalides évaluée à 350 millions d'euros. Pour autant, leur examen détaillé par le Parlement n'est pas imposé.

– Les enjeux de la fiscalité dérogatoire

Pour la première fois, le ministère des Finances, dans la loi de finances pour 2006, a détaillé officiellement les 400 dépenses fiscales offertes aux ménages et aux entreprises, le nombre de leurs bénéficiaires et le coût pour le budget.

La difficulté est triple. Le premier problème vient du contrôle de leur efficacité. Certaines dépenses sont utiles comme la réduction d'impôt pour l'emploi d'un salarié à domicile ou le crédit d'impôt recherche pour les entreprises. Plébiscité par celles-ci en ce qu'il constitue une baisse ciblée de l'impôt sur les sociétés, il a été jugé « efficace » par la Cour des comptes, pour un coût d'un 1 milliard d'euros par an à l'État. Toutefois, dans ce mille-feuille de mesures dont beaucoup concernent l'impôt sur le revenu, certaines s'analysent comme des « niches fiscales » plus difficilement justifiables. Certaines sont anecdotiques, comme l'abattement sur les plus-values réalisées sur la vente de chevaux ou l'exonération des droits de mutations par décès portant sur des droits immobiliers en Corse, qui ne touche que 250 contribuables. D'autres niches fiscales ont une dimension purement corporatiste ; d'où le constat désabusé du rapporteur du budget à l'Assemblée nationale en 2006 de Gilles Carrez : « Dans chaque niche, il y a un chien qui mord. »

Le deuxième problème est celui de leur coût pour les finances publiques.

Déjà dans son vingtième rapport de septembre 2003 consacré à la fiscalité dérogatoire, le Conseil des Impôts dénonçait les dépenses fiscales comme revêtant « un enjeu budgétaire important et mal maîtrisé ». La moitié à peine de ces dépenses fait en effet l'objet d'un chiffrage.

Dans un rapport de juin 2008, la commission des finances de l'Assemblée nationale a chiffré le coût des niches fiscales à 73 milliards d'euros, ce qui équivaut à 27 % des recettes fiscales nettes de l'État et 3,8 % du PIB.

Le coût des dépenses fiscales pour les finances publiques n'en finit donc pas de s'alourdir et affiche une hausse de 46 % depuis 2003 (ces dépenses représentaient déjà 50 milliards d'euros). Ces chiffres montrent donc une accélération des dérogations fiscales : sur les 486 niches existantes, près de 70 ont été créées ces cinq dernières années sous forme essentiellement de crédits d'impôt. L'alourdissement du poids de ces dépenses se poursuit puisque « entre 2007 et 2008, le coût global des dépenses fiscales devrait augmenter de 7,1 %, soit plus de quatre fois la progression des dépenses budgétaires ».

Les crédits, déductions et réductions d'impôt sont devenus en quelques années un instrument prépondérant de financement des politiques publiques, jusqu'à représenter le quart des ressources de l'État. « Tout se passe comme si la fixation en 2003 d'une norme d'évolution des dépenses budgétaires avait conduit à la multiplication des dépenses fiscales », déclarait hier Gilles Carrez, rapporteur général de la commission des finances. En effet, les crédits du budget général ne doivent pas évoluer, depuis 2004, plus vite que l'inflation.

Le troisième problème est celui de l'équité fiscale.
Ce transfert entre dépense budgétaire et crédit d'impôt profite surtout aux foyers fiscaux les plus aisés :

150 des 10 000 plus gros revenus n'ont pas payé d'impôt en 2006, certains bénéficiant même d'une restitution fiscale.
Les 100 000 contribuables tirant le meilleur profit des dérogations fiscales catégorielles ont réduit leur impôt de 15 240 euros en moyenne, soit un manque à gagner supérieur à 1,5 milliard d'euros pour l'État.

Trois niches sont particulièrement prisées : les investissements outre-mer (46,8 % des réductions d'impôt), l'emploi d'un salarié à domicile (17,2 %) et des crédits d'impôt au titre de conventions internationales et évitant les doubles impositions (16,8 %).

– Les dispositifs de plafonnement global des niches fiscales
Fin 2008 a été voté le plafonnement global des niches fiscales. Désormais, le montant total des réductions ou crédits d'impôt sera limité à 25 000 euros, plus 10 % du revenu imposable du foyer fiscal.
Le dispositif n'est pas rétroactif et s'appliquera pour l'impôt sur le revenu payable en 2010. La loi de finances pour 2006 avait déjà fait une première tentative de plafonnement, invalidée par le conseil constitutionnel. Cette loi prévoyait un plafonnement à 8 000 euros par foyer des gains en impôt procurés par ces avantages fiscaux. Le Conseil constitutionnel, dans sa décision du 29 décembre 2005, avait annulé ce dispositif au motif que sa « complexité excessive » n'était pas justifiée « par un motif d'intérêt général suffisant ».
Les réductions d'impôt ou crédits d'impôt bénéficiant à un ménage pour une année donnée sont donc désormais limitées à un certain montant. Un même foyer fiscal ne pourra pas bénéficier d'un avantage fiscal, tous dispositifs défiscalisants confondus, supérieur à 25 000 euros plus 10 % du revenu imposable.

Désormais, le montant total des réductions ou crédits d'impôt sera limité à 25 000 euros, plus 10 % du revenu imposable du foyer fiscal.

Par exemple l'avantage fiscal annuel ne pourra pas dépasser :
– 35 000 euros (25 000 euros + 10 % de 100 000 euros) pour un ménage disposant d'un revenu imposable de 100 000 euros ;
– 45 000 euros si le revenu imposable est de 200 000 euros (25 000 + 10 % de 200 000).

L'avantage fiscal annuel ne pourra pas dépasser :
– 35 000 euros (25 000 euros + 10 % de 100 000 euros) pour un ménage disposant d'un revenu imposable de 100 000 euros ;
– 45 000 euros si le revenu imposable est de 200 000 euros (25 000 + 10 % de 200 000).

Avec ce nouveau dispositif, les contribuables les plus aisés ne pourront plus, via leurs investissements, annuler totalement leur cotisation d'impôt.
Pour le sénateur Philippe Marini, rapporteur général de la commission des finances « il s'agit d'un dispositif très puissant de réintégration de l'impôt. Les très gros revenus, qui se voient appliquer un taux marginal de 40 %, pouvaient défiscaliser la totalité ; désormais, ils ne pourront plus défiscaliser que 10 % de leurs revenus : ce dispositif permet donc de réintégrer les trois quarts de l'impôt dû. Cela pourrait concerner 3 000 contribuables, pour un produit attendu, y compris l'effet des mesures de plafonnement dispositif par dispositif, de l'ordre de 200 millions d'euros. L'impôt redevient progressif ».

Une distinction est faite entre les avantages fiscaux voulus ou subis. Ainsi les mesures prises en compte pour le plafonnement sont les avantages fiscaux relatifs à des investissements patrimoniaux réalisés par le contribuable (investissements outre-mer, dispositifs Robien, Borloo, etc.) et ceux ayant pour contrepartie une prestation dont il bénéficie (aide fiscale pour l'emploi d'un salarié à domicile par exemple).

En revanche, les avantages fiscaux ayant pour objet la contrepartie d'une situation subie par le contribuable (prise en charge de la dépendance ou du handicap, déduction des pensions alimentaires) ou la poursuite d'un objectif d'intérêt général sans contrepartie pour le contribuable (mécénat) sont exclus du champ d'application du plafonnement.
La loi exclut expressément certains avantages fiscaux du plafonnement global. C'est le cas par exemple de l'avantage en impôt procuré par le dispositif dit « monuments historiques », de la réduction d'impôt au titre des cotisations versées aux organisations syndicales, de la réduction d'impôt au titre des frais de scolarité d'enfants poursuivant des études secondaires ou supérieures, de la réduction d'impôt au titre des dépenses afférentes à la dépendance, ou encore de la prime pour l'emploi.
Selon la loi, tous les crédits ou réductions d'impôt qui ne sont pas expressément exclus, entrent dans le calcul du plafonnement global. Il s'agit notamment des réductions d'impôt au titre des souscriptions au capital de certaines PME, du crédit d'impôt pour dépenses d'équipement de l'habitation principale en faveur du développement durable, de la réduction ou du crédit d'impôt pour l'emploi d'un salarié à domicile ou les services à la personne.

Dans ce mille-feuille de mesures, dont beaucoup concernent l'impôt sur le revenu, certaines s'analysent comme des « niches fiscales » plus difficilement justifiables.

C LA CONSÉCRATION D'UN NOUVEAU PRINCIPE : LA SINCÉRITÉ

L'ordonnance du 2 janvier 1959 ne connaissait ni le principe de sincérité budgétaire ni même l'utilisation de ce terme appliqué aux finances publiques. Pour autant, cette exigence de sincérité était déjà formulée de longue date tant par le Conseil constitutionnel via son contrôle de la constitutionnalité des lois de finances, que par la Cour des comptes dans son contrôle des comptes des comptables publics. Ce principe se manifeste en effet à un double niveau puisque cette exigence s'applique autant aux prévisions effectuées en loi de finances – sincérité budgétaire (1) – qu'aux comptes de l'État retraçant l'exécution de l'autorisation budgétaire annuelle (2).

1 • La sincérité des prévisions budgétaires

La LOLF place désormais le contenu et la présentation des lois de finances (Titre III) sous l'égide d'un nouveau principe de sincérité pour lequel elle crée un nouveau chapitre.

La LOLF place désormais le contenu et la présentation des lois de finances (Titre III) sous l'égide d'un nouveau principe de sincérité pour lequel elle crée un nouveau chapitre. L'article 32 le consacre de manière on ne peut plus explicite : « Les lois de finances présentent de façon sincère l'ensemble des ressources et des charges de l'État. Leur sincérité s'apprécie compte tenu des informations disponibles et des prévisions qui peuvent raisonnablement en découler. »
Il ne s'agit pas là cependant d'une véritable nouveauté. La jurisprudence constitutionnelle a donné corps à ce principe depuis une vingtaine d'années déjà, renforçant son importance au fil des décisions.

➥ La décision du 29 décembre 1982 portant sur la loi de finances pour 1983 (LF pour 1983) est considérée comme la première se référant à l'idée de sincérité. Quand bien même le juge constitutionnel n'utilise pas le mot, il invoque cependant « la clarté des comptes de l'État et le contrôle efficace du Parlement ».

➥ Les décisions suivantes formuleront expressément sous des formes diverses l'exigence de sincérité budgétaire.
La première apparition expresse du mot se trouve dans la décision du 29 décembre 1983 portant sur la loi de finances pour 1984 dans laquelle le Conseil constitutionnel considère que l'inclusion contestée de l'évaluation du produit attendu de la taxe intérieure sur les produits pétroliers (TIPP) n'est qu'un « élément de sincérité » parmi d'autres.

– C'est toutefois dans sa décision du 21 juin 1993 (LFR pour 1993) que le Conseil constitutionnel accepte pour la première fois d'examiner « la sincérité des chiffres contenus dans la loi », rendant ainsi ce grief opérant pour apprécier la constitutionnalité des lois de finances.

– Dès lors, depuis 1993, les saisines du Conseil constitutionnel effectuées par les parlementaires pour contrôle de constitutionnalité des lois de finances invoquent de manière quasi systématique celui de l'insincérité des prévisions qu'elles contiennent. La sincérité sera érigée en « principe budgétaire » dans sa décision du 28 décembre 1995 (LF pour 1996) pour le qualifier implicitement dans sa décision du 27 décembre 2001 (LF pour 2002), d'« exigence de valeur constitutionnelle ».

Le Conseil constitutionnel s'en tient cependant à un contrôle minimum de l'erreur manifeste d'appréciation. En effet, l'article 32 précise *in fine* qu'en raison de la spécificité des lois de finances, « leur sincérité s'apprécie compte tenu des informations disponibles et des prévisions qui peuvent raisonnablement en découler ». Ce caractère relatif de la sincérité budgétaire permet de comprendre que ce principe fait davantage office de moyen préventif d'éventuelles manipulations de la présentation budgétaire plutôt que d'outil de censure. Il n'a donc jusqu'à présent jamais été prononcé de censure d'une loi de finances sur ce terrain et la proclamation du principe par la LOLF n'a pas donné lieu à une réorientation de la jurisprudence en la matière. Le juge constitutionnel préfère demander la régularisation ultérieure, par l'adoption d'une loi de finances rectificative ou dans le projet de loi de finances à venir, d'une situation insuffisante pour motiver une censure, mais insatisfaisante au regard du principe de sincérité.

Le caractère relatif de la sincérité budgétaire permet de comprendre que ce principe fait davantage office de moyen préventif d'éventuelles manipulations de la présentation budgétaire que d'outil de censure.

➥ Par ailleurs, le Conseil constitutionnel a étendu de sa propre initiative – dans le silence de la loi de 1996 – l'application du principe de sincérité budgétaire aux lois de financement de la Sécurité sociale dans sa décision du 21 décembre 1999 (LFSS pour 2000). Était en cause l'insincérité des prévisions de recettes, en particulier parce qu'elles n'auraient pas pris en compte les ressources du fonds de financement de la réforme des cotisations patronales de Sécurité sociale (FOREC), mis en place pour financer les allégements de cotisations sociales au titre de la réduction du temps de travail. La loi organique du 2 août 2005 relative aux lois de financement de la Sécurité sociale consacre très logiquement ce principe.

2 • La sincérité des comptes de l'État

Le principe de sincérité s'applique également à la tenue des comptes de l'État. Ceux-ci doivent être, aux termes de l'article 27 de la LOLF, « réguliers, sincères et donner une image fidèle de son patrimoine et de sa situation financière ». Il revient donc très logiquement aux comptables publics de s'assurer « notamment de la sincérité des enregistrements comptables et du respect des procédures » (article 31).

Les comptes de l'État doivent être « réguliers, sincères et donner une image fidèle de son patrimoine et de sa situation financière » (article 27 de la LOLF).

Le Conseil constitutionnel a précisé, dans sa décision du 25 juillet 2001 relative à la LOLF, la portée du principe de sincérité des lois de finances énoncé par l'article 32. Il donne ainsi pleinement sens à la précision selon laquelle : « Leur sincérité s'apprécie compte tenu des informations disponibles et des prévisions qui peuvent raisonnablement en découler. » Ces informations doivent être « adéquates, loyales, claires, précises et complètes », comme le précise le rapporteur du projet de la LOLF. Le plan comptable général peut servir ici de référence en ce qu'il définit la sincérité comme « l'application de bonne foi des règles et des procédures, en fonction de la connaissance que les responsables doivent avoir de la réalité ».

Le principe de sincérité n'a pas la même portée s'agissant des lois de règlement et des autres lois de finances.

Il en tire des conséquences quant aux exigences applicables en la matière aux différentes lois de finances : « il en résulte que le principe de sincérité n'a pas la même portée s'agissant des lois de règlement et des autres lois de finances. »

➥ Dans le cas de la loi de finances de l'année, des lois de finances rectificatives et des lois particulières prises selon les procédures d'urgence prévues à l'article 45,

« la sincérité se caractérise par l'absence d'intention de fausser les grandes lignes de l'équilibre déterminé par la loi de finances ».

➡ Dans le cas de la loi de règlement, la sincérité « s'entend en outre comme imposant l'exactitude des comptes ».
La certification des comptes effectuée par la Cour des comptes donne une base renforcée, sinon au contrôle de constitutionnalité du moins aux saisines parlementaires sur le terrain de l'insincérité budgétaire.

2 LES LOIS DE FINANCES : LA MISE EN FORME DE L'AUTORISATION BUDGÉTAIRE PARLEMENTAIRE

Il faut appréhender l'autorisation budgétaire à travers la diversité des lois de finances :
- loi de finances de l'année
- lois de finance rectificative
- loi de règlement
- lois prévues à l'article 45 LOLF.

Pour importante qu'elle soit, la loi de finances de l'année n'est pas seule en son genre ; il faut appréhender l'autorisation budgétaire à travers la diversité des lois de finances.

A LES DIFFÉRENTES LOIS DE FINANCES

1 • Les notions : lois de finances et budget de l'État

➡ La diversité des lois de finances
L'article 34 de la Constitution dispose que « les lois de finances déterminent les ressources et les charges de l'État dans les conditions et sous les réserves prévues par une loi organique ». La LOLF s'ouvre en conséquence dans l'article 1 de son premier titre sur une définition plus précise : « les lois de finances déterminent, pour un exercice, la nature, le montant et l'affectation des ressources et des charges de l'État ainsi que l'équilibre budgétaire et financier qui en résulte. Elles tiennent compte d'un équilibre économique défini, ainsi que des objectifs et des résultats des programmes qu'elles déterminent. » Les lois de finances de l'année et les lois de finances rectificatives doivent, en référence à un principe d'équilibre, déterminer le solde budgétaire prévisionnel, lequel se traduit par le choix d'un niveau prévisionnel de déficit budgétaire.
Ce même article confère le caractère de lois de finances tant à la loi de finances de l'année qu'aux lois de finances rectificatives, à la loi de règlement ainsi qu'aux lois prévues à l'article 45.

Les lois de finances contiennent le budget de l'État mais ne se résument pas à cette dimension descriptive.

➡ La notion de budget
La notion de budget est donc au second plan, n'intervenant qu'à l'article 6 : « Les ressources et les charges budgétaires de l'État sont retracées dans le budget sous forme de recettes et de dépense. Le budget décrit, pour une année, l'ensemble des recettes et des dépenses budgétaires de l'État. » Les lois de finances contiennent donc le budget de l'État, mais ne se résument pas à cette dimension descriptive. Actes de prévision et d'autorisation, elles sont d'une nature, d'une portée et d'un contenu différents.

2 • Les lois de finances rectificatives (LFR)

Les lois de finances rectificatives sont aussi connues sous le nom de « collectifs budgétaires ».

Les lois de finances rectificatives sont aussi connues sous le nom de « collectifs budgétaires », se référant en cela à leur fonction première. En effet, sous les républiques précédentes, ces textes soumis au Parlement rassemblaient les diverses modifications intervenues en matière budgétaire.
L'article 35 qui organise leur régime juridique prévoit plusieurs cas de figure pour leur intervention : seules ces lois de finances rectificatives peuvent modifier les dispositions de la loi de finances de l'année. Elles interviennent aussi pour ratifier les modifications apportées par décret d'avance aux crédits ouverts par la dernière loi de finances.
Sans être obligatoires, un « collectif de printemps », intervient généralement au mois d'avril, et un « collectif budgétaire de fin d'année » au mois de décembre.

Comme toute loi, elles peuvent être déférées au Conseil constitutionnel dans les conditions de droit commun.

En outre, le Conseil constitutionnel a posé la nécessité, depuis une décision du 24 juillet 1991, de l'adoption d'une loi de finances rectificative en cas de bouleversement des grandes lignes de l'équilibre économique et financier défini par la loi de finances initiale.

Ces lois peuvent également permettre, en cas de modification majeure du contexte politique (changement de majorité suite à des élections ou encore changement de gouvernement), le réajustement du budget de l'État au vu des nouvelles priorités gouvernementales ou encore devant un bouleversement du contexte économique provoquant l'obsolescence de la loi de finances initiale. C'est le cas, par exemple, de la LFR du 4 février 2009 portant relance de l'économie et de la LFR du 22 avril 2009 mettant en œuvre des mesures exceptionnelles de solidarité et de soutien à l'activité économique en complément du plan de relance.

Leur initiative est exclusivement l'apanage du pouvoir exécutif ; elles procèdent donc toujours d'un projet de loi. Il faut d'ailleurs relever une certaine dérive actuelle dans l'utilisation de ces lois de finances rectificatives, notamment en fin d'année budgétaire, porteuses de dispositions trop lourdes de conséquences au regard de leur vocation de rectification de la loi de finances de l'année.

La loi de règlement arrête « le montant définitif des recettes et des dépenses du budget auquelle elle se rapporte ainsi que le résultat budgétaire qui en découle ». (article 37, LOLF)

3 • La loi de règlement

Appelée à son origine, en 1818, loi de règlement des comptes de l'État, la loi de règlement est désormais un document comptable dont le contenu est précisé à l'article 37 de la LOLF. Elle arrête « le montant définitif des recettes et des dépenses du budget auquel elle se rapporte ainsi que le résultat budgétaire qui en découle ».

La LOLF enrichit l'apport de cette loi au contrôle budgétaire parlementaire de plusieurs manières. Chaque année, elle arrête désormais un tableau de financement des ressources et des charges de trésorerie ayant concourues à la réalisation de l'équilibre financier de l'année correspondante. Elle approuve également le compte général de l'État, à savoir la balance générale des comptes, le compte de résultat, le bilan ainsi qu'une évaluation des engagements hors bilan de l'État.

Cette loi peut en outre comporter diverses dispositions, notamment la ratification des modifications apportées par décret d'avance aux crédits ouverts ou encore l'ouverture, pour chaque programme ou dotation, des crédits nécessaires pour régulariser les dépassements constatés résultant de circonstances de force majeure dûment justifiées, ou enfin procéder à l'annulation des crédits n'ayant été ni consommés ni reportés. L'article 46 dispose ainsi que le projet de loi de règlement est déposé et distribué avant le 1er juin de l'année suivant celle de l'exécution du budget auquel il se rapporte. En outre l'article 41 impose que le projet de loi de finances de l'année ne puisse être mis en discussion devant une assemblée avant le vote par celle-ci, en première lecture, sur le projet de loi de règlement portant sur l'année précédente (cf. les chaînages vertueux).

4 • Les lois de finances spéciales

Parlementarisme rationalisé oblige, l'article 47 de la Constitution prévoit des alternatives à tout blocage ou empêchement intervenant dans le vote de la loi de finances. Plus précisément, cet article, dans son alinéa 4, dispose que « si la loi de finances fixant les ressources et les charges d'un exercice n'a pas été déposée en temps utile pour être promulguée avant le début de cet exercice, le Gouvernement demande d'urgence au Parlement l'autorisation de percevoir les impôts et ouvre par décret les crédits se rapportant aux services votés ».

L'article 45 de la LOLF prévoit deux procédures :
• la loi de finances partielle ;
• la loi de finances spéciale.

L'article 45 prévoit deux procédures :

– dans le premier cas, est prévu le vote d'un projet de loi partiel sur la première partie de la loi de finances de l'année ou, à défaut, la promulgation d'une loi spéciale autorisant à continuer de percevoir les impôts existants ;

– dans le second cas, si l'absence de loi de finances de l'année résulte de la déclaration par le Conseil constitutionnel de sa non-conformité à la Constitution (article 62, alinéa 1 de la Constitution), le Gouvernement dépose immédiatement devant l'Assemblée nationale un projet de loi spéciale l'autorisant à continuer à percevoir les impôts existants jusqu'au vote de la loi de finances de l'année.
Tous ces projets de lois de finances spéciales sont discutés selon la procédure d'urgence.

La LOLF décrit avec précision la présentation formelle de la loi de finances et étend ce formalisme aux lois de finances rectificatives.

B) LE CONTENU ET LES DISPOSITIONS DE LA LOI DE FINANCES DE L'ANNÉE

La LOLF décrit avec précision la présentation formelle de la loi de finances et étend ce formalisme aux lois de finances rectificatives.

1 • La loi de finances

La loi de finances met en forme le budget de l'État dans un formalisme systématique qui répartit les dispositions en deux parties et dont le contenu est strictement défini et protégé.

Il faut dissocier au sein du budget de l'État le budget général, les budgets annexes et les comptes spéciaux du Trésor.

➥ Le budget de l'État : budget général, BA, et CST.
Il faut dissocier au sein du budget de l'État le budget général, les budgets annexes et les comptes spéciaux du Trésor.

L'article 34 de la LOLF présente le contenu des deux parties qui structurent la loi de finances de l'année. La première partie, consacrée aux « conditions générales de l'équilibre financier », se subdivise en deux titres :
– le titre I comprend les dispositions relatives aux ressources ;
– le titre II est consacré aux dispositions relatives à l'équilibre des ressources et des charges et donne à la première partie une dimension plus large.

L'article 6 dispose que « le budget décrit, pour une année, l'ensemble des recettes et des dépenses budgétaires de l'État ». Il est donc soumis en conséquence, tant dans son élaboration que dans son exécution, aux grands principes budgétaires.
La LOLF, reprenant en cela l'ordonnance de 1959, prévoit que la loi de finances puisse créer des budgets annexes (article 18) et des comptes spéciaux du Trésor (article 19 et suivants). Chacun d'entre eux constitue une mission au sens de l'article 7. Ils permettent de déroger aux principes budgétaires en autorisant notamment l'affectation directe de certaines recettes à certaines dépenses. Leur nombre est réduit et leur utilisation rationalisée par la LOLF qui redonne sens à leur raison d'être.

Les budgets annexes sont destinés à retracer les opérations des services de l'État non dotés de la personnalité morale résultant de leur activité de production de biens ou de prestation de services effectuée à titre principal et donnant lieu au paiement de redevances. Les comptes spéciaux se répartissent en quatre catégories : comptes d'affectation spéciale, comptes de commerce, comptes d'opérations monétaires et comptes de concours financiers.
Les comptes d'affectation spéciale dérogent notamment au principe d'équilibre (des découverts sont autorisés), au principe d'annualité (assouplissement des règles de report) ou encore à la règle de la non affectation puisque, par définition, ils retracent des opérations budgétaires financées au moyen de recettes particulières qui sont, par nature, en relation directe avec les dépenses concernées (article 21). Ainsi par exemple, les opérations de nature patrimoniale liées à la gestion des participations financières de l'État, à l'exclusion de toute opération de gestion courante, sont de droit retracées sur un unique compte d'affectation spéciale.

L'« article d'équilibre » constitue le point crucial de la loi de finances.

Les comptes de commerce (article 22) retracent des opérations de caractère industriel et commercial effectuées à titre accessoire par des services de l'État non dotés de la personnalité morale. Ainsi, par exemple, les opérations budgétaires relatives à la dette et à la trésorerie de l'État, à l'exclusion de toute opération de gestion courante, sont retracées dans un compte de commerce déterminé. Autre exemple : la loi de finances pour 2007 a ouvert dans les écritures du Trésor un compte de commerce intitulé « Cantine et travail des détenus dans le cadre pénitentiaire » qui retrace les opérations d'achat de biens et de services par

l'administration pénitentiaire et leur revente aux détenus ainsi que les opérations liées au travail des détenus dans les conditions fixées par le code de procédure pénale.
Les comptes d'opérations monétaires (article 23) retracent les recettes et les dépenses de caractère monétaire. Enfin, les comptes de concours financiers (article 24) retracent les prêts et avances consentis par l'État.

➥ Les deux parties de la loi de finances

L'article 34 de la LOLF présente le contenu des deux parties qui structurent la loi de finances de l'année. Ces parties se présentent sous la forme législative classique d'une succession d'articles.

– La première partie, consacrée aux « conditions générales de l'équilibre financier », se subdivise en deux titres :
– le titre I comprend les dispositions relatives aux ressources et s'ouvre toujours sur le consentement symbolique de l'impôt en autorisant, pour l'année, la perception des ressources de l'État et des impositions de toute nature affectées à des personnes morales autres que l'État. Il comporte en outre les dispositions relatives aux ressources de l'Etat qui affectent l'équilibre budgétaire. Le contenu de ce titre amène parfois à présenter de manière réductrice la première partie comme portant essentiellement sur les recettes.
– le titre II est consacré aux dispositions relatives à l'équilibre des ressources et des charges et donne à la première partie une dimension plus large. Son unique article, dit article d'équilibre, constitue le point crucial de la loi de finances : il « arrête les données générales de l'équilibre budgétaire, présentées dans un tableau d'équilibre » (article 37-I, alinéa 7). Il donne les grandes masses budgétaires pour le budget général, les budgets annexes et les comptes spéciaux du Trésor, ce qui met en évidence les soldes budgétaires. Il faut à cet égard distinguer le solde du budget général pris isolément, dit aussi « au-dessus de la ligne » ou « petit équilibre », puis le solde général du budget de l'État dans sa globalité ou dit « grand équilibre » ou « au dessous de la ligne », qui englobe celui du budget général et ceux des BA et des CST. Cet article détermine donc le niveau de déficit budgétaire prévisionnel que la loi de finances autorise pour le nouvel exercice budgétaire (voir les tableaux reproduits dans le chapitre 3).

La LOLF a complété l'existence de ce premier tableau par un second relatif au financement de la trésorerie de l'État, inédit jusque-là. Désormais, la loi de finances comporte les autorisations relatives aux emprunts et à la trésorerie de l'État, et évalue les ressources et les charges de trésorerie qui concourent à la réalisation de l'équilibre financier.

La liste des dispositions devant figurer dans le titre II de la loi de finances s'achevait dans la version initiale de la LOLF dans un alinéa 9 prévoyant la fixation du plafond de la variation nette, appréciée en fin d'année, de la dette négociable de l'État d'une durée supérieure à un an.

Une loi organique du 13 juillet 2005 est venue compléter la loi organique du 1er août 2001 relative aux lois de finances. L'article 34-I, alinéa 10 ,de la LOLF est le résultat des polémiques quant à l'utilisation des « cagnottes fiscales» inattendues dont ont bénéficié certains gouvernements. Désormais la loi de finances « arrête les modalités selon lesquelles sont utilisés les éventuels surplus, par rapport aux évaluations de la loi de finances de l'année, du produit des impositions de toute nature établies au profit de l'État ».

> Une loi organique du 13 juillet 2005 est venue compléter la loi organique du 1er août 2001 relative aux lois de finances. L'article 34-I, alinéa 10, de la LOLF « arrête les modalités selon lesquelles sont utilisés les éventuels surplus, par rapport aux évaluations de la loi de finances de l'année, du produit des impositions de toute nature établies au profit de l'État ». La loi de finances pour 2009 dispose que « les éventuels surplus (...) sont utilisés dans leur totalité pour réduire le déficit budgétaire ».

L'exposé des motifs de la loi organique de 2005 explique qu'il s'agit de « favoriser une démarche générale de prudence et faire progresser la sincérité du débat budgétaire en matière de gestion des surplus non anticipés du produit des impositions de toute nature établies au profit de l'État ». L'affectation des surplus conjoncturels de recettes doit donc être définie à l'avance :
– le Gouvernement doit soumettre au Parlement dans un article d'une loi de finances initiale une règle d'affectation des surplus conjoncturels de recettes, explicite ;
– les modalités pratiques de l'utilisation des surplus conjoncturels de recettes fiscales doivent nécessairement être exposées de manière détaillée par le Gouvernement et contrôlée ;
– le Gouvernement devra chaque année rendre compte de l'affectation des surplus au cours de l'exercice passé. La loi de finances pour 2009 dispose ainsi à la fin de sa première partie que « les éventuels surplus (...) sont utilisés dans leur totalité pour réduire le déficit budgétaire[(1)] ».

(1) Ce complément apporté à la LOLF montre une fois de plus combien la qualité de l'autorisation budgétaire donnée en loi de finances est liée au respect, dans leur contenu de la loi de finances, des principes d'universalité et de sincérité budgétaire.

La seconde partie est consacrée aux « moyens des politiques publiques et autres dispositions spéciales ».

La seconde partie est consacrée aux « moyens des politiques publiques et autres dispositions spéciales ». Dans le titre premier de la loi de finances sont ouvertes, par mission, les autorisations budgétaires pour l'année pour le budget général. Le titre II fixe, par ministère et par budget annexe, le plafond des autorisations d'emplois. Le titre III fixe, par programme, le montant du plafond des reports de crédits. Dans son titre IV, la loi de finances énumère des mesures fiscales et budgétaires et diverses autres mesures comme l'autorisation donnée à l'État d'octroyer des garanties. L'article 96 de la loi de finances pour 2007 prévoit par exemple une « garantie de l'État [...] accordée aux emprunts que pourrait contracter entre autres organismes, la Fédération nationale des syndicats d'exploitants agricoles (FNSEA), et ce dans la limite de 12 171 000 euros ». Enfin la LOLF prévoit que les dispositions autorisant l'État à prendre en charge les dettes de tiers figurent dans la deuxième partie de la loi de finances de l'année.

➥ Les états législatifs annexés

Certains articles de la loi de finances sont développés de manière détaillée et chiffrée dans les états législatifs qui lui annexés. Ils sont désignés par une lettre majuscule allant de A à E.
L'état législatif annexé A intervient dans le prolongement de l'article d'équilibre de la première partie et présente une évaluation de chacune des recettes budgétaires.
À la deuxième partie correspondent les états législatifs suivants (B à E) qui détaillent respectivement la répartition, par mission et programme, des crédits du budget général, de chaque budget annexe, de chaque catégorie de comptes spéciaux. Ils fixent donc les plafonds des dépenses du budget général, ainsi que le plafond d'autorisation des emplois rémunérés par l'État.

2 • La protection du contenu de la loi de finances : les cavaliers budgétaires

• Dépenses obligatoires devant figurer en LF.
• Dépenses interdites en lois de finances (cavaliers budgétaires).
• Dépenses pouvant figurer en loi de finances ou dans une loi ordinaire.

La LOLF établit une distinction entre les dispositions devant obligatoirement figurer en loi de finances et celles pouvant y figurer. *A contrario* toute disposition ne relevant ni du premier cas de figure ni du second est interdite en loi de finances.
Nombre des dispositions prévues à l'article 34 de la LOLF doivent obligatoirement figurer dans toute loi de finances. C'est le cas par exemple de l'article d'équilibre. D'autres dispositions le doivent également dès lors qu'elles existent : l'article 36 dispose ainsi que « l'affectation, totale ou partielle, à une autre personne morale d'une ressource établie au profit de l'État ne peut résulter que d'une disposition de loi de finances ».

Outre ces dispositions obligatoires, la LOLF (art. 34-II, 7) énumère une liste de dispositions pouvant figurer en loi de finances tout comme en loi ordinaire.
– Au premier rang figurent les dispositions relatives « à l'assiette, au taux et aux

modalités de recouvrement des impositions de toute nature qui n'affectent pas l'équilibre budgétaire ». Il peut donc y avoir des lois simplement fiscales, en toute cohérence avec l'article 34 de la Constitution qui donne cette compétence au législateur tout court et non pas spécifiquement au législateur financier.

– Autre exemple de dispositions pouvant figurer en loi de finances comme dans une loi ordinaire : les modalités de répartition des concours de l'État aux collectivités territoriales.

– Enfin, de manière plus éloignée encore des préoccupations strictement budgétaires et financières, la loi de finances peut « comporter toutes dispositions relatives à l'information et au contrôle du Parlement sur la gestion des finances publiques » ainsi que « toutes dispositions relatives à la comptabilité de l'État et au régime de la responsabilité pécuniaire des agents des services publics ».

Toute autre disposition sera considérée comme un cavalier budgétaire et à ce titre est susceptible d'être censurée par le Conseil constitutionnel. Ce qu'il ne manque pas de faire, en gardien vigilant du contenu des lois de finances.

EN PRATIQUE

SUJET DE DISSERTATION

BUDGET VOTÉ ET BUDGET EXÉCUTÉ

Introduction rédigée :

Le rapprochement entre le budget tel qu'il est voté et le budget tel qu'il est exécuté résume à lui seul la problématique du droit et des pratiques budgétaires.

Entre l'autorisation parlementaire accordée en loi de finances et l'exécution des prévisions de recettes et de dépenses par le Gouvernement se joue le jeu démocratique du rapport de force et de la complémentarité des pouvoirs politiques en France.

Plan :

I. Une corrélation théorique nécessaire
- A. Le budget voté : acte d'autorisation donné par une assemblée à l'organe exécutif
- B. Le fil conducteur de l'équilibre budgétaire

II. Une corrélation pratique difficile
- A. Le budget voté : acte de prévision
- B. Les modifications en cours d'exécution budgétaire

DANS L'AIR DU TEMPS

- Les principes budgétaires permettent-ils une gestion efficace des finances publiques ?
- Le rôle de l'universalité budgétaire.
- L'annualité budgétaire a-t-elle un sens aujourd'hui ?

EN PRATIQUE

QRC

- Autorisations d'engagement et crédits de paiement.
- Les prélèvements sur recettes.
- Le nouveau principe de spécialité budgétaire.
- La sincérité budgétaire.

QCM

1. Un décret de virement :

- A. modifie la répartition des crédits entre missions
- B. modifie la répartition des crédits entre programmes de ministères distincts
- C. modifie la répartition des crédits entre programmes d'un même ministère
- D. ouvre des crédits supplémentaires pour un ministère donné

2. Le principe de spécialité budgétaire s'applique :

- A. au niveau des missions
- B. au niveau des programmes
- C. au niveau des services votés
- D. au niveau des chapitres

3. Le projet de loi de règlement doit être :

- A. mis en discussion devant une assemblée en même temps que le projet de loi de finances de l'année
- B. adopté avant la discussion de la loi de finances
- C. adopté avant le débat d'orientation budgétaire
- D. déposé et distribué avant le 1er juin de l'année suivant celle de l'exécution du budget auquel il se rapporte

4. L'article d'équilibre :

- A. arrête les données générales de l'équilibre budgétaire
- B. présente les dispositions qui modifient l'équilibre budgétaire
- C. fixe le plafond de la variation nette de la dette négociable de l'État
- D. arrête les modalités d'utilisation des surplus des impositions de toutes natures

5. Un cavalier budgétaire est une disposition :

- A. obligatoire en loi de finances
- B. interdite en loi de finances
- C. annexée à la loi de finances
- D. facultative en loi de finances

6. Les décrets d'avance interviennent :

- A. en cas de détérioration de l'équilibre budgétaire
- B. en cas d'urgence
- C. pour compléter les crédits budgétaires en fin d'année
- D. pour utiliser les surplus d'impositions de toutes natures

CHAPITRE 5

LE RENOUVEAU DU RÔLE DU PARLEMENT EN MATIÈRE BUDGÉTAIRE ET FINANCIÈRE

La raison d'être de la LOLF et l'explication du consensus réalisé autour de ce texte reposent en grande partie sur son objectif de revalorisation du rôle du Parlement en matière budgétaire. Cette question relève d'une thématique actuelle fondamentale qui dépasse très largement les finances publiques pour irriguer l'ensemble de la vie politique démocratique : rompre avec la pratique d'un Parlement réduit à une simple chambre d'enregistrement. La « nouvelle constitution financière » qu'est la loi organique relative aux lois de finances repose en effet sur ces deux axes de modernisation : jeter les bases d'une nouvelle gestion publique et redonner au Parlement la pleine dimension de sa souveraineté budgétaire et financière.

L'organisation même du texte de la LOLF met en évidence la double condition d'un renouveau parlementaire en matière budgétaire en intitulant son titre V « De l'information et du contrôle sur les finances publiques ». Les deux vont de paire pour asseoir une interprétation modernisée, mais fidèle, de l'article 14 de la Déclaration des droits de l'homme et du citoyen qui veut que les citoyens aient « le droit de constater, par eux-mêmes ou par leurs représentants, la nécessité de la contribution publique, de la consentir librement, d'en suivre l'emploi… ».

1 L'AMÉLIORATION DE L'INFORMATION PARLEMENTAIRE

L'information est le tout premier vecteur d'amélioration du pouvoir parlementaire en matière budgétaire.

L'information est le tout premier vecteur d'amélioration du pouvoir parlementaire en matière budgétaire. C'est une condition *sine qua non* de qualité du débat démocratique. Or la technicité de la matière et la difficulté de produire l'information sur ce terrain rendent le Parlement extrêmement dépendant du MINEFI, lequel dispose d'une capacité d'expertise et d'analyse sans commune mesure avec celle du Parlement (l'INSEE).

La LOLF a considérablement accru la quantité et la qualité de l'information parlementaire tant en amont du vote de la loi de finances qu'au regard du débat parlementaire du projet de loi de finances.

A L'INFORMATION PARLEMENTAIRE EN AMONT DE LA DISCUSSION DU PROJET DE LOI DE FINANCES

La préparation du projet de loi de finances est une phase purement administrative dont le Parlement est traditionnellement exclu.

Le calendrier budgétaire annuel menant à l'adoption de la loi de finances de l'année s'organise en deux périodes d'une nature très différente. Les neuf premiers mois sont consacrés à la préparation du projet de loi de finances. Elle relève, sous l'autorité du Premier ministre, du ministre chargé des finances (article 38 LOLF). Les trois derniers mois sont ceux des assemblées parlementaires, à compter du premier mardi d'octobre. La préparation du projet de loi de finances est une phase purement administrative dont le Parlement est traditionnellement exclu.

1 • Le rapport sur l'évolution de l'économie nationale et sur les orientations des finances publiques et le débat d'orientation budgétaire (DOB)

La démarche a été faite par le pouvoir exécutif d'accorder au Parlement une certaine place dans ces mois de préparation du projet de loi de finances, non pas pour l'y associer mais pour ajouter une pierre à l'édifice du débat public. C'est ainsi que depuis 1996 est organisé un débat d'orientation budgétaire (DOB) à l'initiative du Gouvernement. Cette possibilité figure désormais dans la LOLF.

Plus précisément, l'article 48 prévoit la présentation au cours du dernier trimestre de la session ordinaire d'un rapport sur l'évolution de l'économie nationale et sur les orientations des finances publiques, en vue de l'examen et du vote de la loi de finances. C'est ce rapport qui peut donner lieu à un DOB à l'Assemblée nationale et au Sénat.

L'article 48 prévoit la présentation au cours du dernier trimestre de la session ordinaire d'un rapport sur l'évolution de l'économie nationale et sur les orientations des finances publiques.

Conjointement à ce rapport déposé par le Gouvernement, la Cour des comptes rend son rapport sur la situation et les perspectives des finances publiques en application de l'article 58, alinéa 3, de la LOLF. Ce document vient nourrir le DOB ainsi que le débat sur l'orientation des finances sociales (pouvant résulter de l'article 6 de la loi organique relative aux lois de financement de la Sécurité sociale (LOLFFSS)). La Cour s'appuie dans ce rapport notamment sur son rapport sur les résultats et la gestion budgétaire de l'exercice précédent qu'elle rend par ailleurs ainsi que sur la certification des comptes de l'État de l'année précédente qui se doit d'accompagner le dépôt du projet de loi de règlement au plus tard le 1er juin.

Comme la profusion de rapports le démontre, l'information parlementaire est tout à fait considérable et de qualité incontestable. Pour autant les parlementaires n'accordent au DOB que peu de temps, une demi-journée tout au plus.

Le DOB était pourtant présenté par le MINEFI comme étant appelé à devenir « un rendez-vous institutionnel majeur ». Il n'en résulte aucun vote, les enveloppes budgétaires n'y sont pas discutées comme elles le seront lors du vote de la loi de finances, mais le débat porte sur les grandes orientations budgétaires.

Le DOB a fourni l'occasion de débattre non seulement, comme dans les débats précédents, des grands axes de la stratégie budgétaire pour l'année à venir, mais aussi de la nouvelle architecture budgétaire retenue, à savoir la liste des missions et des programmes ainsi que de la démarche de performance retenue dans le choix des indicateurs de performance associés.

Le ministre du Budget, Éric Woerth, a introduit la séance de l'Assemblée nationale du 15 juillet 2008 consacrée au DOB en soulignant son importance renouvelée : « Le débat d'orientation des finances publiques est toujours un moment important, car il permet de débattre le fond des orientations, au-delà des détails techniques. Il recouvre aujourd'hui une importance encore plus grande, car j'ai l'honneur de vous transmettre, pour la première fois dans l'histoire des finances publiques de notre pays, les plafonds de dépenses par mission non pas pour l'année prochaine uniquement, mais pour les trois prochaines années. C'est une avancée majeure pour la clarté, la crédibilité, la gestion des finances de l'État. »

Pour autant, le DOB qui vient de se dérouler laisse planer un certain doute quant à la réelle place donnée à ce débat parlementaire. Le fait que le document devant faire l'objet du débat ait été donné en séance explique déjà quelque peu que les propos tenus par les parlementaires pendant les quelque six heures qu'a duré le débat soient restés très généraux et qu'ils ne soient guère entrés dans l'analyse des missions, programmes, indicateurs et des objectifs de performance. Par ailleurs, l'hémicycle est resté, comme souvent, quasi vide de ses parlementaires. Ce constat n'incite guère à voir dans le DOB l'importance espérée. Il est vrai que les facteurs conjugués de l'explosion des prix du pétrole et des denrées alimentaires, de l'affaiblissement de la croissance et des risques avérés de l'inflation obèrent considérablement la marge de manœuvre du pouvoir exécutif et limitent plus encore l'impact des solutions alternatives qui pourraient être défendues par les parlementaires. Le dernier débat d'orientation budgétaire en date, rebaptisé débat d'orientation des finances publiques a eu lieu le 15 juillet 2009.

L'article 49 donne un calendrier précis à cette procédure : les questionnaires sont adressés avant le 10 juillet de chaque année au Gouvernement qui doit répondre par écrit au plus tard le 10 octobre.

2 • Les questionnaires adressés au Gouvernement par les commissions parlementaires

Autre vecteur d'information, les réponses écrites aux questionnaires adressés au Gouvernement par les diverses commissions parlementaires (article 49) ont été mieux encadrées par la LOLF. L'article 49 donne un calendrier précis à cette procédure : les questionnaires sont adressés avant le 10 juillet de chaque année au Gouvernement qui doit répondre par écrit au plus tard le 10 octobre. Cette date, ajoutée par la loi organique du 13 juillet 2005 rectificative de la LOLF, clarifie davantage cette procédure.

Intervenant après le DOB, ces questionnaires précis et souvent techniques sont une source d'informations non négligeable. Pour autant, le non-respect de ce délai est dépourvu de sanction et un tel cadrage ne préjuge en rien de la qualité des réponses ministérielles. Dans leurs rapports sur la mise en œuvre de la LOLF, le député D. Migaud et le sénateur A. Lambert ont pointé le fait que les questions les plus fondamentales, soit avaient fait l'objet d'une réponse laconique, soit n'avaient pas été traitées. Ici encore se sentent les limites de la formalisation juridique des garanties parlementaires. L'exercice du questionnaire budgétaire n'a véritablement de sens que s'il permet au Parlement et à l'exécutif de nouer un dialogue. Il reste aux acteurs politiques d'en faire bon usage.

B L'INFORMATION PARLEMENTAIRE ACCOMPAGNANT LES PROJETS DE LOIS DE FINANCES

C'est la loi de finances de l'année qui donne lieu à la production la plus importante d'informations à destination du Parlement. Les articles 50 et 51 font une liste et décrivent les contenus des différents rapports et annexes devant accompagner le projet de loi de finances.

L'un des enjeux d'une information du Parlement de qualité réside dans une meilleure lisibilité de la dépense grâce aux annexes. La nouvelle dynamique budgétaire passe nécessairement par une information remodelée.

Toutes les lois de finances donnent lieu à la production d'une abondante documentation. Un rapport et une annexe explicative sont joints à tout projet de loi de finances rectificative (article 53) ; il en est de même pour des lois de règlement (article 54).

C'est cependant la loi de finances de l'année qui donne lieu à la production la plus importante d'informations à destination du Parlement. Les articles 50 et 51 font une liste et décrivent les contenus des différents rapports et annexes devant accompagner le projet de loi de finances. On désigne par l'expression de fascicules budgétaires l'ensemble de ces annexes adressées aux parlementaires. Ils sont d'une grande diversité.

Le projet de loi de finances et les documents annexés
Le projet de loi de finances
Évaluation des voies et moyens (évaluation des recettes, tome I)
Évaluation des voies et moyens (tome II)
Rapport économique, social et financier (tome I) (art. 50 LOLF)
Rapport économique, social et financier (tome II) (art. 50 LOLF)
Rapport sur la dépense publique et son évolution

Les missions du budget de l'État (bleus budgétaires annexés au PLF)
Les missions du budget général
Les projets annuels de performance (PAP) (nouveaux bleus budgétaires - un par programme art. 51-5° LOLF)
Les budgets annexes
Les comptes d'affectation spéciale
Les comptes de concours financiers
Les comptes de commerce
Les comptes d'opérations monétaires

Les annexes générales
Les jaunes budgétaires annexés au PLF
Les documents de politique transversale associés au PLF (DPT) (annexes oranges)

Il faut désormais ajouter également à la loi de finances de l'année et aux documents qui l'accompagnent la loi de programmation des finances publiques et son rapport annexé.

1 • Les documents généraux annexés

➥ Le rapport économique, social et financier

Il faut citer en premier lieu le rapport sur la situation et les perspectives économiques, sociales et financières de la nation, joint au projet de loi de finances de l'année. Son contenu a été considérablement enrichi par la LOLF (article 50).

Il comprend notamment une triple perspective, méthodologique, pluriannuelle et européenne, inédite jusque-là. Il présente en effet les hypothèses, les méthodes et les résultats des projections ayant fondé l'élaboration du projet de loi de finances de l'année. Il explicite en outre les perspectives d'évolution, pour au moins les quatre années suivant celle du dépôt du projet de loi de finances, des recettes, des dépenses et du solde de l'ensemble des administrations publiques, et ce au regard des engagements européens de la France.

À ce rapport déjà conséquent sont joints les rapports sur les comptes de la nation qui comportent une présentation des comptes des années précédentes.

> Le rapport sur la situation et les perspectives économiques, sociales et financières de la nation comprend une triple perspective, méthodologique, pluriannuelle et européenne.

➥ Le rapport sur les prélèvements obligatoires

Le rapport sur les prélèvements obligatoires (article 52) est à mentionner également parmi les documents d'information du Parlement en vue non seulement de l'examen et du vote du projet de loi de finances, mais aussi du projet de loi de financement de la Sécurité sociale de l'année suivante par le Parlement. Le Gouvernement présente à l'ouverture de la session ordinaire un rapport retraçant l'ensemble des prélèvements obligatoires ainsi que leur évolution et l'évaluation financière, pour l'année en cours et les deux années suivantes, de chacune des dispositions envisagées par le Gouvernement. Ce rapport peut également faire l'objet d'un débat à l'Assemblée nationale et au Sénat.

> Le Gouvernement présente à l'ouverture de la session ordinaire un rapport retraçant l'ensemble des prélèvements obligatoires.

2 • Les annexes

L'ordonnance de 1959 prévoyait que soit annexée au projet de loi de finances toute une série de documents dont la couleur de couverture permettait de les désigner : bleu, jaune, blanc, vert. Ces appellations demeurent même si le contenu de ces annexes a profondément évolué.

> Les annexes explicatives sont énumérées par l'article 51.

➥ Annexes explicatives et annexes générales

Les annexes explicatives sont les plus importantes, dénommées « bleus budgétaires ». Elles regroupent tous les documents annexés au projet de loi de finances qu'elles complètent et explicitent. Nécessaires à la compréhension du projet de loi de finances, les annexes explicatives sont soumises en conséquence au respect du même délai de dépôt, à savoir au plus tard le 1er mardi d'octobre (article 39, alinéa 1).

Les annexes générales ne sont pas détaillées par la LOLF et leur vocation est d'alimenter l'information et le contrôle du Parlement. Leur régime juridique est moins contraignant que celui des annexes explicatives : elles sont déposées sur le bureau des assemblées et distribuée au moins cinq jours francs avant l'examen, par l'Assemblée nationale en première lecture, des recettes ou des crédits auxquels elles se rapportent (article 39, alinéa 2).

> Les PAP sont les vecteurs de passage de l'ancienne logique de moyens à la logique de performance.

> Les PAP doivent définir les objectifs sur trois axes :
> – efficacité socio-économique (point de vue du citoyen) ;
> – qualité du service rendu (point de vue de l'usager) ;
> – efficacité de la gestion (point de vue du contribuable).

➥ Les annexes explicatives : les bleus budgétaires

Elles sont énumérées par l'article 51. Il faut citer certaines d'entre elles regroupées

La loi de finances rectificative du 30 décembre 2005 crée, en support de ces politiques transversales, de nouvelles annexes générales au projet de loi de finances de l'année : les documents de politique transversale.

Les nouveaux blancs budgétaires formalisent désormais la nomenclature d'exécution du projet de loi de finances par ministère et par programme.

dans le fascicule budgétaire des « voies et moyens ». Ce document est particulièrement important, puisqu'il détaille et justifie en deux tomes les prévisions de recettes budgétaires, présente les dépenses fiscales ainsi que leurs évolutions. Il comporte également, entre autres, la liste et l'évaluation, par bénéficiaire, des impositions de toute nature affectées à des personnes morales autres que l'État. Il s'agit par exemple d'affectations au domaine social, comme la contribution sociale généralisée (CSG) ou aux collectivités territoriales telles la taxe intérieure sur les produits pétroliers (TIPP).

Mais il faut avant tout souligner les nouvelles annexes explicatives de l'article 51, alinéa 5, dits nouveaux bleus budgétaires. Elles développent à titre indicatif pour l'année en cours et l'année considérée, par programme ou par dotation, le montant des crédits présentés par titre. Elles s'accompagnent surtout des projets annuels de performance destinés à remplacer désormais les anciens bleus budgétaires. Les PAP sont les pièces maîtresses tant de la modernisation de la gestion publique que du pouvoir renforcé du Parlement. Chaque programme est donc développé dans son PAP.

Jean-François Copé, alors ministre délégué au Budget et à la Réforme de l'État, s'était ainsi exclamé en introduction de la présentation du projet de loi de finances en septembre 2005 : « Le bleu budgétaire, c'est fini ! Bienvenue au PAP. » S'il fallait choisir un symbole de la révolution budgétaire engagée par la LOLF, ce serait sans aucun doute celui de l'avènement des nouveaux bleus budgétaires, les PAP, vecteurs du passage de l'ancienne logique de moyens à la logique de performance.

Dans le cadre de l'ordonnance de 1959, les bleus budgétaires détaillaient un budget de moyens par ministère. Désormais ils développent les crédits de chaque politique publique et comprennent les projets annuels de performances, les PAP. Ils présentent donc un budget d'objectifs par missions qu'ils déclinent par programmes. Les PAP détaillent ainsi les programmes en actions, en coûts associés, en objectifs poursuivis ainsi qu'en termes de résultats obtenus et attendus pour les années à venir, mesurés au moyen d'indicateurs précis dont le choix est justifié.

Les PAP doivent ainsi décrire les actions constituant le programme, prévoir leur coût, définir les objectifs sur trois axes : l'efficacité socio-économique (point de vue du citoyen), qualité du service rendu (point de vue de l'usager), efficacité de la gestion (point de vue du contribuable), fournir enfin des indicateurs de mesure d'activité et de résultats en fixant les cibles (niveaux de performance obtenus et attendus).

Les PAP comportent aussi, entres autres, l'échéancier des crédits de paiement associés aux autorisations d'engagement ou encore l'évaluation des dépenses fiscales ou enfin la répartition prévisionnelle des emplois rémunérés par l'État.

➡ Les annexes générales

Les jaunes budgétaires sont des documents thématiques informatifs à destination des parlementaires. Une vingtaine de jaunes ont été ainsi annexés au projet de loi de finances pour 2009, relatifs aux agences de l'eau, à l'environnement, à l'effort financier de l'État en faveur des collectivités territoriales et en faveur des PME, aux relations financières avec l'UE ou encore aux opérateurs de l'État. Les jaunes budgétaires seront mis en ligne au fur et à mesure de leur publication.

Les documents de politique transversale (DPT), de couleur orange, associés au projet de loi de finances, doivent être déposés et distribués au moins cinq jours francs avant l'examen par l'Assemblée nationale en première lecture des recettes ou des crédits auxquels ils se rapportent. Ils ont été conçus par le MINEFI comme des « outils de pilotage pour des politiques interministérielles ».

Certaines politiques publiques constituent une mission au sens de l'article 7 de la LOLF et d'autres sont érigées par le Premier ministre en « politiques transversales ». Ce sont des politiques publiques interministérielles, bénéficiant d'un effort particulier de financements. Leur finalité concerne plusieurs programmes relevant de différents ministères, mais ces programmes n'appartiennent cependant pas à une même mission. C'est là leur originalité.

La loi de finances rectificative du 30 décembre 2005 crée, en support de ces politiques transversales, de nouvelles annexes générales au projet de loi de finances de l'année : les documents de politique transversale. Ils développent, « pour chaque politique concernée, (...) la stratégie mise en œuvre, les crédits, objectifs et indicateurs y concourant. Ils comportent également une présentation détaillée de l'effort financier consacré par l'État à ces politiques, ainsi que des dispositifs mis en place, pour l'année à venir, l'année en cours et l'année précédente ». Les DPT s'articulent avec les PAP des programmes concernés.
Le dispositif est complété par la désignation, pour chaque politique transversale, d'un ministre chef de file.
Les DPT associés au PLF 2008 et leurs ministres chefs de file sont au nombre de douze, comme par exemple l'action extérieure de l'État (ministre des Affaires étrangères) ou la sécurité routière (ministre de l'Écologie, du Développement et de l'Aménagement durable) ou encore la lutte contre le changement climatique (MEDEAD).

3 • La mise en cohérence de l'information parlementaire : les « chaînages vertueux »

L'un des apports majeurs de la LOLF en matière budgétaire est de penser l'information parlementaire en lui donnant une cohérence globale. Ainsi, les différents rapports et la discussion des différentes lois engageant les finances de l'État s'articulent dans ce que certains ont appelé les « chaînages vertueux ».

> L'un des apports majeurs de la LOLF en matière budgétaire est de penser l'information parlementaire en lui donnant une cohérence globale.

➥ Loi de règlement (N-1) et projet de loi de finances (N + 1)
Ainsi par exemple, la loi de règlement de l'année N – 1 a été lue en première lecture lorsque les parlementaires entament la discussion du projet de loi de finances de l'année à venir.
Les rapports annuels de performance (RAP) annexés au projet de loi de règlement font écho aux PAP (article 54, alinéa 4). Ils font connaître par programme et mettent en évidence les écarts avec les LF de l'année considérée ainsi qu'avec les réalisations constatées dans la dernière loi de règlement. Les PAP et les RAP sont des pièces essentielles du dispositif de mesure de la performance par le Parlement. De la qualité de leur contenu dépend en effet en grande partie l'effectivité du contrôle parlementaire qui pourra s'effectuer.

➥ Projet de loi de financement de la Sécurité sociale et projet de loi de finances
Un autre exemple de ces interactions entre sources d'information peut être tiré de l'article 2 de la loi organique du 2 août 2005 relative aux lois de financement de la Sécurité sociale. Les prévisions contenues dans ces projets de loi sont établies de manière cohérente avec les perspectives d'évolution des recettes, des dépenses et du solde de l'ensemble des administrations publiques présentées dans le rapport joint au projet de loi de finances de l'année en application de l'article 50 de la LOLF.
Enfin, le pilotage pluriannuel des finances publiques à travers l'adoption de la loi de programmation des finances publiques vient accroître la mise en cohérence l'ensemble de la procédure budgétaire.

2 LA REVALORISATION DE LA FONCTION PARLEMENTAIRE EN MATIÈRE BUDGÉTAIRE

Sur le terrain des pouvoirs budgétaires et financiers du Parlement, les progrès apportés par la LOLF sont tout à fait conséquents. Reste cependant l'aléa de leur mise en œuvre effective, dépendante des pratiques parlementaires sous la Ve République. Celles-ci font débat comme par exemple la question de la qualité du travail parlementaire face au phénomène du cumul des mandats politiques. La révision constitutionnelle de juillet 2008 a renforcé la spécificité des lois de finances et de financement de la sécurité sociale en dissociant la procédure budgétaire qui leur est applicable de celle des autres lois. Cette réforme se caractérise par le maintien d'un pouvoir fort du Gouvernement sur le terrain de la procédure budgétaire.

A LE POUVOIR DE VOTER LA LOI DE FINANCES

Le Parlement retrouve par la LOLF un certain nombre des prérogatives constitutives de sa souveraineté. Il en est ainsi, en premier lieu, s'agissant du vote de la loi de finances.

1 • Les contraintes du calendrier d'adoption de la loi de finances

➥ Le souci de précision des dispositions constitutionnelles et organiques

En contraste avec l'article 38 de la LOLF qui donne en quelques lignes toute latitude au pouvoir exécutif d'organiser la préparation du projet de loi de finances, les articles suivants établissent de manière extrêmement précise le calendrier d'adoption de la loi de finances de l'année. La logique du parlementarisme rationalisé s'applique pleinement en prévenant tous les cas de figure d'un blocage éventuel, susceptible de faire obstacle à la promulgation de la loi de finances de l'année. Il est à remarquer que le texte même de la Constitution de 1958 contient des dispositions très précises en la matière que la LOLF vient expliciter.

L'article 39 de la LOLF fixe au plus tard au premier mardi d'octobre le dépôt et la distribution du projet de loi de finances de l'année accompagné de ses annexes et son renvoi immédiat à l'examen de la commission chargée des finances.

L'article 39 de la LOLF fixe au plus tard au premier mardi d'octobre le dépôt et la distribution du projet de loi de finances de l'année accompagné de ses annexes et son renvoi immédiat à l'examen de la commission chargée des finances. L'Assemblée nationale, chambre élue au suffrage universel direct, est la première destinataire du projet de loi contrairement aux lois ordinaires qui sont indistinctement déposées devant l'une ou l'autre des assemblées (article 39 de la Constitution).

L'article 42 de la Constitution issu de la révision constitutionnelle de juillet 2008 prévoit que désormais « la discussion des projets et des propositions de loi porte, en séance, sur le texte adopté par la commission saisie en application de l'article 43 ou, à défaut, sur le texte dont l'assemblée a été saisie ». Cette innovation ne s'applique toutefois pas aux projets de loi de finances ni aux projets de loi de financement de la Sécurité sociale. Pour ces textes, la discussion en séance porte, en première lecture devant la première assemblée saisie, sur le texte présenté par le Gouvernement et, pour les autres lectures, sur le texte transmis par l'autre assemblée.

En outre le délai de six semaines qui court à compter du dépôt d'un projet de loi et avant lequel la discussion en séance, en première lecture, ne peut intervenir devant la première assemblée saisie ne s'applique ni aux projets de loi de finances, ni aux projets de loi de financement de la Sécurité sociale. De même ne s'applique pas le délai de quatre semaines à compter de la transmission applicable à la discussion devant la seconde assemblée saisie. La procédure accélérée de l'article 45 reste de droit.

En outre, l'article 48 réaménage les conditions dans lesquelles l'ordre du jour de chaque assemblée est fixé en donnant à celle-ci une plus ample maîtrise de la Constitution. Ainsi, désormais, « un jour de séance par mois est réservé à un ordre du jour arrêté par chaque assemblée à l'initiative des groupes d'opposition de l'assemblée intéressée ainsi qu'à celle des groupes minoritaires ». En outre, « une semaine de séance sur quatre est réservée par priorité et dans l'ordre fixé par chaque assemblée au contrôle de l'action du Gouvernement et à l'évaluation des politiques publiques.

Toutefois, le même article dispose que « l'examen des projets de loi de finances, des projets de loi de financement de la Sécurité sociale [...] est, à la demande du Gouvernement, inscrit à l'ordre du jour par priorité ».

➥ Le calendrier normal d'adoption de la loi de finances

Le calendrier d'adoption de la loi de finances fixé par la LOLF dans son article 40 s'inscrit dans le prolongement direct de l'article 47 de la Constitution. Soixante-dix jours sont donnés au Parlement pour se prononcer sur le projet de loi de finances. Ils se répartissent en quarante jours donnés à l'Assemblée nationale après le dépôt du projet de loi de finances pour se prononcer, en première lecture. Le Sénat doit ensuite se prononcer en première lecture dans un délai de vingt jours après avoir été saisi.

Les délais d'examen du projet de lois de finances étant extrêmement brefs, le déclenchement de la procédure d'urgence de l'article 45 de la Constitution est de droit pour les lois de finances et la commission mixte paritaire se réunit donc d'office.

Soixante-dix jours sont donnés au Parlement pour se prononcer sur le projet de loi de finances.

➥ Les pouvoirs d'intervention du Gouvernement dans l'adoption de la loi de finances

L'article 47 de la Constitution prévoit deux procédures de parlementarisme rationalisé permettant de pallier, soit une défaillance parlementaire (alinéa 3), soit une impossibilité de promulgation (alinéa 4). Chacune est reprise dans la LOLF respectivement aux articles 40 et 45, ce dernier prévoyant l'adoption de lois de finances spéciales.

L'article 47 de la Constitution prévoit deux procédures de parlementarisme rationalisé permettant de pallier, soit une défaillance parlementaire (alinéa 3), soit une impossibilité de promulgation (alinéa 4).

L'article 40 de la LOLF, issu des alinéas 2 et 3 du même article constitutionnel, donne au Gouvernement le pouvoir d'intervenir dans la procédure d'adoption du projet de loi de finances en cas de défaillance d'une des assemblées. Le texte organique détaille avec minutie deux cas de figure :

– le premier concerne l'Assemblée nationale. Si celle-ci n'a pas émis un vote en première lecture sur l'ensemble du projet dans le délai prévu au premier alinéa, le Gouvernement saisit le Sénat du texte qu'il a initialement présenté, seuls les amendements ayant été votés par l'Assemblée et recevant l'accord du Gouvernement sont retenus. Le Sénat dispose alors d'un délai réduit à quinze jours pour se prononcer.

– le second cas de figure concerne cette fois le Sénat : si le Sénat n'a pas émis un vote en première lecture sur l'ensemble du projet de loi de finances dans le délai imparti, le Gouvernement saisit à nouveau l'Assemblée du texte soumis au Sénat. Ici encore seuls les amendements ayant été votés par le Sénat et recevant l'accord du Gouvernement sont retenus.

Pour finir, si le Parlement ne s'est pas prononcé dans le délai de soixante-dix jours après le dépôt du projet, le Gouvernement détient l'arme redoutable de la mise en vigueur des dispositions du projet de loi de finances par ordonnance.

La prééminence du pouvoir exécutif s'affirme donc fortement non seulement dans la phase de préparation du projet de loi de finances mais aussi dans cette phase de discussion et de vote parlementaire.

Si le Parlement ne s'est pas prononcé dans le délai de soixante-dix jours après le dépôt du projet, le Gouvernement détient l'arme redoutable de la mise en vigueur des dispositions du projet de loi de finances par ordonnance.

La révision constitutionnelle de juillet 2008 est intervenue pour renforcer les pouvoirs du Parlement d'une manière générale et a supprimé l'application d'un des symboles de la prééminence du pouvoir exécutif qu'est l'article 49, alinéa 3. Applicable à toutes les lois jusqu'à présent, cette arme de l'adoption d'un texte sans vote sous réserve de l'adoption d'une motion de censure perdure cependant aux termes de cet article pour les seuls projets de loi de finances ou de financement de la Sécurité sociale et la procédure de l'article 44, alinéa 3, dite procédure du vote bloqué, continue de s'appliquer. Elle permet au Gouvernement de demander à l'une ou l'autre assemblée de se prononcer par un seul vote sur tout ou partie du texte en discussion, en ne retenant que les amendements proposés ou acceptés par lui.

2 • La revalorisation des modalités de vote de la loi de finances

➥ La suppression des services votés

L'une des grandes innovations de la LOLF est l'instauration d'un vote par mission

Les services votés représentaient, aux termes de l'article 33, « le minimum de dotations que le Gouvernement juge indispensable pour poursuivre l'exécution des services publics dans les conditions qui ont été approuvées l'année précédente par le Parlement ».

(article 43, alinéa 3). La suppression des services votés sonne en effet le glas de l'une des spoliations les plus manifestes de la souveraineté parlementaire en matière budgétaire.

Technique budgétaire inventée par l'ordonnance de 1959, les services votés représentaient, aux termes de l'article 33, « le minimum de dotations que le Gouvernement juge indispensable pour poursuivre l'exécution des services publics dans les conditions qui ont été approuvées l'année précédente par le Parlement ». Ils faisaient l'objet d'un vote unique. Cela signifiait que plus de 90 % des dépenses étaient reconduites sans débat, postulant une autorisation fictive réitérée implicitement d'année en année et sans remise en cause. Le déficit démocratique d'une telle technique budgétaire conjugué au caractère incompatible d'un tel mode de gestion publique avec les nécessités de maîtrise de la dépense publique nécessitaient indéniablement la remise en cause des services votés.

Les autres dépenses, dites autorisations ou mesures nouvelles faisaient l'objet d'un vote par titre et, à l'intérieur d'un même titre, par ministère, mais cette marge de manœuvre du pouvoir exécutif tout comme le droit de regard du Parlement était en réalité extrêmement restreints (article 41, ordonnance 59). La notion de services votés devient désormais totalement résiduelle, à l'usage exclusif des lois de finances spéciales (article 45 *in fine* LOLF).

➥ Le vote par mission de la loi de finances

Désormais, l'unité de vote étant la mission, le financement de chacune des grandes politiques publiques de l'État est donc débattue au Parlement. Chaque politique publique est symboliquement confirmée par un vote (34 missions pour la loi de finances en 2007). Les votes portent à la fois sur les autorisations d'engagement et sur les crédits de paiement. De même, les crédits de chaque budget annexe et les crédits ou les découverts des comptes spéciaux font l'objet d'un vote par budget annexe (respectivement 2 et 12 en 2008).

Désormais, l'unité de vote étant la mission, le financement de chacune des grandes politiques publiques de l'État est donc débattue au Parlement.

➥ Le nombre de votes

La mise en application de l'article 43 de la LOLF donne lieu à un nombre de votes moindre que sous l'ordonnance de 1959. Le paradoxe n'est qu'apparent, car chacun d'entre eux acquiert un sens renforcé.

S'agissant des recettes, un vote d'ensemble des évaluations de recettes pour le budget général, les budgets annexes et les comptes spéciaux est prévu.

Toutefois la discussion des crédits est le terrain sur lequel la revalorisation de la fonction parlementaire était la plus attendue et la plus nécessaire. Les 34 votes correspondant aux missions sont autant de choix exprimés dans le financement des politiques publiques. Le vote par mission peut faire légèrement varier ce nombre.

CHIFFRES CLÉS : DES VOTES MOINS NOMBREUX ET PLUS CONSISTANTS ➜

	Ordonnance du 2 janvier 1959	Loi organique du 1er août 2001
Nombre de votes sur les services votés	1	0
Nombre de votes sur les crédits du budget général	entre 100 et 110	34
Nombre de votes sur l'équilibre	1	1
Nombre de votes sur les prélèvements sur recettes	1	2
Nombre de votes sur les budgets annexes	12	3
Nombre de votes sur les comptes spéciaux	6	12
Ressources et charges de trésorerie	0	1
Autorisations d'emplois	0	1
Total	environ 130	54

Source : site du MINEFI

3 • L'ordre de discussion et de vote des deux parties de la loi de finances

Cette question fait l'objet de l'article 42 de la LOLF, lequel reprend à un mot près le texte de l'ordonnance de 1959 : « la seconde partie du projet de loi de finances de l'année et, s'il y a lieu, des projets de loi de finances rectificative, ne peut être mise en discussion devant une assemblée avant l'adoption de la première partie. » Cette formulation substitue au mot « vote » figurant dans l'ordonnance celui d' « adoption ».
La latitude d'interprétation qu'offrent les notions juridiques en fonction de leur contexte a donné lieu à une décision constitutionnelle en date du 24 décembre 1979 de non-conformité de la loi de finances pour 1980. Le Conseil constitutionnel avait été saisi par le président de l'Assemblée nationale de la conformité à la Constitution de la loi de finances pour 1980, notamment au regard de la procédure d'élaboration des lois de finances. Il donne une interprétation utile de la notion de « vote » de la première partie de la loi de finances en la mettant en perspective avec le principe selon lequel il ne doit pas être porté atteinte, lors de l'examen des dépenses, aux grandes lignes de l'équilibre préalablement défini, tel qu'il a été arrêté par le Parlement. Dès lors, le vote doit s'entendre comme une adoption et non comme un acte formel. La LOLF est venue mettre fin à cette ambiguïté terminologique héritée de 1959.

B LE POUVOIR DE DISCUTER ET D'AMENDER LE PROJET DE LOI DE FINANCES

1 • La restauration du sens de l'autorisation parlementaire

La spécialisation par chapitre était en elle-même un frein au débat en matière budgétaire. Non seulement ce morcellement contraignant des crédits budgétaires n'était pas propice à une gestion publique efficace, mais le chapitre était un mode de présentation des crédits obéissant à une logique de moyens. Les dépenses étaient ainsi regroupées par nature ou par destination.
Le choix d'une spécialisation par programme, en introduisant une logique d'objectif, est un facteur de dynamisme du débat budgétaire.

> Le choix d'une spécialisation par programme, en introduisant une logique d'objectif, est un facteur de dynamisme du débat budgétaire.

2 • Le pouvoir d'amendement

Ce pouvoir parlementaire était jusque-là étouffé dans l'interprétation particulièrement restrictive que l'ordonnance de 59 (art. 42) avait faite de l'article 40 de la Constitution, pourtant lui-même déjà très limitatif.
La LOLF renvoie désormais directement à l'article constitutionnel sachant que la notion de charge publique à laquelle il est fait référence s'entend désormais de la mission (article 47, LOLF). Le Parlement ne pourra donc pas exercer son pouvoir d'amendement au niveau de la mission sous peine d'irrecevabilité. En revanche il pourra désormais intervenir au niveau des programmes, ce qui ouvre ainsi considérablement les potentialités d'amendement. Il faudra que tout amendement soit motivé et accompagné des développements des moyens qui le justifient.
Le rapport d'information de la commission des finances du Sénat sur la mise en œuvre de la LOLF qui date d'avril 2006 a estimé que les premiers travaux parlementaires en mode LOLF avaient « permis l'émergence d'un pouvoir d'arbitrage parlementaire ». En effet, 73 amendements ont été adoptés lors de la discussion du projet de lois de finances pour 2006 contre 16 pour le projet de loi de finances pour 2005.

> 73 amendements ont été adoptés lors de la discussion du projet de lois de finances pour 2006 contre 16 pour le projet de loi de finances pour 2005.

C LES POUVOIRS ACCRUS DES COMMISSIONS DES FINANCES

1 • La mission de suivi et de contrôle de l'exécution des lois de finances

Le pouvoir des commissions des finances a été renforcé au regard des missions qui leurs sont confiées de suivi et de contrôle de l'exécution des lois de finances et d'évaluation de toute question relative aux finances. Elles détiennent des pouvoirs d'enquête renforcés, sous la double forme d'investigations et d'auditions. Elles peuvent se faire communiquer tout renseignement et documents d'ordre finan-

> Les commissions de finances détiennent des pouvoirs renforcés d'enquête sous la double forme d'investigations et d'auditions.

cier et administratif nécessaires (article 57, LOLF).

Les présidents des commissions disposent même à cet effet, en vertu de l'article 59, d'un pouvoir de saisir en référé le juge pour faire cesser sous astreinte cette entrave à leur pouvoir d'enquête.

En outre, lorsqu'une mission de contrôle et d'évaluation donne lieu à des observations notifiées au Gouvernement, celui-ci y répond, par écrit, dans un délai de deux mois (article 60).

2 • L'information relative aux modifications en cours d'exécution budgétaire

Les modifications en cours d'exécution budgétaire de l'autorisation parlementaire sont désormais mises sous l'étroite surveillance des commissions des finances des deux assemblées.

Là où l'ordonnance de 1959 restait silencieuse, les modifications en cours d'exécution budgétaire de l'autorisation parlementaire initiale sont désormais mises sous l'étroite surveillance des commissions des finances des deux assemblées, lesquelles devront être désormais informées des changements apportés à la loi de finances. Leur information revêt plusieurs niveaux d'exigence selon l'importance des assouplissements et dérogations apportés.

➥ La nouvelle exigence de transmission pour information

La LOLF renforce la transparence du recours du Parlement aux décrets de virement et de transfert. Ceux-ci dérogeant en effet tant aux principes d'annualité que de spécialité, du moins pour les premiers, deux garanties sont désormais offertes au Parlement. En premier lieu, ils sont pris après information des commissions des finances et des autres commissions concernées. En second lieu, leur utilisation fait l'objet d'un compte rendu spécial, inséré dans les rapports annuels de performance annexés au projet de loi de finances. Les décrets d'annulation sont également transmis, avant publication, pour information.

Enfin une obligation d'information existe en ce qui concerne les dépassements de crédits évaluatifs (article 10), à savoir les crédits relatifs aux charges de la dette de l'État, aux remboursements, restitutions et dégrèvements et à la mise en jeu des garanties accordées par l'État. La LOLF ménage une certaine souplesse de leur mise en œuvre au regard du caractère habituellement limitatif de toute ouverture de crédits budgétaires : « Les dépenses auxquelles s'appliquent les crédits évaluatifs s'imputent, si nécessaire, au-delà des crédits ouverts. » Dans cette hypothèse, le ministre chargé des finances informe les commissions des finances de l'Assemblée nationale et du Sénat des motifs du dépassement et des perspectives d'exécution jusqu'à la fin de l'année.

➥ La nouvelle exigence de ratification

Les deux hypothèses ouvertes par l'article 13 de prendre des décrets d'avances s'accompagnent également de garanties pour le Parlement. Elles se formalisent non seulement dans son information, mais aussi dans son autorisation donnée *a posteriori*.

– Les décrets pris « en cas d'urgence » et n'affectant pas l'équilibre budgétaire défini par la dernière loi de finances sont pris après avis des commissions des finances. La ratification des modifications ainsi apportées doit être demandée au Parlement dans le plus prochain projet de loi de finances afférent à l'année concernée.

– Les décrets d'avances intervenant « en cas d'urgence et de nécessité impérieuse d'intérêt national » et susceptibles de remettre en cause l'équilibre budgétaire défini en loi de finances initiale nécessitent le dépôt d'un projet de loi de finances portant ratification de ces crédits, soit de manière immédiate, soit à l'ouverture de la session suivante du Parlement.

D LE RENOUVEAU DU CONTRÔLE PARLEMENTAIRE

1 • L'enjeu de l'adoption de la loi de règlement

L'effectivité de la loi de finances initiale, porteuse de consentement de l'impôt et de suivi de la dépense publique, ne se conçoit que si l'exécution de cet acte par nature prévisionnel donne également lieu à un droit de regard parlementaire. Tel est l'enjeu de la loi de règlement.

Faute d'un calendrier d'adoption contraignant et malgré tout le symbolisme dont elle est porteuse au regard de ce contrôle parlementaire, l'adoption de la loi de règlement était devenue un acte purement formel ayant perdu sa place dans le débat budgétaire. La LOLF a fixé un nouveau calendrier, contraignant, pour sa discussion et son adoption. Désormais les lois de finances forment une globalité qui donne cohérence au rôle du Parlement en matière budgétaire : autorisation en amont par la loi de finances de l'année, modifications en cours d'exécution par les lois de finances rectificatives, contrôle *a posteriori* de l'exécution de l'autorisation budgétaire par la loi de règlement.

La LOLF renforce aussi la qualité de l'information parlementaire *a posteriori* accompagnant la loi de règlement en prévoyant dans son article 54 toute une série d'annexes explicatives et de rapports devant être joints au projet de loi de règlement. Les points clefs de la loi de règlement sont désormais les RAP et la certification des comptes.

Les rapports annuels de performances (RAP) font écho rétrospectivement aux projets annuels de performance (PAP) qui accompagnaient les programmes en loi de finance initiale. Ils mettent en évidence, programme par programme, les écarts avec les prévisions des lois de finances de l'année, ainsi qu'avec les réalisations constatées dans la dernière loi de règlement. À cette fin, les RAP font notamment connaître les objectifs, les résultats attendus et obtenus, les indicateurs et les coûts associés ainsi que la gestion des autorisations d'emplois.

La loi de règlement bénéficie en outre du renforcement de la mission constitutionnelle d'assistance au parlement confiée à la Cour des comptes.

> L'adoption de la loi de règlement était devenue un acte purement formel ayant perdu sa place dans le débat budgétaire. La LOLF a fixé un nouveau calendrier, contraignant, pour sa discussion et son adoption.

2 • La mission d'assistance au Parlement de la Cour des comptes

La loi constitutionnelle du 23 juillet 2008 de modernisation des institutions de la Vᵉ République, adoptée par les parlementaires réunis en Congrès, propose une réforme d'ensemble des institutions visant notamment à renforcer le rôle du Parlement.

Il est inséré un nouvel article, ainsi rédigé :

« Art. 47-2.- La Cour des comptes assiste le Parlement dans le contrôle de l'action du Gouvernement. Elle assiste le Parlement et le Gouvernement dans le contrôle de l'exécution des lois de finances et de l'application des lois de financement de la Sécurité sociale ainsi que dans l'évaluation des politiques publiques. Par ses rapports publics, elle contribue à l'information des citoyens.

« Les comptes des administrations publiques sont réguliers et sincères. Ils donnent une image fidèle du résultat de leur gestion, de leur patrimoine et de leur situation financière. »

Le rôle d'assistance de la Cour des Comptes est ainsi renforcé. Au principe d'équidistance entre Parlement et Gouvernement dans le contrôle de l'exécution des lois de finances s'ajoute désormais un rôle d'assistance dans le contrôle de l'action du Gouvernement.

> Le rôle d'assistance de la Cour des comptes prévu par l'article 47 *in fine* de la Constitution est renforcé et adapté aux nouvelles obligations d'évaluation qui incombent au Parlement.

➥ Les obligations de la Cour des comptes vis-à-vis des commissions des finances

L'article 58 énumère les obligations de la Cour vis-à-vis des commissions des finances :

– dans le cadre des missions de contrôle et d'évaluation, le président et le rapporteur général des commissions des finances peuvent formuler des demandes d'assistance auxquelles la Cour est dans l'obligation de répondre ;

– les commissions des finances peuvent en outre demander à la cour de réaliser toute enquête demandée sur la gestion des services ou organismes soumis à son contrôle. Un délai impératif de huit mois est fixé à la Cour pour rendre ses conclusions. La commission dont émane la demande demeure libre de décider d'une éventuelle publication.

➥ La certification des comptes de l'État

L'article 58 énumère ensuite toute une série de rapports financiers, que doit rédiger la Cour à destination du Parlement. Mention particulière doit être faite de la certification de la régularité, de la sincérité et de la fidélité des comptes de l'État accompagnée du compte rendu des vérifications opérées est désormais annexée au projet de loi de règlement.

La Cour des comptes a donc choisi de certifier les comptes 2006 de l'État français, mais elle a formulé « une certification assortie de 13 réserves substantielles».

Ce document, dont la première édition date du 29 mai 2007 et accompagne la loi de règlement pour le budget 2006, alimentera de manière considérable la qualité de l'information et du contrôle parlementaire. Quatre possibilités sont ouvertes à la Cour : la certification sans réserve, la certification avec réserves, l'impossibilité de certifier et le refus de certifier, l'hypothèse de la certification avec réserves étant la plus probable.

Le troisième exercice de certification des comptes a été mené au printemps 2009 sur les comptes de l'État de l'exercice 2008. La Cour des comptes a rendu le 25 mai 2009 son avis et a assorti la certification des comptes 2008 de 12 réserves dont 9 substantielles. Quatre des réserves énoncées sur les comptes 2007 ont été totalement ou partiellement levées.

Les réserves portent entre autres sur les systèmes d'information financière de l'État qui « demeurent morcelés et restent caractérisés par leur faible adaptation aux contraintes de la tenue de la comptabilité générale » ou sur les actifs du ministère de la Défense, en raison d'un désaccord sur la comptabilisation de ses actifs du ministère, ou encore sur le parc immobilier de l'État.

Suite à certaines polémiques, Philippe Séguin, premier président de la Cour, a réaffirmé lors de la remise du rapport annuel 2007 le positionnement de la Cour à ce propos : « nous ne concevons pas nos nouvelles missions comme des armes de censure ou de sanction d'une politique, encore moins d'un gouvernement. Nous nous contenterons de nous prononcer sur la conformité et la fidélité des états comptables au référentiel que l'État s'est donné. »

➥ Le rapport annuel de la Cour des comptes

Le rapport annuel de la Cour des comptes est solennellement remis par le premier président de la Cour des comptes au Président de la République puis aux présidents des assemblées parlementaires en début d'année.

Enfin, le rapport annuel de la Cour des comptes est solennellement remis par le premier président de la Cour des comptes au Président de la République puis aux présidents des assemblées parlementaires en début d'année, en général au mois de février, au moment où commence la préparation du projet de loi de finances pour l'année suivante. Il peut faire l'objet d'un débat devant chacune des assemblées.

➥ L'apport de la Cour des comptes au débat démocratique

En 2006, outre le rapport général, ce ne sont pas moins de 34 rapports particuliers qui ont été remis au Parlement.

« Mettre à la disposition des citoyens une expertise impartiale sur le fonctionnement de l'administration, mettre au jour ses faiblesses et les améliorations nécessaires, mais aussi ses succès, c'est contribuer au débat démocratique ». Tel est l'objectif de ces travaux. En 2006, outre le rapport général, ce ne sont pas moins de 34 rapports particuliers qui ont été remis au Parlement et huit rapports qui ont été réalisés à la demande de celui-ci portant par exemple sur la gestion de la prime pour l'emploi, le financement des régimes spéciaux de retraite, sans compter ceux établis en vertu de la loi organique de 2005 relative aux lois de financement de la Sécurité sociale.

Philippe Séguin, remettant ce rapport en février 2007 à l'Assemblée nationale, a rappelé que cette transmission au Parlement instaurée en 1832 « fut le point d'orgue de l'avènement du pouvoir parlementaire », et que « l'exercice pourra donc paraître rituel ».
Mais ce geste conserve un sens. Il rappelle que cette communication, apparemment banale, est l'aboutissement d'un long combat et le signe d'une victoire : celle du Parlement.

EN PRATIQUE

SUJET DE DISSERTATION

LE RENOUVEAU DES POUVOIRS BUDGÉTAIRES DU PARLEMENT

Introduction rédigée :

La revalorisation du rôle du Parlement n'est pas un enjeu propre au débat budgétaire, il se retrouve d'une manière générale dans la remise en cause politique d'un Parlement réduit par bien des aspects à une simple chambre d'enregistrement. L'idée d'un passage à une VIe République est une expression parmi d'autres de cette revendication.

La « nouvelle constitution financière » qu'est la loi organique relative aux lois de finances (LOLF) tente de redonner au Parlement la pleine dimension de sa souveraineté budgétaire et financière.
Elle crée des conditions plus favorables à un débat budgétaire de qualité, en améliorant l'information parlementaire, et cherche à rendre possible un véritable contrôle politique parlementaire sur l'exécution des lois de finances.

Plan :

I. Le développement du pouvoir d'information du Parlement
- A. L'importance grandissante du débat d'orientation budgétaire
- B. La diversité des documents d'information

II. Le renforcement du pouvoir de contrôle
- A. Le contrôle politique de la loi de finances
- B. Les pouvoirs des commissions

DANS L'AIR DU TEMPS

- Le rôle du Parlement dans l'élaboration de la loi de finances.
- Le contrôle du Parlement sur les dépenses publiques : mythe ou réalité ?
- Le pouvoir budgétaire du Parlement.
- Les contrôles politiques *a posteriori.*

EN PRATIQUE

QRC

- Les documents de politiques transversales.
- Les projets annuels de performance.
- Le pouvoir d'amendement du Parlement.
- La certification des comptes de l'État.

QCM

1. Le débat d'orientation budgétaire a lieu :

- A. fin mai – début juin
- B. fin septembre – début octobre
- C. fin décembre – début janvier
- D. fin mars – début avril

2. L'Assemblée nationale dispose, pour examiner le projet de loi de finances de l'année en première lecture, de :

- A. 15 jours
- B. 20 jours
- C. 40 jours
- D. 70 jours

3. Les bleus budgétaires sont déposés :

- A. au minimum cinq jours francs avant l'examen en première lecture du projet de loi de finances
- B. au plus tard le premier mardi d'octobre de l'année qui précède celle de l'exécution du budget
- C. au plus tard au moment de la discussion du programme concerné
- D. au moment du débat d'orientation budgétaire

4. Le vote de la loi de finances a lieu :

- A. par mission
- B. par programme
- C. par ministère
- D. par chapitre

5. Le pouvoir d'amendement :

- A. s'exerce au niveau des chapitres budgétaires
- B. s'exerce au niveau des missions
- C. s'exerce au niveau des programmes
- D. n'existe pas pour les lois de finances

6. Le fascicule des voies et moyens est un document présentant :

- A. les prévisions de recettes budgétaires
- B. les crédits ouverts pour chaque ministère
- C. l'ensemble des prélèvements obligatoires
- D. les grandes orientations budgétaires du projet de loi de finances

CHAPITRE 6 L'EXÉCUTION DE LA LOI DE FINANCES

Le décret du 29 décembre 1962 s'emploie à présenter les acteurs de l'exécution, leurs obligations ainsi que les contrôles associés en matière d'exécution, des recettes et des dépenses, de trésorerie et de comptabilité et leurs responsabilités autour du principe cardinal de la séparation des fonctions entre les ordonnateurs et les comptables publics.

L'exécution de la loi de finances correspond à la phase de réalisation des prévisions de recettes et de dépenses inscrites en loi de finances qui s'ouvre au premier jour de l'exercice budgétaire. Elle peut ainsi se définir comme la mise en œuvre de la loi de finances. Elle a longtemps été cantonnée au seul domaine réglementaire. En effet, l'ordonnance organique du 2 janvier 1959 étant, à quelques exceptions près, silencieuse sur ce sujet pourtant clé de la gestion publique, il est revenu au décret n° 62-1587 du 29 décembre 1962 portant règlement général sur la comptabilité publique (RGCP), d'organiser cette phase. Ce texte s'emploie à présenter les acteurs de l'exécution, leurs obligations, ainsi que les contrôles associés en matière d'exécution des recettes et des dépenses, de trésorerie et de comptabilité et leurs responsabilités autour du principe cardinal de la séparation des fonctions entre les ordonnateurs et les comptables publics.
La LOLF, en l'élevant au rang constitutionnel, redonne au droit de la comptabilité publique ses lettres de noblesse. Un chapitre entier du texte est en effet consacré aux comptes de l'État (voir chap. 5). Certes, la loi organique ne contient que des règles techniques de comptabilisation des opérations et ne remet pas directement en question les principes posés par le RGCP. Pour autant, l'impact de cette promotion du droit de la comptabilité publique sur l'exécution de la loi de finances est majeur. Loin de les remettre en question, la LOLF recentre indirectement les règles de l'exécution budgétaire sur ses objectifs premiers : assurer l'efficacité et la sécurité des opérations financières de l'État.

1 LES ACTEURS DE L'EXÉCUTION

S'il revient au pouvoir exécutif de procéder à l'exécution de la loi de finances, au regard du calendrier des quatre temps alternés formalisé par le baron Louis, une distinction doit être faite entre les acteurs représentant le ministère en charge du budget et des comptes publics et ceux intervenant au nom des ministères gestionnaires.

A LES ACTEURS REPRÉSENTANT LES MINISTÈRES GESTIONNAIRES

Au sein des ministères gestionnaires, anciennement qualifiés de « dépensiers », deux catégories d'acteur participent à l'exécution de la loi de finances : l'ordonnateur et le gestionnaire.

1 • L'ordonnateur

L'ordonnateur est l'autorité qui dirige l'administration d'un service et qui détient le pouvoir de décision en matière financière. Il en existe plusieurs catégories :

➡ Les ordonnateurs principaux

Les ordonnateurs principaux se présentent comme ceux qui dirigent une administration centrale. Il s'agit donc principalement du Premier ministre et des membres de son Gouvernement.

Article 63 du RGCP : « les ministres sont ordonnateurs principaux des recettes et des dépenses du budget général, des comptes spéciaux du Trésor et des budgets annexes. Toutefois, les textes organisant les services dotés de budgets annexes peuvent conférer la qualité d'ordonnateur principal aux directeurs de ces services. »

Article 63 du RGCP : « les ministres sont ordonnateurs principaux des recettes et des dépenses du budget général, des comptes spéciaux du Trésor et des budgets annexes. Toutefois, les textes organisant les services dotés de budgets annexes peuvent conférer la qualité d'ordonnateur principal aux directeurs de ces services. »

Cette qualité est également accordée, à titre d'exemple, au président du Conseil constitutionnel, aux questeurs des deux chambres du Parlement, aux présidents d'autorités administratives indépendantes, au vice-président du Conseil d'État ou bien encore aux directeurs des établissements publics nationaux. La logique reste la même au sein des collectivités territoriales : le maire est ordonnateur principal de sa commune, le président du conseil général l'est pour son département…
L'ordonnateur principal n'appartient pas à un corps particulier de fonctionnaires ou d'agents publics ; il n'occupe pas en tant que tel un emploi d'« ordonnateur ». Au contraire, la qualité d'ordonnateur est attachée à l'exercice du pouvoir de décision et à sa mission de direction.

➥ Les ordonnateurs secondaires

Les ordonnateurs principaux, n'ayant matériellement pas la possibilité de décider et de procéder eux-mêmes à l'exécution de l'ensemble des opérations de recettes et de dépenses dont ils ont la charge, peuvent déléguer une partie de leur compétence à un ordonnateur secondaire par un arrêté conjoint du ministre chargé des finances et du ministre concerné. Dans le contexte de déconcentration, il s'agit principalement des préfets de département ou de région et des recteurs d'académie. Ces ordonnateurs secondaires sont donc des agents publics.

Article 20 du décret du 29 avril 2004 relatif aux pouvoirs des préfets : le préfet « est l'ordonnateur secondaire des services déconcentrés des administrations civiles de l'État ».

Article 20 du décret du 29 avril 2004 relatif aux pouvoirs des préfets : le préfet « est l'ordonnateur secondaire des services déconcentrés des administrations civiles de l'État ».

➥ Les ordonnateurs délégués ou suppléants

Qu'ils soient principaux ou secondaires, les ordonnateurs peuvent déléguer leurs signatures ou être suppléés dans leurs fonctions en cas d'absence ou d'empêchement. À la différence de la délégation de compétence de l'ordonnateur principal à l'ordonnateur secondaire, la délégation de signature n'emporte pas, pour l'ordonnateur délégant, dessaisissement des compétences transférées. De même, l'ordonnateur ne peut être suppléé que le temps de son empêchement ou de son absence. Il revient au règlement de comptabilité de chaque ministère de désigner les agents pouvant se voir reconnaître une telle qualité. Il s'agit principalement des membres des cabinets ministériels et des chefs de service.

2 • Le gestionnaire

L'avènement de la LOLF a permis l'émergence dans l'exécution de la loi de finances de nouveaux acteurs rassemblés sous le terme générique de « gestionnaires ». Ces acteurs ont en charge principalement la gestion de leurs crédits et l'exercice de la fongibilité asymétrique. Il s'agit essentiellement des responsables de programmes, de BOP et d'UO.

B) LES ACTEURS REPRÉSENTANTS LE MINISTÈRE DU BUDGET ET DES COMPTES PUBLICS

Rassemblés au sein d'une même entité, le service de contrôle budgétaire et comptable ministériel, le comptable public et le contrôleur financier prennent part à l'exécution de la loi de finances.

1 • Le comptable public

À la différence des ordonnateurs, les comptables publics appartiennent à un corps spécifique de fonctionnaires ou d'agents publics qui est chargé d'« exercer au nom de l'État, d'une collectivité ou d'un établissement public, des opérations de recettes, de dépenses ou de maniement de titres, soit au moyen des fonds et valeurs dont il a la garde, soit par virements internes d'écritures, soit par l'intermédiaire d'autres comptables publics » (article 1er du décret du 9 août 1953). Ils dépendent, pour la plupart, de l'autorité hiérarchique du ministre en charge des comptes publics. Au sein du ministère, ils sont principalement placés sous la responsabilité de la direction générale des Finances publiques (DGFIP). Fruit de la fusion de la direction générale de la Comptabilité publique (DGCP) et de la direction générale des impôts (DGI), cette nouvelle direction rassemble ainsi plus de 80 % des effectifs du ministère. Impulsée par le mouvement de réforme générale des politiques publiques (RGPP) et par la nouvelle gestion publique, elle a pour ambition de remplir quatre objectifs « prioritaires » liés à l'efficacité et à la qualité des prestations des différents services (articles 1er et 2 du décret du 3 avril 2008). Il s'agit :

– de « mieux répondre aux attentes des usagers en leur offrant un guichet fiscal unique sur l'ensemble du territoire ;
– de mieux répondre aux besoins des collectivités locales en enrichissant les prestations de conseil financier et fiscal qui leur sont destinées ;
– d'améliorer la performance et l'efficacité des services de l'État, en utilisant les complémentarités entre les services, notamment pour mieux lutter contre la fraude fiscale et améliorer le recouvrement de toutes les recettes publiques ;
– d'élargir les perspectives professionnelles des 130 000 agents de la nouvelle direction. »

Cette nouvelle direction comporte un « service comptable de l'État » en remplacement du « service fonction comptable de l'État » de la DGCP.
En fonction de leurs activités, les comptables publics seront soit « comptables en deniers », soit « comptables d'ordre », soit « comptables matière ».

2 • Les comptables publics en deniers

Ce sont les agents chargés de l'exécution du budget. Ce sont donc les seuls autorisés à manipuler les fonds publics. Ils sont souvent qualifiés de « comptables assignataires » étant donné le fait qu'il leur est assigné les opérations d'un ou plusieurs ordonnateurs. Qu'il soit principal, secondaire, délégué ou suppléant, l'ordonnateur doit en effet être accrédité auprès d'un comptable assignataire qui sera le seul comptable à pouvoir exécuter ses opérations de recettes et de dépenses (article 6 du RGCP). À l'image des ordonnateurs, les comptables en deniers peuvent être principaux ou secondaires.

> Article 14 du RGCP : « Les comptables principaux sont ceux qui rendent directement leurs comptes au juge des comptes. Les comptables secondaires sont ceux dont les opérations sont centralisées par un comptable principal. Les comptables publics peuvent déléguer leurs pouvoirs à un ou plusieurs mandataires ayant qualité pour agir en leur nom et sous leur responsabilité. »

Article 14 du RGCP : « Les comptables principaux sont ceux qui rendent directement leurs comptes au juge des comptes. Les comptables secondaires sont ceux dont les opérations sont centralisées par un comptable principal. Les comptables publics peuvent déléguer leurs pouvoirs à un ou plusieurs mandataires ayant qualité pour agir en leur nom et sous leur responsabilité. »

Ils sont à compétence générale ou à compétence spéciale :

➡ Les comptables à compétence générale : les comptables directs du Trésor
Disposant d'une compétence de principe en matière de dépense et pour certaines recettes (impôt sur le revenu, impôts directs locaux, recettes domaniales de l'État), ils sont les comptables publics les plus nombreux. Ils sont également chargés des opérations de trésorerie et de la tenue de la comptabilité de l'État. Sous la responsabilité de la DGCP avant la fusion, ils dépendent aujourd'hui de la DGFIP.

> Article 68 du RGCP : « Sous l'autorité du ministre des Finances, les comptables directs du Trésor, principaux ou secondaires, exécutent toutes opérations de recette et de dépense du budget général et des comptes spéciaux du Trésor, toutes opérations de trésorerie et, d'une manière générale, toutes opérations financières dont l'État est chargé à l'exception de celles dont l'exécution

est expressément confiée à d'autres comptables publics. » Ils sont, en outre, « chargés du recouvrement de taxes, droits, redevances, produits et recettes diverses perçus au titre du domaine ainsi que de frais de poursuites et de justice y afférents dans les conditions fixées par le Code général de la propriété des personnes publiques et le code du domaine de l'État ainsi que par les lois et les règlements relatifs au domaine. »

Article 68 du RGCP : « Sous l'autorité du ministre des Finances, les comptables directs du Trésor, principaux ou secondaires, exécutent toutes opérations de recette et de dépense du budget général et des comptes spéciaux du Trésor, toutes opérations de trésorerie et, d'une manière générale, toutes opérations financières dont l'État est chargé à l'exception de celles dont l'exécution est expressément confiée à d'autres comptables publics. »

Ont le statut de comptable principal, le receveur général des finances pour Paris et les trésoriers payeurs généraux de région et de département (TPG) pour le reste du territoire. Le décret du 23 décembre 2006 a supprimé de cette liste la Paierie générale du Trésor (comptable assignataire des dépenses ordonnancées par les ministres et de celles mandatées par les ordonnateurs secondaires domiciliés sur Paris) et l'Agence comptable centrale du Trésor (comptable assignataire d'un certain nombre d'opérations du budget général ou des comptes spéciaux du Trésor). Leurs compétences ont été transférées aux services de contrôle budgétaire et comptable ministériel (SCBCM) et à la recette générale des finances. Les trésoriers principaux, les receveurs-percepteurs, les percepteurs, les inspecteurs sont, quant à eux, comptables secondaires.

➡ Les comptables à compétence spéciale

D'une part, les comptables spéciaux du Trésor sont « chargés, par décret contresigné par le ministre des Finances et, le cas échéant, les ministres intéressés, d'exécuter des catégories particulières de recettes et de dépenses » (article 70 du RGCP). C'est le cas, par exemple, du payeur général aux Armées, de l'agent comptable des traites marines, des payeurs auprès des ambassades de France ou des agents comptables des établissements pénitentiaires. Ils sont rattachés aux ministères correspondants (Défense, Affaires étrangères, Justice...).

D'autre part, les comptables des administrations financières sont chargés « du recouvrement d'impôts, de taxes, droits, redevances, produits et recettes diverses ainsi que de pénalités fiscales et frais de poursuites et de justice y afférents dans les conditions fixées par le code général des impôts, le code des douanes, les lois et les règlements » (article 69 du RGCP). Plus précisément, sont concernés les impôts indirects, les impôts sur les sociétés, les taxes sur les salaires et les droits de douanes. Avant la fusion, ils dépendaient soit de la direction générale des Impôts (DGI) soit de la direction générale des Douanes et Droits indirects (DGDDI). Une partie d'entre eux a donc aujourd'hui rejoint la DGFIP.

Enfin, « les comptables des budgets annexes procèdent dans les conditions fixées par les lois et règlements à toutes opérations de recettes, de dépenses et de trésorerie découlant de l'exécution de ces budgets. Ils peuvent également être chargés d'opérations pour le compte du Trésor » (article 71 du RGCP).

3 • Les comptables publics d'ordre et les comptables publics matière

Ces comptables ne manient pas les fonds publics.

Les comptables d'ordre ont pour mission de centraliser les écritures retraçant les opérations réalisées par les comptables en deniers. Ainsi, par exemple, l'agent comptable central du Trésor (ACCT) avait entre autres pour mission de centraliser les opérations enregistrées dans les comptes de gestion des comptables principaux afin d'établir le compte général de l'administration des finances (CGAF) et de transmettre les comptes de gestion à la Cour des comptes. Depuis le décret du 23 décembre 2006, il a été supprimé et remplacé dans cette mission par « le comptable public chargé d'assurer la centralisation finale de la comptabilité de l'État » (article 134 du RGCP). Celui-ci exerce les mêmes missions que l'ACCT (article 2 de l'arrêté du 27 nov. 2007) mais, à la différence de ce dernier, il est directement rattaché à la DGFIP étant donné que cette fonction a été confiée au chef du service comptable de l'État (article 4 de l'arrêté du 27 novembre 2007). Il

existe d'autres comptables d'ordre comme, par exemple, l'agent comptable de la dette publique ou l'agent comptable des impôts de Paris.
Les comptables matière n'existent plus à l'échelon étatique. Chargés d'assurer la garde de certains biens et meubles (voir la liste article 54 du RGCP), leurs fonctions ne sont pas en adéquation avec la définition du comptable public donnée par le décret du 9 août 1953 (cf. supra). La comptabilité matière est aujourd'hui assurée par les gestionnaires des ministères comme, par exemple, pour la gestion des stocks de vaccins au ministère de la Santé.

4 • Le contrôleur financier

Qualifié depuis le décret du 27 janvier 2005 d'« autorité chargée du contrôle financier », son rôle dans le processus d'exécution de la loi de finances a, depuis l'entrée en vigueur de la LOLF, subi des modifications (cf. chapitre suivant).

5 • Le service de contrôle budgétaire et comptable ministériel

Les comptables publics assignataires des opérations de recettes et de dépenses des ministères ainsi que les contrôleurs financiers correspondants ont été rassemblés dans une seule et même structure par le décret du 18 novembre 2005 : le service de contrôle budgétaire et comptable ministériel (SCBCM). Interlocuteur unique de la direction des Affaires financières du ministère, ce service est installé physiquement dans les locaux mêmes du ministre qu'il a en charge de contrôler. Il est composé du « département comptable ministériel » et du « département du contrôle budgétaire ». Fédérant, au sein d'une même entité et au travers de deux départements, contrôleur financier et comptable public ministériel, les SCBCM exercent logiquement les attributions attachées à ces deux protagonistes. Ainsi, le département comptable est comptable assignataire des ordres de dépenses et de recettes non fiscales de l'ordonnateur principal et coordonne l'action des comptables publics assignataires des ordres de dépenses et de recettes émis par les ordonnateurs secondaires de ce ministère sur lesquels il n'a pas d'autorité hiérarchique. Le département du contrôle budgétaire est en charge du contrôle financier des actes et opérations de l'ordonnateur principal du ministère auprès duquel il est placé (le SCBCM est donc une ACCF) et anime et coordonne l'action des ACCF auprès des services déconcentrés du ministère gestionnaire auprès duquel il est placé. Le SCBCM du ministère en charge des finances a été créé par le décret du 23 décembre 2006 (article 73 du RGCP).

2 LES ÉTAPES DE L'EXÉCUTION : LE PRINCIPE DE SÉPARATION DES ORDONNATEURS ET DES COMPTABLES PUBLICS

> Article 20 RGCP : « Les fonctions d'ordonnateur et celles de comptable public sont incompatibles. »

La loi de finances doit être mise en œuvre par ces différents acteurs dans le respect du principe de séparation des fonctions des ordonnateurs et des comptables publics. Que ce soit en recettes ou en dépenses, cette séparation des tâches se justifie par des raisons de bonne gestion. C'est pourquoi sa méconnaissance est sévèrement sanctionnée. Si au fil du temps, ce principe a su s'adapter par des aménagements ou par la mise en place d'exceptions, il n'a pourtant eu de cesse de faire l'objet de critiques.

A SIGNIFICATION DU PRINCIPE DE SÉPARATION

Hérité des décrets des 24 vendémiaire et 17 frimaire an III pour les recettes, et de l'ordonnance du 14 septembre 1822 pour les dépenses, ce principe a été reconduit par les pouvoirs publics jusqu'à nos jours. Repris, sous la Restauration, par le décret du 31 mai 1862, il est actuellement prévu par l'article 20 du RGCP :

Article 20 RGCP : « Les fonctions d'ordonnateur et celles de comptable public sont incompatibles. »

Ce principe implique que l'ordonnateur et le comptable public exercent des fonctions distinctes. Comme le souligne l'exposé des motifs du décret du 9 août 1953, cette séparation des fonctions répond à une dualité de « tendances psychologiques ». D'un côté, « les ordonnateurs ont un rôle actif ; ils disposent de l'initiative ». Titulaires du pouvoir de décision, ils sont seuls compétents pour décider de l'engagement d'une dépense publique. Ils doivent, dans le cadre de cette mission, davantage être préoccupés par une gestion efficace des crédits publics qu'être « soucieux du respect de la forme ». De l'autre côté, « les comptables ont un rôle passif. Ils sont chargés de l'exécution des recettes et des dépenses » sur ordre de l'ordonnateur et de leur traduction dans les comptes de gestion. Même si « leur mission est particulièrement ingrate [...], leur souci essentiel doit être de veiller sur la caisse ». Pour cela, ils doivent effectuer, avant de procéder au paiement, une série de contrôle afin de « s'assurer que les administrateurs agissent à l'intérieur du cadre qui a été défini par le Parlement et le Gouvernement ». Ces fonctions doivent être exercées par chacun des acteurs de manière exclusive (la logique est identique à l'échelon local, cf. article L2122-5 CGCT). Cette obligation s'étend même aux conjoints des ordonnateurs qui « ne peuvent être comptables des organismes publics auprès desquels lesdits ordonnateurs exercent leurs fonctions » (article 20 du RGCP). Afin d'être effective, cette incompatibilité des fonctions est doublée d'une indépendance des autorités. Il n'existe, en effet, aucun lien de subordination entre le comptable et l'ordonnateur. Ainsi, certains trouveront dans le principe de séparation des ordonnateurs et des comptables publics des parallèles avec le principe de séparation des pouvoirs.

> « Les ordonnateurs ont un rôle actif ; ils disposent de l'initiative ». Titulaires du pouvoir de décision, ils sont seuls compétents pour décider de l'engagement d'une dépense publique.

> « Les comptables ont un rôle passif. Ils sont chargés de l'exécution des recettes et des dépenses » sur ordre de l'ordonnateur et de leur traduction dans les comptes de gestion. Même si « leur mission est particulièrement ingrate, [...] leur souci essentiel doit être de veiller sur la caisse ».

1 • Justification du principe de séparation

Le principe de séparation répond à la fois à une exigence d'efficacité et à un impératif de sécurité. D'une part, une division du travail rend plus efficace l'exécution des recettes et des dépenses. Cette dernière requiert des compétences complémentaires et diversifiées. D'autre part, la mise en place d'une telle séparation entend prendre part à la prévention et à la lutte contre les fraudes, les détournements et les malversations. Dans cet objectif, il est logique de ne pas confier à la même personne le soin de décider d'engager et de sortir de la caisse une dépense publique. Le principe de séparation repose donc sur un rapport de méfiance et implique l'existence d'un contrôle permanent du comptable sur la régularité des actes de l'ordonnateur. Il se révèle être un outil puissant de contrôle interne.

> Le principe de séparation répond à la fois à une exigence d'efficacité et à un impératif de sécurité. D'une part, une division du travail rend plus efficace l'exécution des recettes et des dépenses. D'autre part, la mise en place d'une telle séparation entend prendre part à la prévention et à la lutte contre les fraudes, les détournements et les malversations.

2 • Le processus d'exécution des dépenses

Il se décompose en deux phases : la phase administrative et la phase comptable.

➥ La phase administrative d'exécution de la dépense publique

Une fois la loi de finances adoptée et promulguée, le Gouvernement prend, sur rapport du ministre des Finances, une série de décrets afin de répartir les crédits budgétaires par programme ou par dotation selon la ventilation prévue dans les annexes explicatives de la loi. Ces décrets de répartition permettent de mettre à la disposition des autorités administratives, au premier rang desquelles les ministres, les crédits correspondants aux programmes que celles-ci ont la responsabilité de conduire. La notion de « crédit budgétaire » apparaît donc comme équivalente à une autorisation de dépenser accordée au responsable d'un service pour un objet déterminé, un montant donné et une durée limitée. Deux précisions doivent être apportées sur ce point. D'une part, il s'agit d'une « autorisation » et non d'une « obligation » de dépenser. Hormis le cas de certaines dépenses obligatoires, comme par exemple les dépenses en personnel, l'ordonnateur n'est pas tenu d'utiliser la totalité de l'enveloppe budgétaire qui lui a été confiée. La LOLF et le passage d'une logique de moyen à une logique de résultat qu'elle impose ravivent l'intérêt de cette précision dans la mesure où l'ordonnateur n'est plus incité à dépenser plus pour voir le montant de son budget reconduit mais à dépenser mieux. À cette fin, l'ordonnateur peut d'ailleurs modifier la répartition des crédits entre les programmes par le biais de décrets de virement ou de transfert de crédits (cf. les principes budgétaires). D'autre part, ces crédits sont limitatifs. De ce fait, « les dépenses ne peuvent être engagées et ordonnancées que dans la limite des crédits ouverts » (article 9 de la LOLF). Ce caractère limitatif s'apprécie au niveau de la mission. Si ce caractère est impératif pour les dépenses de personnel, il peut être contourné par l'adoption d'une loi de finances rectificative ou de décrets d'avances (cf. supra le principe d'annualité) et il est toujours loisible à l'ordonnateur d'utiliser la fongibilité asymétrique à l'intérieur d'un programme. Toutefois, il existe des crédits simplement évaluatifs relatifs « aux charges de la dette de l'État, aux remboursements, restitutions et dégrèvements et à la mise en jeu des garanties accordées par l'État » (article 10 de la LOLF). Ces derniers tirent leur caractère évaluatif non pas de leur montant mais du caractère obligatoire des dépenses concernées.

Lorsque l'ordonnateur décide de réaliser une dépense, celui-ci doit respecter un certain nombre d'étapes afin que le comptable public puisse la décaisser (articles 5 et 28 du RGCP) :

L'engagement est « l'acte par lequel un organisme public crée ou constate à son encontre une obligation de laquelle résultera une charge » (article 29 du RGCP).

➡ L'engagement est « l'acte par lequel un organisme public crée ou constate à son encontre une obligation de laquelle résultera une charge » (article 29 du RGCP). Cette charge peut donc résulter soit d'une décision de l'ordonnateur de réaliser une opération (commande de matériel, passation d'un marché public de travaux…) soit de la constatation d'un événement (recrutement d'un agent, dommage causé par l'activité administrative…). Pour devenir définitif, il doit être visé par le contrôleur financier afin d'attester de la disponibilité des crédits et de leur exacte imputation. L'exercice de la fongibilité et l'utilisation de l'informatique amoindrissent, aujourd'hui, l'utilité d'un tel visa (cf. chap. suivant).

La liquidation « a pour objet de vérifier la réalité de la dette et d'arrêter le montant de la dépense » (article 30 du RGCP).

➡ La liquidation « a pour objet de vérifier la réalité de la dette et d'arrêter le montant de la dépense » (article 30 du RGCP). Cette opération se décompose en deux temps. L'ordonnateur constate d'abord le « service fait ». Il vérifie ainsi que les prestations prévues ont bien été intégralement réalisées (le matériel a bien été livré, l'agent public a exercé sa mission…). De cette opération naît une dette (une charge) à destination de l'État. La règle du « service fait » implique donc que « l'État ne paie pas d'avance ». Toutefois, l'article 33 alinéa 3 du RGCP permet de consentir, avant liquidation, aux entreprises et fournisseurs mis en difficulté par cette règle, des acomptes ou des avances (par ex. les articles 87 à 91 du code des marchés publics). Des avances peuvent, également, être faites à destination des personnels afin de faire face à des dépenses urgentes (frais de mission, vacation…). L'ordonnateur pourra ensuite calculer le montant précis de la dette dont l'État devra s'acquitter.

L'ordonnancement (ou « mandatement » à l'échelon local) « est l'acte administratif donnant, conformément aux résultats de la liquidation, l'ordre de payer la dette de l'organisme public » (article 31 du RGCP).

➡ L'ordonnancement (ou « mandatement » à l'échelon local) « est l'acte administratif donnant, conformément aux résultats de la liquidation, l'ordre de payer la dette de l'organisme public » (article 31 du RGCP). Prenant la forme d'un bon à payer, il est adressé au comptable afin que celui-ci paye le créancier de l'État. Il devra donc comporter toutes les pièces justificatives permettant au comptable d'attester la régularité du paiement. Acte administratif, l'ordonnancement ou le refus de l'ordonnateur de délivrer l'ordonnancement pourra être contesté devant le juge administratif. Le visa du contrôleur financier sur cet acte, nécessaire avant transmission au comptable et destiné à s'assurer de l'exactitude de l'imputation et des montants, connaît le même sort que celui réservé au visa de l'engagement (cf. chap. suivant).

➡ La phase comptable d'exécution de la dépense publique
Une fois l'ordre de payer reçu par le comptable, celui-ci, après en avoir contrôlé la régularité (rôle de payeur), procède au paiement de la dépense (rôle de caissier).

➥ Le rôle de payeur du comptable public

Avant d'effectuer le paiement, le comptable doit réaliser, à partir des pièces justificatives qui lui ont été transmises par l'ordonnateur, un certain nombre de contrôles prévus aux articles 12 et 13 du RGCP :

Article 12 du RGCP : Le comptable est tenu d'exercer le contrôle « de la qualité de l'ordonnateur ou de son délégué ; de la disponibilité des crédits ; de l'exacte imputation des dépenses aux chapitres qu'elles concernent selon leur nature ou leur objet ; de la validité de la créance dans les conditions prévues à l'article 13 ci-après ; du caractère libératoire du règlement ».

Article 13 du RGCP : « En ce qui concerne la validité de la créance, le contrôle porte sur : la justification du service fait et l'exactitude des calculs de liquidation ; l'intervention préalable des contrôles réglementaires et la production des justifications. En outre, dans la mesure où les règles propres à chaque organisme public le prévoient, les comptables publics vérifient l'existence du visa des membres du corps du contrôle général économique et financier sur les engagements et les ordonnancements émis par les ordonnateurs principaux. Les comptables publics vérifient également l'application des règles de prescription et de déchéance ».

Pièce maîtresse du principe de séparation, ce contrôle *a priori*, automatique et exhaustif n'est ni un contrôle d'opportunité ni un contrôle de légalité interne de l'acte. Il s'agit d'un contrôle de la légalité externe visant à s'assurer de la régularité de l'ordonnancement.

➥ Le rôle de caissier du comptable public

Si le comptable ne décèle aucune irrégularité, il effectuera le paiement (généralement en argent ou, plus rarement, en nature, cf. article 34 RGCP) qui libèrera ainsi l'État de sa dette. Il inscrira ensuite l'opération dans la comptabilité du poste qu'il dirige. Cette comptabilité constituera donc un instrument de contrôle des opérations effectuées. Si, au contraire, il constate une irrégularité, il devra, afin d'éviter de mettre en jeu sa responsabilité, suspendre le paiement et en informer l'ordonnateur. Ce dernier devra soit procéder aux régularisations nécessaires soit adresser au comptable, par écrit, un ordre de réquisition d'office pour l'obliger à payer (article 37 du RGCP). Dans cette dernière hypothèse, la responsabilité normalement encourue par le comptable est transférée sur l'ordonnateur. Le comptable réquisitionné devra transmettre l'ordre de réquisition à la Cour des comptes. À noter que la réquisition est impossible dans plusieurs hypothèses : insuffisance des crédits, défaut de visa du contrôleur financier, absence de justification du service fait, manque de fonds disponibles ou invalidité du paiement. Il convient de préciser que le régime des dettes de l'État est exorbitant du droit commun. L'État dispose, en effet, de deux privilèges au détriment de ses créanciers. D'une part, garant de l'intérêt général, il ne peut se voir opposer des procédures d'exécution forcée. Ses biens ne pourront donc pas être saisis. Toutefois, le juge administratif pourra prononcer à son encontre une astreinte si, en dépit d'une mise en demeure, il ne procédait pas à l'exécution d'une décision de justice passée en force de chose jugée. D'autre part, la dette de l'État s'éteint au bout de quatre ans « à partir du premier jour de l'année suivant celle au cours de laquelle les droits ont été acquis » (loi du 31 décembre 1968). Cette règle de la « prescription quadriennale », sans équivalent pour les recettes, s'oppose au droit commun. Lorsque ce délai est atteint, l'administration ne peut plus s'acquitter de sa dette. Elle ne peut pas, non plus, renoncer à opposer la déchéance. Afin d'atténuer les inconvénients de cette règle, la loi permet de suspendre (force majeure, ignorance ou incapacité du créancier) ou d'interrompre le délai (demande de règlement accompagné des pièces justificatives ou action en justice par le créancier, émission partielle d'un moyen de règlement par l'administration). Dans ce cas, un nouveau

Article 12 du RGCP : Le comptable est tenu d'exercer le contrôle « de la qualité de l'ordonnateur ou de son délégué ; de la disponibilité des crédits ; de l'exacte imputation des dépenses aux chapitres qu'elles concernent selon leur nature ou leur objet ; de la validité de la créance dans les conditions prévues à l'article 13 ci-après ; du caractère libératoire du règlement ».

Article 13 du RGCP : « En ce qui concerne la validité de la créance, le contrôle porte sur : la justification du service fait et l'exactitude des calculs de liquidation ; l'intervention préalable des contrôles réglementaires et la production des justifications. En outre, dans la mesure où les règles propres à chaque organisme public le prévoient, les comptables publics vérifient l'existence du visa des membres du corps du contrôle général économique et financier sur les engagements et les ordonnancements émis par les ordonnateurs principaux. Les comptables publics vérifient également l'application des règles de prescription et de déchéance ».

délai de quatre ans recommence à courir à compter du 1er janvier de l'année suivant l'interruption. La prescription peut également être levée sur décision conjointe du ministre des Finances et du ministre ordonnateur.

3 • Les processus d'exécution des recettes

> À la différence de la dépense, l'autorisation parlementaire en matière de recette est impérative ; elle vaut obligation de procéder à son recouvrement. L'exécution des recettes publiques s'articule, selon une procédure classique, autour de trois étapes :
> – l'établissement ;
> – la mise en recouvrement ;
> – le recouvrement.

À la différence de la dépense, l'autorisation parlementaire en matière de recette est impérative ; elle vaut obligation de procéder à son recouvrement. L'exécution des recettes publiques s'articule, selon une procédure classique, autour de trois étapes :

➥ L'établissement

L'ordonnateur procède à la constatation des droits (détermination de la base imposable) et à la liquidation (applications des tarifs légaux à cette base d'imposition) (article 5 du RGCP).

➥ La mise en recouvrement

L'administration émet alors un ordre de recette prenant une forme différente selon l'imposition (rôle pour les impôts directs, avis de mise en recouvrement pour les impôts indirects, extrait d'une décision de justice pour les amendes et condamnations pécuniaires). L'ordre de recette est transmis au comptable pour exécution (article 11 du RGCP).

➥ Le recouvrement

À l'image des dépenses, le comptable devra réaliser une série de contrôles avant de pouvoir encaisser la recette. Il doit s'assurer que l'autorisation de percevoir la recette est inscrite en loi de finances et contrôler la régularité des réductions et des annulations des ordres de recettes (article 12 du RGCP). Les procédures de recouvrement diffèrent selon les catégories de recettes (par exemple, les impôts directs sont recouvrés par le biais d'un avis d'imposition). En l'absence de paiement, le comptable procèdera au recouvrement forcé après avoir effectué une tentative de recouvrement amiable.

Pratiquement seul le recouvrement de l'impôt sur le revenu est, en réalité, concerné par cette procédure classique. La majorité des autres produits régaliens (TVA, TIPP, impôt sur les sociétés, ISF, taxe sur les salaires, droits d'enregistrement…) est recouvrée selon une procédure dérogatoire dans laquelle le contribuable procède lui-même au calcul du montant qu'il doit, à sa déclaration et à son paiement. Le comptable l'encaisse alors sans ordre de recette. Toutefois, la procédure classique s'applique à nouveau lorsque le contribuable a manqué à ses obligations déclaratives ou contributives. Ainsi, un ordre de recette sera émis dans le cas d'amendes non recouvrées spontanément, de taxations d'offices ou de redressements d'impôts avec, éventuellement, des majorations et des pénalités.

B LES RESPONSABILITÉS RESPECTIVES

Lorsqu'une ou plusieurs de ces étapes n'est pas respectée, l'acteur fautif engage alors sa responsabilité. Pour autant, il est loisible de constater qu'il existe, en la matière, un déséquilibre certain entre celle assumée par l'ordonnateur et celle pesant sur le comptable.

1 • La responsabilité de l'ordonnateur : un acteur quasi irresponsable dans les faits

Fruit d'un paradoxe, le régime de responsabilité de l'ordonnateur se caractérise tant par sa diversité que par son inefficacité : la responsabilité politique des ministres est superficielle (la pratique de la motion de censure est peu utilisée, les changements de gouvernement sont trop réguliers) ; la responsabilité pénale est illusoire pour les ordonnateurs principaux (la saisine de la Cour de justice de la République, mise en place par l'article 68 de la Constitution pour juger des infractions commises par les ministres durant l'exercice de leurs fonctions, est rendue difficile au regard de sa composition parlementaire quasi exclusive) mais reste envisageable pour les ordonnateurs secondaires (article 432-10 et s. du Code pénal) ; la responsabilité civile n'a jamais reçu application pour les ministres et, conformément à une jurisprudence constante, elle ne s'applique aux ordonnateurs secondaires qu'en cas de faute personnelle (CE, 25 juill. 1951, Laruelle) ; la responsabilité disciplinaire n'existe pas pour les ministres – car ils ne sont pas fonctionnaires – et ne peut être opposée aux ordonnateurs secondaires si ceux-ci sont en mesure de démontrer que les irrégularités commises l'ont été dans l'intérêt du service ou sur ordre de l'ordonnateur principal ; la responsabilité financière est inefficace puisque la Cour des comptes n'est pas compétente pour juger les ordonnateurs et que la Cour de discipline budgétaire et financière n'a autorité que sur les ordonnateurs secondaires, eux-mêmes disposant de nombreuses possibilités de se dégager de leur responsabilité (cf. chap. suivant) ; la responsabilité managériale mise en place par la LOLF sera, quant à elle, difficile à mettre en œuvre que ce soit au travers des RAP (la production de mauvais résultats n'étant pas sanctionnée, on préférera parler de « responsabilisation ») ou par la mise en place d'une chaîne de responsabilité qui emporte le risque d'une dilution des responsabilités (responsables de programme, de BOP, d'UO).

2 • La responsabilité du comptable public : une responsabilité personnelle et pécuniaire

Maniant les fonds publics et étant de ce fait plus enclin à succomber à la tentation, le comptable supporte une responsabilité qui, à la différence de l'ordonnateur, est exigeante et efficace. Devant pouvoir justifier la régularité de toutes les opérations qu'il a pu effectuer, le comptable engage sa responsabilité personnelle et pécuniaire indépendamment de toute faute lorsqu'un déficit ou un manquement en denier ou en valeur apparaît, qu'une recette n'est pas recouvrée ou qu'une dépense a été irrégulièrement payée (article 19 du RGCP et article 60 de la loi de finances du 23 février 1963). Il devra donc, sur ses fonds propres et en son nom propre, rembourser au Trésor les sommes manquantes. Le comptable assignataire est responsable, non seulement de sa gestion de son entrée en fonction jusqu'à la cessation de son activité, mais aussi de celle de ses subordonnés ou collaborateurs (CE 20 mars 2002, Thooris) ainsi que de celle de ses prédécesseurs s'il n'a pas formulé par écrit et avec précision des réserves dans les six mois suivant son installation (CE 23 juin 1989 Vèque). Au regard de l'importance des sommes en jeu, le comptable a l'obligation de constituer des garanties financières (cautionnement par dépôt d'une somme en argent ou adhésion à l'Association française de cautionnement mutuel, privilèges du Trésor sur ses biens meubles et immeubles ainsi que ceux de son conjoint). Cette responsabilité peut être engagée par la Cour des comptes (arrêt de débet) ou par le ministre en charge des comptes publics (arrêté de débet). Le comptable pourra en être déchargé s'il apporte la preuve que la force majeure est à l'origine de son manquement ou s'il sollicite de la part du ministre chargé des comptes publics une remise gracieuse de son débet (cf. chap. suivant).

> Devant pouvoir justifier la régularité de toutes les opérations qu'il a pu effectuer, le comptable engage sa responsabilité personnelle et pécuniaire indépendamment de toute faute lorsqu'un déficit ou un manquement en denier ou en valeur apparaît, qu'une recette n'est pas recouvrée ou qu'une dépense a été irrégulièrement payée (article 19 du RGCP et article 60 de la loi de finances du 23 février 1963).

3 LES ASSOUPLISSEMENTS AU PRINCIPE DE SÉPARATION

Afin d'atténuer la lourdeur du principe, plusieurs assouplissements y ont été apportés. Dans certains cas, le comptable est dispensé de l'intervention de l'ordonnateur (dépenses payées avant ou sans ordonnancement préalable). Dans d'autres cas, l'ordonnateur manipule lui-même les fonds publics (régies d'avances ou de recettes). Toutefois, l'acteur écarté étant toujours présent, il convient de parler d'aménagement plutôt que d'exception :

Outre la possibilité de payer une dépense avant liquidation par le biais d'avances ou d'acomptes (cf. supra), le comptable peut être autorisé à payer une dépense avant ordonnancement si celle-ci figure sur une liste établie par le ministre des Finances.

➥ Les dépenses payées avant ou sans ordonnancement préalable (article 31, alinéa 2 du RGCP) : outre la possibilité de payer une dépense avant liquidation par le biais d'avances ou d'acomptes (cf. supra), le comptable peut être autorisé à payer une dépense avant ordonnancement si celle-ci figure sur une liste établie par le ministre des Finances. Sont par exemple concernés les frais de mission ou de justice, ou les rémunérations à la vacation. Dans tous les cas, un ordonnancement de régularisation devra avoir lieu après paiement. D'autres dépenses peuvent être payées sans ordonnancement préalable. Il s'agit de dépenses régulières et massives comme les traitements, salaires et pensions des fonctionnaires ou bien encore les remboursements d'impôts. Dans ce cas, l'ordonnateur se contente de fournir au comptable les éléments nécessaires à la liquidation. Le comptable procède alors lui-même au calcul puis au paiement.

➥ Les régies d'avances et de recettes (article 18 du RGCP) : par arrêté conjoint du ministre chargé des comptes publics et du ministre concerné, un agent n'exerçant pas les fonctions de comptable, placé sous l'autorité d'un ordonnateur, peut être désigné comme « régisseur ». Ce dernier procédera, selon le cas, à l'encaissement (régie de recettes) ou au paiement (régies d'avances) en lieu et place du comptable. Sont principalement concernées les opérations fréquentes et de faible montant que ce soit en recette (adhésion à une bibliothèque, entrée dans un musée national…) ou en dépense (achat de fournitures, frais de stage, vacation, frais de mission…). Cependant, les régisseurs interviennent « pour le compte » du comptable – ce dernier devant les agréer – et sous son contrôle, dans la mesure où ils doivent régulièrement lui rendre des comptes que ce soit en dépense (une avance de trésorerie, dont le montant et la durée de mise à disposition sont fixés dans l'arrêté, est confiée par le comptable auquel le régisseur devra rendre compte de son utilisation) ou en recettes (le régisseur reverse régulièrement les sommes encaissées au comptable).

Par arrêté conjoint du ministre chargé des comptes publics et du ministre concerné, un agent n'exerçant pas les fonctions de comptable, placé sous l'autorité d'un ordonnateur, peut être désigné comme « régisseur ». Ce dernier procédera, selon le cas, à l'encaissement (régie de recettes) ou au paiement (régies d'avances) en lieu et place du comptable.

A) LES SANCTIONS DE LA MÉCONNAISSANCE DU PRINCIPE

« Toute personne qui, sans avoir la qualité du comptable public ou sans agir sous contrôle et pour le compte d'un comptable public » détient ou manipule sans habilitation régulière les fonds publics en encaissant une recette ou en payant une dépense se rend coupable de gestion de fait et devient ainsi « comptable de fait » par opposition au « comptable patent » (article 60-XI de la loi de finances du 23 février 1963).

Excepté le cas des aménagements précédemment présenté, le comptable qui aurait payé une dépense sans ordonnancement préalable met en jeu sa responsabilité personnelle et pécuniaire (cf. supra). Inversement, « toute personne qui, sans avoir la qualité du comptable public ou sans agir sous contrôle et pour le compte d'un comptable public » détient ou manipule sans habilitation régulière les fonds publics en encaissant une recette ou en payant une dépense se rend coupable de gestion de fait et devient ainsi « comptable de fait » par opposition au « comptable patent » (article 60-XI de la loi de finances du 23 février 1963). S'il peut s'agir d'un particulier ou d'un fonctionnaire, ce dernier est en règle générale un ordonnateur ignorant ou malveillant. La gestion de fait peut donc être caractérisée même si les fonds publics manipulés l'ont été au profit de l'intérêt général. La gestion de fait est principalement découverte par le juge financier à l'occasion de son contrôle de gestion (cf. infra). Le « comptable de fait » partage avec le « comptable patent » le même régime de responsabilité (il s'agit là, d'ailleurs, d'un des seuls cas de mise en jeu effective de la responsabilité d'un ordonnateur… en tant que comptable). Il s'expose donc, sauf à régulariser la situation, à l'ouverture devant la Cour des comptes d'une procédure de gestion de fait. La déclaration de gestion de fait permettra ainsi au juge de se prononcer sur les fonds ayant échappé illégitimement aux règles budgétaires et comptables. S'il constate une irrégularité, la responsabilité personnelle et pécuniaire du comptable de fait sera engagée. Ce dernier devra reverser les fonds et pourra éventuellement demander une remise gracieuse. Néanmoins, « le juge des comptes peut, hors le cas de mauvaise foi ou d'infidélité du comptable de fait, suppléer par des considérations d'équité à l'insuffisance des justifications produites ». Aussi, si les dépenses effectuées par le comptable de fait sont reconnues d'utilité publique par le Parlement à l'occasion de l'adoption de la loi de règlement, la situation du comptable de fait peut être régularisée. Si au contraire le juge ne décèle aucune irrégularité, le comptable de fait est déchargé de sa responsabilité. Nonobstant l'intervention du juge financier, le juge pénal peut poursuivre et condamner le comptable de fait au paiement d'une amende pour usurpation de fonctions publiques (article 433-12 du Code pénal). À défaut, c'est au juge financier que revient la possibilité de prononcer une amende pour gestion de fait. À noter que la prescription en matière de gestion de fait est de dix ans.

B LES CRITIQUES À L'ENCONTRE DU PRINCIPE

Jugé, dans son essence comme dans ses modalités, déresponsabilisant et en décalage avec ce que doit être une gestion publique moderne des crédits publics, le principe est critiqué par de nombreux praticiens et membres de la doctrine qui réclament son évolution, voire pour certains, sa disparition (cf. L. Saïdj, *RFFP*, n° 41, 1993, p. 64-72). Toutefois, comme l'exposé des motifs du décret du 9 août 1953 le présentait déjà, « cette dualité d'agent et de tendances psychologiques doit demeurer la pièce maîtresse de l'organisation de nos finances publiques. L'expérience a prouvé qu'elle permet d'obtenir une gestion saine qui ne manque ni de dynamisme, ni de souplesse ». La LOLF a justement permis de faire évoluer ce principe tout en préservant ses objectifs de sécurité et d'efficacité.

4 L'IMPACT DE LA LOLF SUR L'EXÉCUTION

Si la LOLF n'évoque pas directement le principe de séparation, le nouveau cadre comptable qu'elle met en place le fait indirectement évoluer.

A UN NOUVEAU CADRE COMPTABLE

L'étude des nouvelles exigences comptables mises en place par la LOLF nécessite, au préalable, de définir la notion de comptabilité publique.

1 • La notion de comptabilité publique

Pouvant revêtir plusieurs significations, la comptabilité publique se distingue, tant par ses approches que par ses finalités, de la notion voisine de comptabilité nationale.
La comptabilité publique peut recevoir une acception large ou une acception étroite. L'une sera qualifiée de « juridique », l'autre de « technique ».

➡ L'approche juridique

Selon une conception large, la comptabilité publique peut se définir comme l'ensemble des règles organisant l'exécution du budget d'un organisme public. Cette définition est issue de l'article 1er du décret du 30 septembre 1953 : « Les règles de comptabilité publique ont pour objet de déterminer les obligations et responsabilités des ordonnateurs de dépenses publiques, des ordonnateurs de recettes publiques et des comptables publics. » Ainsi, le droit de la comptabilité publique a pour objectif d'encadrer les comportements de chacun des acteurs participant à l'exécution de la loi de finances. Cette approche s'est vue confirmée en 1962 par la rédaction du RGCP qui égrène une série de règles concernant les différents acteurs, leurs fonctions, leurs obligations et leurs responsabilités dans l'exécution budgétaire. L'étude du droit de la comptabilité publique s'était donc, jusqu'alors, limitée à l'examen du principe de séparation des fonctions des ordonnateurs et des comptables. Dans cette conception, le droit de la comptabilité publique se confond avec le droit de l'exécution budgétaire.

Pouvant revêtir plusieurs significations, la comptabilité publique se distingue, tant par ses approches que par ses finalités, de la notion voisine de comptabilité nationale.
La comptabilité publique peut recevoir une acception large ou une acception étroite. L'une sera qualifiée de « juridique », l'autre de « technique ».

➡ L'approche technique

L'acception juridique de la comptabilité publique ne rend pas compte de l'objectif classique et premier de la comptabilité. À l'image de la comptabilité commerciale, la comptabilité publique peut se définir comme une technique permettant la constatation et l'enregistrement de l'ensemble des événements ayant un impact sur la situation financière d'une entité et la production, en fin d'exercice, d'états financiers afin d'en évaluer son patrimoine et sa productivité. Ainsi envisagée, la comptabilité se révèle être un vecteur d'information, un outil de gestion et un instrument de contrôle :

> Article 49 RGCP : « La comptabilité des organismes publics a pour objet la description et le contrôle des opérations ainsi que l'information des autorités de contrôles et de gestion. À cet effet, elle est organisée en vue de permettre : la connaissance et le contrôle des opérations budgétaires et des opérations de trésorerie ; la connaissance de la situation du patrimoine ; le calcul des prix de revient, du coût et du rendement des services ; la détermination des résultats annuels ; l'intégration des opérations dans la comptabilité économique nationale. »

Article 49 RGCP : « La comptabilité des organismes publics a pour objet la description et le contrôle des opérations ainsi que l'information des autorités de contrôles et de gestion. À cet effet, elle est organisée en vue de permettre : la connaissance et le contrôle des opérations budgétaires et des opérations de trésorerie ; la connaissance de la situation du patrimoine ; le calcul des prix de revient, du coût et du rendement des services ; la détermination des résultats annuels ; l'intégration des opérations dans la comptabilité économique nationale. »

Longtemps éclipsée par l'importance donnée par la RGCP à son aspect juridique, l'acception technique de la comptabilité publique voit son importance constitutionnellement reconnue (cf. infra).

Ces deux conceptions ne sont pourtant pas exclusives l'une de l'autre, elles se complètent et offrent de la comptabilité publique une vision plus large que celle donnée par son homologue commerciale.

➡ Les différences entre comptabilité publique et comptabilité nationale

La comptabilité publique ne doit pas se confondre avec la comptabilité nationale qui a un champ plus large. Organisée par l'INSEE, elle constitue un véritable « tableau de bord » ayant pour objet de comptabiliser l'ensemble des opérations participant à l'activité économique de la nation. Les agents économiques sont divisés en sept secteurs institutionnels : les sociétés et quasi-sociétés non financières produisant et vendant des biens et services ; les institutions financières, banques et institutions de crédits ; les entreprises d'assurance ; les administrations publiques (administrations publiques centrales, locales et de Sécurité sociale) ; les administrations privées sans but lucratif produisant des services non marchands à destination des ménages ; les ménages, le « reste du monde ». Concernant les administrations publiques, elle permet donc d'appréhender globalement les opérations financières non seulement de l'État, mais également de la Sécurité sociale ainsi que des collectivités territoriales. La comptabilité nationale est établie selon un référentiel communautaire (SEC 95). Ces analyses sont synthétisées dans un tableau économique d'ensemble dont découlent des agrégats reflétant les grandeurs significatives de l'activité d'un pays dont le produit intérieur brut (PIB) correspond à la somme des valeurs ajoutées produites par les entreprises françaises et étrangères en France. Sur cette base, les évolutions économiques peuvent être suivies et des comparaisons internationales effectuées. Dans une approche macroéconomique, elle revêt une grande importance dans la détermination de la stratégie budgétaire. Elle constitue également un outil statistique de connaissance de la richesse nationale dans son ensemble et de sa répartition.

La comptabilité nationale est établie selon un référentiel communautaire (SEC 95). Ces analyses sont synthétisées dans un tableau économique d'ensemble dont découlent des agrégats reflétant les grandeurs significatives de l'activité d'un pays dont le produit intérieur brut (PIB) correspond à la somme des valeurs ajoutées produites par les entreprises françaises et étrangères en France. Sur cette base, les évolutions économiques peuvent être suivies et des comparaisons internationales effectuées.

2 • Les nouvelles exigences de la comptabilité publique

Le chapitre 5 de la LOLF révolutionne le droit de la comptabilité publique en rapprochant la comptabilité de l'État des principes de la comptabilité privée. La mise en place d'une triple comptabilité implique une connaissance sincère et plus fidèle du patrimoine et de la situation financière de l'État.

➥ Une comptabilité publique en trois dimensions

Tout en conservant le traditionnel système de comptabilité budgétaire, l'article 27 de la LOLF y surajoute une comptabilité générale en droits constatés ainsi qu'une comptabilité d'analyse des coûts des actions.

> Article 27 LOLF : « L'État tient une comptabilité des recettes et des dépenses budgétaires et une comptabilité générale de l'ensemble de ses opérations. En outre, il met en œuvre une comptabilité destinée à analyser les coûts des différentes actions engagées dans le cadre des programmes. »

Article 27 LOLF : « L'État tient une comptabilité des recettes et des dépenses budgétaires et une comptabilité générale de l'ensemble de ses opérations. En outre, il met en œuvre une comptabilité destinée à analyser les coûts des différentes actions engagées dans le cadre des programmes. »

➥ La comptabilité budgétaire (article 28 de la LOLF)

La comptabilité budgétaire, basée sur une logique de caisse ou de gestion, implique que les opérations de dépense et de recette de l'État sont rattachées en comptabilité à l'exercice durant lequel elles sont payées ou encaissées et non à celui qui a prévu leur réalisation. Ainsi, par exemple, une dépense prévue par la loi de finances 2009 mais payée au cours de l'exercice 2010 apparaîtra dans la comptabilité budgétaire de l'État pour 2010. Si, en général, ce décalage peut aisément s'expliquer par des difficultés techniques ou administratives, comme par exemple une facture parvenant au comptable tardivement, il permet aussi de dissimuler aisément un solde budgétaire négatif, nuisant ainsi à la sincérité des comptes de l'État. S'il permet de comparer les opérations effectuées avec les opérations envisagées en loi de finances, ce système comporte donc de nombreux inconvénients. D'une part, il rend difficile le contrôle de l'exécution d'une loi de finances en obligeant à rechercher dans plusieurs comptes successifs les opérations qui la concerne. C'est pourquoi une période complémentaire a pu être mise en place pour retarder fictivement la clôture du compte afin d'y imputer un maximum d'opérations encore en cours au 31 décembre (système de la gestion prolongée). Mais l'usage trop fréquent de cette technique n'ayant eu de cesse de dégrader le solde budgétaire, l'alinéa 2 de l'article 28 de la LOLF a limité cette période à vingt jours et à la seule intervention du comptable (exception faite des ordonnateurs devant exécuter des opérations prévues par une loi de finances rectificative promulguée au cours du mois de décembre de l'année). D'autre part, il n'offre qu'une image incomplète du patrimoine étatique.

La comptabilité budgétaire, basée sur une logique de caisse ou de gestion, implique que les opérations de dépense et de recette de l'État sont rattachées en comptabilité à l'exercice durant lequel elles sont payées ou encaissées et non à celui qui a prévu leur réalisation.

➥ La comptabilité générale en droits constatés (article 30 de la LOLF)

La comptabilité générale est basée sur le système de l'exercice. Ainsi, à l'inverse du système de caisse, « les opérations sont prises en compte au titre de l'exercice auquel elles se rattachent, indépendamment de leur date de paiement ou d'encaissement ». Pour reprendre l'exemple précédent, une dépense prévue par la loi de finances 2009 mais payée au cours de l'exercice 2010 sera inscrite dans la comptabilité générale de l'État pour 2009. De ce fait, les opérations qui ont pris naissance durant l'année mais qui n'ont pas encore donné lieu à encaissement ou à paiement sont rattachées à l'exercice comptable soit sous forme de produits à recevoir (créances) soit sous forme de provisions, de charges à payer ou de charges constatées d'avance (dettes). La comptabilité générale de l'État est donc fondée sur le principe de la constatation des droits (créances) et obligations (dettes), ce que tend à prouver l'utilisation du terme « opérations » et non celui d'« opérations de dépense et de recette » ainsi que son qualificatif « générale ». Malgré une quasi-impossibilité de clôturer les comptes avant l'exécution complète de la loi de finances, le système d'exercice facilite le contrôle de l'exécution par rapport à l'autorisation parlementaire et offre une vision complète du patrimoine de l'État en y intégrant des opérations qui n'avaient jamais été comptabilisées auparavant. L'article 52 du RGCP prévoyait déjà l'existence d'une « comptabilité générale » mais sa mise en place fut limitée puisqu'elle ne permettait pas le rattachement

La comptabilité générale est basée sur le système de l'exercice. Ainsi, à l'inverse du système de caisse, « les opérations sont prises en compte au titre de l'exercice auquel elles se rattachent, indépendamment de leur date de paiement ou d'encaissement ».

Ainsi, l'État dispose de normes de comptabilité publique similaires à celles du plan comptable général. Ces normes contiennent des spécificités liées à l'action de l'État ; par exemple les impôts ne constituent pas une charge mais un produit. Il dispose également d'un plan comptable appliquant les mêmes principes que la comptabilité publique.

La comptabilité d'analyse des coûts des actions a un objet plus ciblé : elle est destinée à informer, en amont, les parlementaires sur l'ensemble des moyens budgétaires affectés à la réalisation des actions prévues au sein des programmes et, en aval, sur les performances des administrations.

systématique de l'ensemble des opérations à l'exercice. Avec la LOLF, l'État dispose d'une véritable comptabilité générale à l'image des entreprises privées comme le prévoit son article 30 alinéa 2 : « Les règles applicables à la comptabilité générale de l'État ne se distinguent de celles applicables aux entreprises qu'en raison des spécificités de son action. » Ainsi, l'État dispose de normes de comptabilité publique similaires à celles du plan comptable général. Ces normes contiennent des spécificités liées à l'action de l'État ; par exemple les impôts ne constituent pas une charge mais un produit. Il dispose également d'un plan comptable appliquant les mêmes principes que la comptabilité publique dont le principe du rattachement à l'exercice ou d'image fidèle et, en fin d'exercice, d'un bilan et d'un compte de résultat rassemblés dans le compte général de l'État (anciennement CGAF). Pour autant, les finalités de la comptabilité publique ne rejoignent pas totalement celles de la comptabilité privée. L'objectif de l'État n'est pas la rentabilité mais bien la satisfaction de l'intérêt général.

➥ La comptabilité d'analyse des coûts des actions (article 27 de la LOLF)
Elle ne doit pas se confondre avec la comptabilité analytique qui a pour objectif de faire apparaître l'ensemble des éléments de calcul du coût des services (article 53 du RGCP). La comptabilité d'analyse des coûts des actions a un objet plus ciblé : elle est destinée à informer, en amont, les parlementaires sur l'ensemble des moyens budgétaires affectés à la réalisation des actions prévues au sein des programmes et, en aval, sur les performances des administrations. Elle permet de rapporter les moyens utilisés à l'objectif poursuivi et à la performance obtenue. Ainsi est-elle en totale adéquation avec les objectifs principaux de la LOLF. Encore à l'état embryonnaire, cette comptabilité n'en est donc pas moins une pièce maîtresse de la nouvelle comptabilité de l'État.

➥ Des apports essentiels en termes de sincérité et de qualité comptable
Accolée à la mise en place de ce système comptable à trois entrées, la LOLF pose une exigence de sincérité et de qualité des comptes de l'État : « Les comptes de l'État doivent être réguliers, sincères et donner une image fidèle de son patrimoine » (article 27, alinéa 2, de la LOLF). La comptabilité générale, offrant une vision complète du patrimoine et de la situation financière de l'État, semble la plus à même de remplir cet objectif. Plus généralement, la « triple comptabilité » permet à la comptabilité publique de remplir son office : la comptabilité budgétaire reste un vecteur de contrôle ; la comptabilité générale apparaît comme un outil de gestion et la comptabilité d'analyse des coûts devient un instrument d'information. La régularité ne constitue qu'un des critères de la qualité des comptes au même titre que la sincérité, l'exactitude, l'exhaustivité, la correcte imputation et le rattachement au bon exercice.

B UNE ÉVOLUTION DU PRINCIPE DE SÉPARATION

Ce nouveau cadre comptable fait évoluer le principe vers davantage de souplesse en provoquant un rapprochement des acteurs tant sur le plan fonctionnel que structurel.

1 • Une transformation du rôle des acteurs de l'exécution

La mise en place d'une comptabilité en droits constatés fait émerger une « fonction comptable partagée ». Le fait générateur de l'enregistrement des opérations en comptabilité n'étant plus, comme dans le système de caisse, l'encaissement ou le paiement mais la constatation de l'existence d'une créance (droits) ou d'une dette (obligations) à l'encontre ou au profit de l'État, le comptable public n'a plus le monopole de la fonction comptable. Désormais, l'ordonnateur est à l'origine des écritures puisque c'est à l'occasion de la certification du service fait que les droits et obligations acquièrent une existence et une valeur certaine (cf. supra). Détenteur de l'information utile sur les stocks et les amortissements, il participe également à l'établissement des états financiers. Ce rapprochement fonctionnel est corroboré par l'utilisation de progiciels de gestion intégrée (PGI). Si l'utilisation de l'informatique a permis aux ordonnateurs et aux comptables de rationnaliser leurs procédures en automatisant certains de leurs contrôles et en supprimant ceux qui pouvaient apparaître comme redondants, les PGI offrent la possibilité aux différents acteurs de disposer d'un outil informatique unique fonctionnant sur la base d'une chaîne de travail continue (*workflow*) et non pas sur une logique séparée par métiers. L'administration s'est dotée de progiciels de plus en plus performants et intégrant de plus en plus de fonctionnalités (Accord, Palier LOLF, Chorus). Dans ce contexte, le comptable voit son rôle recentré sur sa fonction première de garant de la qualité comptable puisqu'il est en charge de veiller « au respect des principes et règles mentionnés aux articles 27 à 30 [en s'assurant] notamment de la sincérité des enregistrements comptables et du respect des procédures » (article 31 de la LOLF). Ainsi doit-il mettre en place, en partenariat avec l'ordonnateur, un système de contrôle et d'audit interne afin de connaître et de maîtriser les risques pouvant porter atteinte à la qualité des comptes de l'État. L'utilité du principe de séparation, archétype du contrôle interne, est ainsi confirmée. Une fois les risques maîtrisés, le comptable pourra faire évoluer ses contrôles vers un contrôle hiérarchisé de la dépense (le contrôle est modulé en fonction du caractère plus ou moins à risque de la dépense et de la pratique du gestionnaire : *a priori* ou *a posteriori*, exhaustif ou par sondage...) ou allégé en partenariat (une fois les procédures auditées et fiabilisées en amont, le contrôle, *a posteriori*, ne s'attache qu'à s'assurer de leur bon déroulement). La transformation du contrôle financier en contrôle budgétaire a, elle aussi, été dictée par ce besoin de maîtrise des risques (cf. chapitre suivant). De manière générale, la nouvelle gestion publique invite à une remise à plat des procédures. Ce mouvement de réingénierie des processus doit passer par la suppression des contrôles redondants, la limitation des contrôles *a priori* systématiques au profit de contrôles *a posteriori*, ciblés et évolutifs.

> Le comptable voit son rôle recentré sur sa fonction première de garant de la qualité comptable puisqu'il est en charge de veiller « au respect des principes et règles mentionnés aux articles 27 à 30 [en s'assurant] notamment de la sincérité des enregistrements comptables et du respect des procédures » (Article 31 de la LOLF). Ainsi doit-il mettre en place, en partenariat avec l'ordonnateur, un système de contrôle et d'audit interne afin de connaître et maîtriser les risques pouvant porter atteinte à la qualité des comptes de l'État. L'utilité du principe de séparation, archétype du contrôle interne est ainsi confirmée.

2 • Une transformation des structures de l'exécution

La rationalisation du réseau comptable implique un rapprochement physique des acteurs. La mise en place des SCBCM permet de renforcer l'efficacité des contrôles et de rationaliser le rôle de chacun des acteurs de l'exécution budgétaire en offrant une vision globale et transversale de la chaîne de la dépense publique et de la situation patrimoniale de son ministère de rattachement. L'expérimentation de « services facturiers », également installés dans les locaux du ministère gestionnaire mais rattachés aux services du comptable public, procède de la même logique par un traitement industrialisé des factures depuis leur réception jusqu'à leur mise en paiement. Il exerce donc tout à la fois des fonctions traditionnellement réservées soit à l'ordonnateur (liquidation) soit au comptable (paiement). Il permet ainsi le rapprochement tant fonctionnel que physique des acteurs.

> La rationalisation du réseau comptable implique un rapprochement physique des acteurs. La mise en place des SCBCM permet de renforcer l'efficacité des contrôles et de rationaliser le rôle de chacun des acteurs de l'exécution budgétaire en offrant une vision globale et transversale de la chaîne de la dépense publique et de la situation patrimoniale de son ministère de rattachement.

La LOLF engage une évolution du principe de séparation en l'adaptant à la nouvelle gestion publique. Mais il reste dommageable que celle-ci ne se double pas d'une remise à plat des responsabilités pourtant largement disproportionnées.

EN PRATIQUE

SUJET DE DISSERTATION

LA LOLF ET LE DEVENIR DU PRINCIPE DE SÉPARATION DES ORDONNATEURS ET DES COMPTABLES PUBLICS

Introduction rédigée :

La séparation des ordonnateurs et des comptables publics est un principe multiséculaire qui règle aujourd'hui encore le déroulement de l'exécution de la loi de finances. Séparant astucieusement les fonctions de décideurs et d'exécutants, cette règle participe à une gestion saine et efficace des crédits publics en instaurant un contrôle automatique et mutuel des acteurs afin d'éviter malversations ou fraudes de toutes natures. Critiquée pour sa rigidité, elle a connu des assouplissements afin d'atténuer les inconvénients que ce principe pouvait occasionner aux divers interlocuteurs financiers de l'État. La révolution financière portée par la LOLF semble pourtant marquer une nouvelle étape dans une remise en cause progressive de ce principe. Les nouvelles exigences comptables impliquent un rapprochement des acteurs de la fonction comptable tant du point de vue de leurs fonctions que de leurs structures. Bien au contraire, la LOLF propose une lecture renouvelée du principe de séparation autour du renforcement de l'exigence de qualité comptable et de rationalisation de la chaîne de la dépense publique.

Plan :

I. Un principe remis en cause par la nouvelle gestion publique
- A. Un rapprochement fonctionnel des acteurs de l'exécution
  1. L'émergence d'une fonction comptable partagée
  2. L'utilisation d'outils informatiques intégrés
- B. Un rapprochement structurel des acteurs de l'exécution
  1. La mise en place des SCBCM
  2. L'expérimentation des services facturiers

II. Un principe renouvelé par la nouvelle gestion publique
- A. Un principe confirmé par l'exigence de qualité comptable
  1. Le comptable public comme garant de la qualité des comptes
  2. Le principe de séparation comme archétype du contrôle interne
- B. Un principe assouplit dans ses modalités
  1. Des contrôles évolutifs et ciblés sur les risques
  2. Des responsabilités encore disproportionnées

DANS L'AIR DU TEMPS

- La réduction du déficit budgétaire en France est-elle une condition ou un obstacle au dynamisme de l'économie ?
- Rigidité et souplesse dans l'exécution du budget de l'État.
- Les instruments de la maîtrise des finances publiques.

EN PRATIQUE

QRC

- La gestion de fait.
- Qu'est-ce que le contrôle partenarial ?
- La LOLF dépoussière-t-elle le principe de séparation des ordonnateurs et des comptables ?

QCM

1. Les règles de la comptabilité nationale :

- A. sont établies par les institutions communautaires
- B. permettent une approche macroéconomique
- C. permettent une description analytique des comptes
- D. recensent tous les flux des agents économiques

2. La comptabilité publique :

- A. a désormais une dimension constitutionnelle
- B. est purement indicative
- C. est budgétaire, particulière et analytique
- D. est budgétaire, générale et analytique

3. Le principe de séparation des ordonnateurs et des comptables :

- A. a pour origine une méfiance à l'égard des ministres
- B. a pour origine une méfiance à l'égard des dépenses et des recettes
- C. a été supprimé par la LOLF
- D. fait l'objet d'une reformulation par la LOLF

4. Les ordonnateurs principaux :

- A. sont le plus souvent des responsables d'administration
- B. bénéficient d'une délégation de compétence des ordonnateurs secondaires
- C. sont irresponsables financièrement
- D. ont une responsabilité politique

5. La théorie de la gestion de fait :

- A. permet de sanctionner l'immixtion de l'ordonnateur dans les fonctions du comptable
- B. s'applique aux comptables qui usurpent les fonctions de l'ordonnateur
- C. est prévue par le décret du 29 décembre 1962
- D. sanctionne toute personne qui a manipulé des fonds sans autorisation

6. L'ordonnancement préalable :

- A. est systématiquement obligatoire
- B. n'est pas indispensable pour les pensions et rémunérations des fonctionnaires
- C. est obligatoire pour les dépenses liées à la dette
- D. est occasionnelle pour les dépenses d'investissement

CHAPITRE 7

LES CONTRÔLES DE L'EXÉCUTION DE LA LOI DE FINANCES

L'ensemble du système de contrôle est en train de s'ajuster aux nouvelles exigences de la gestion publique.

Le principe de contrôle formulé à l'article 15 de la Déclaration des droits de l'homme et du citoyen, dans l'admirable concision qui la caractérise, couvre un champ très large où la protection des deniers publics tient, bien sûr, une place de premier rang.

Article 15 : « La Société a le droit de demander compte à tout Agent public de son administration. »

Les contrôles existants à l'heure actuelle sont pour la plupart nés au début du XIXe siècle, au moment où se construisait le droit budgétaire applicable aux lois de finances. Que vaut en effet l'autorisation parlementaire si son exécution ne fait pas l'objet de contrôles ? La réponse en France a été la démultiplication de ces contrôles. L'ensemble du système de contrôle est en train de s'ajuster aux nouvelles exigences de la gestion publique. La manifestation la plus claire de cette évolution est le glissement des contrôles *a priori* de régularité vers des contrôles *a posteriori* de type audit.

1 LA DIVERSITÉ DES CONTRÔLES

A LES CLASSIFICATIONS

➥ Plusieurs classifications sont possibles :

– en fonction du moment où le contrôle intervient : contrôles *a priori*, pendant l'exécution ou *a posteriori* ;
– en fonction du type de contrôle : contrôle de régularité (contrôle des comptes des comptables publics), contrôle de la qualité de la gestion publique de type audit (contrôle de la gestion), parfois même contrôle répressifs (gestion de fait) ;
– en fonction de la nature du contrôle : contrôle juridictionnel, politique (Parlement), administratif ;
– en fonction de l'organe de contrôle : organe interne à l'administration (contrôle financier, contrôle par les comptables publics, inspection générale des finances...), externe (juridictions financières à savoir Cour des comptes et Cour de discipline budgétaire et financière).

Le contrôle politique incombant au Parlement et le rôle des comptables publics dans le contrôle des opérations de dépenses et de recettes ont été traités par ailleurs. Les contrôles spécifiques portant sur les finances locales sont également traitées. L'accent sera mis ici sur les autres contrôles internes à l'administration des finances ainsi que sur la Cour des comptes et la Cour de discipline budgétaire et financière.

L'ensemble de ce système de contrôles obéit à deux logiques : celle de la redondance et celle de la surveillance réciproque.

B LOGIQUES DE CONTRÔLE ET CRITIQUES

L'ensemble de ce système de contrôles obéit à deux logiques : celle de la redondance et celle de la surveillance réciproque. La garantie d'une exécution conforme à l'autorisation parlementaire donnée en loi de finances et au droit existant réside dans ce maillage qui enserre étroitement les opérations de dépenses et de recettes. D'une part, le même contrôle est effectué par des acteurs différents à des moments différents de la même opération. D'autre part, l'absence de lien hiérarchique et l'indépendance des contrôleurs par rapport aux contrôlés renforcent cette « méfiance » réciproque conçue pour empêcher que toute irrégularité ne soit commise.

Ce système connaît nombre de critiques. Il est source de lenteur bureaucratique incompatible avec la rapidité d'exécution exigée désormais d'une administration moderne. En outre, la prédominance traditionnelle des contrôles a priori n'est pas compatible avec une responsabilisation des gestionnaires publics dans une perspective de recherche de performance de l'action publique. À nouvelle gestion publique, nouveaux contrôles ; la LOLF a nécessité que soit ouvert le chantier des responsabilités et des contrôles, lequel est loin d'être achevé.

> Ce système est source de lenteur bureaucratique incompatible avec la rapidité d'exécution exigée désormais d'une administration moderne.

2 LES CONTRÔLES INTERNES

L'intégration d'une dimension d'audit et d'évaluation est particulièrement poussée dans l'ensemble des contrôles internes effectués par l'administration des finances. La même évolution peut être remarquée s'agissant des comptables publics dont les contrôles s'orientent de plus en plus vers la tenue d'une comptabilité d'aide à la décision. Mais le constat est encore plus flagrant s'agissant des grands corps de contrôle de l'État que sont le contrôle financier, l'inspection générale des finances et pour la démarche systématique d'audit de modernisation de l'État lancée en 2005.

> L'intégration d'une dimension d'audit et d'évaluation est particulièrement poussée dans l'ensemble des contrôles internes effectués par l'administration des finances.

A LE CONTRÔLE FINANCIER

Le contrôle financier a profondément évolué en conséquence de la logique impulsée par la LOLF de passage d'un contrôle de régularité à un contrôle de qualité de la dépense publique.
C'est un contrôle interne des administrations centrales qui se déroule a priori et dont la vocation est essentiellement préventive. Il concerne tant les ordonnateurs que les comptables publics. Le décret du 27 janvier 2005 relatif au contrôle financier dans les administrations de l'État, en vigueur au 1er janvier 2006, l'a réformé en profondeur.

1 • Le contrôle financier avant la réforme de 2005

➡ Le contrôle financier central

Ce contrôle a été mis en place par la loi du 26 décembre 1890, confirmée et renforcée par celle du 10 août 1922, afin de prévenir les dépassements de crédits effectués par les ministères et auxquels le Parlement ne pouvait faire obstacle en refusant de les voter a posteriori dès lors que les dépenses étaient déjà faites. Cette loi impose donc à chaque ministre de tenir une comptabilité des dépenses engagées contrôlée dans chaque ministère par les « contrôleurs des dépenses engagées ». Ils prennent le nom de « contrôleurs financiers » en 1956. Ces hauts fonctionnaires, énarques pour la quasi-totalité d'entre eux, relevaient du pouvoir hiérarchique du ministre des Finances et effectuaient leur contrôle en toute indépendance vis-à-vis du ministère gestionnaire, dit « ministère dépensier ».

> Le contrôle financier central a été mis en place par la loi du 26 décembre 1890, confirmée et renforcée par celle du 10 août 1922, afin de prévenir les dépassements de crédits effectués par les ministères et auxquels le Parlement ne pouvait faire obstacle.

Ils tenaient la comptabilité administrative et leur contrôle s'effectuait en apposant leur visa à deux moments différents du processus de la dépense.

– Avant leur engagement par l'ordonnateur tout d'abord : l'objectif de ce premier visa était d'empêcher les dépassements de crédits. Était ainsi contrôlée la régularité financière de la dépense (imputation, disponibilité des crédits...), en tenant compte « des conséquences que les mesures ainsi proposées peuvent entraîner pour les finances publiques » (loi de 1922). En ce sens leur contrôle était non seulement un contrôle de régularité mais s'effectuait aussi en opportunité. En cas de refus de visa, le ministre ne pouvait passer outre et devait en référer pour avis conforme (c'est-à-dire impératif) au ministre des Finances.

– Au moment de l'ordonnancement ensuite : ce second visa prenait la forme de la mention « bon à payer » apposée sur les ordonnances de paiement. À défaut, ces ordonnances ne pouvaient être signées ni, *a fortiori*, payées par le comptable assignataire. Ce contrôle de régularité financière réitéré à ce stade avait pour but de limiter le montant de l'ordonnancement à celui de l'engagement.
Ce rôle de « censeur » était cependant complété par une fonction moins connue mais tout à fait effective de conseil. Cette fonction exercée par le contrôleur financier auprès du ministre pouvait aboutir, comme l'a écrit le professeur Lalumière, « à une véritable cogestion de l'activité financière du ministre ».

➥ Le contrôle financier déconcentré

Le décret du 13 novembre 1970 a confié au trésorier payeur général un contrôle des projets d'engagements des dépenses de l'État au niveau local. Le décret du 16 juillet 1996 a mis en place par la voie progressive de l'expérimentation puis de la systématisation un véritable contrôle financier déconcentré portant sur les actes des ordonnateurs secondaires. Le trésorier payeur général de région assisté du TPG de département procède à un contrôle de la régularité de la dépense et à une mise en perspective des conséquences pour les finances publiques.
Cette réforme préfigurait celle qui allait advenir en 2005. Le contrôle de la dépense pouvait en effet être globalisé et un visa *a priori* en amont de l'engagement de la dépense pouvait être donné. L'allègement de la procédure était conséquent puisque le visa n'était plus un passage obligé pour tout engagement de dépense si minime soit elle.

2 • La réforme du contrôle financier

> Au niveau central, le double visa devant être apposé par le contrôleur financier était critiqué pour sa lourdeur et son inadéquation dans une recherche de qualité de la gestion.

Au niveau central, le double visa devant être apposé par le contrôleur financier était critiqué pour sa lourdeur et son inadéquation dans une recherche de qualité de la gestion.
Un décret du 9 juillet 2003 était déjà intervenu pour dispenser dans un certain nombre de cas les engagements de dépenses du visa du contrôleur financier. Le décret du 27 janvier 2005 porte quant à lui une réforme de plus grande envergure en ce qu'il remodèle de fond en comble le contrôle financier central et abroge le décret du 16 juillet 1996 relatif au contrôle financier déconcentré.

➥ Les nouveaux acteurs du contrôle financier

Le décret du 27 janvier 2005 désigne désormais les fonctionnaires en charge de ce contrôle sous le nom d'autorité chargée du contrôle financier (ACCF). Une ACCF est placée, soit auprès d'une autorité administrative centrale, soit auprès d'une autorité administrative déconcentrée, soit auprès d'un service à compétence nationale, soit auprès d'une autorité administrative indépendante.

> Au niveau des administrations centrales la qualité d'ACCF est donnée à des contrôleurs budgétaires et comptables ministériels (CBCM) relevant du ministre des Finances.

Au niveau des administrations centrales la qualité d'ACCF est donnée à des contrôleurs budgétaires et comptables ministériels (CBCM). Ils ont été institués par le décret du 18 novembre 2005 et relevant du ministre des Finances. Placés auprès d'un ou plusieurs ordonnateurs principaux de l'État, ils ont vocation à assurer une vision globale des processus de la dépense et de la situation patrimoniale de chaque ministère. Les CBCM ont la double qualité d'ACCF et de comptable public et sont à ce titre assignataires, à compter du 1er janvier 2008, des ordres de dépenses et de recettes de l'ordonnateur. Le rapprochement et la mise en synergie des services de contrôle budgétaire et comptable sous l'autorité des CBCM aura pour effet de gommer les contrôles redondants.

> Les CBCM ont la double qualité d'ACCF et de comptable public et sont à ce titre assignataires à compter du 1er janvier 2008 des ordres de dépense et de recettes de l'ordonnateur.

En ce qui concerne le contrôle financier déconcentré, le décret de 2005 abroge celui de 1996. Les TPG de région sont désormais les ACCF des administrations déconcentrées. Ils sont assistés d'un contrôleur financier et des trésoriers payeurs généraux de département. L'action des TPG de région et des comptables publics des services déconcentrés du ministère est coordonnée par les CBCM.

➡ Les nouvelles missions des ACCF

L'article 1er du décret crée pour cette autorité un rôle entièrement repensé en fonction des impératifs de la LOLF. Il s'inscrit dans la logique de « maîtrise de l'exécution des lois de finances, tant en crédits qu'en effectifs ». Elle concourt donc « à l'identification et à la prévention des risques financiers ainsi qu'à l'analyse des facteurs explicatifs de la dépense et du coût des politiques publiques ».

Le rôle de l'autorité chargée du contrôle financier est placé d'une manière générale sous le sceau du respect du principe de sincérité budgétaire appliqué à la programmation budgétaire : elle vérifie « le caractère sincère des prévisions de dépenses et d'emplois présentées par les responsables de programme » ainsi que « leur compatibilité, dans la durée, avec les objectifs de maîtrise de la dépense publique ».
L'ACCF exerce des missions de contrôle d'une part de la programmation de l'exécution budgétaire et d'autre part du suivi de cette exécution.

– S'agissant du contrôle de la programmation de l'exécution budgétaire, le visa de l'ACCF est désormais exigé pour « le document annuel de programmation budgétaire initiale, lequel est obligatoirement établi par chaque ministre au plus tard un mois avant le début de l'exercice budgétaire ». Ce visa permet la mise en place auprès des gestionnaires des administrations civiles et militaires de l'État des crédits ouverts à chaque programme. Il porte sur l'exactitude des projets de répartition des emplois de chaque ministère et de répartition des crédits de chaque programme entre les services de l'État ainsi que sur la cohérence des emplois alloués et des crédits de personnels correspondants pour chaque programme.
Si l'ACCF estime ne pas être en mesure d'apposer son visa avant le 15 janvier, en l'absence de production de document de programmation budgétaire initiale ou lorsque ce document est incomplet, elle saisit, avant le 10 janvier, le ministre chargé du budget pour approbation de la programmation budgétaire initiale.
Elle émet en outre un avis préalable sur les documents prévisionnels de gestion qui lui sont présentés par les gestionnaires, notamment sur leur « cohérence budgétaire d'ensemble ».

– S'agissant du suivi de l'exécution budgétaire, la réforme procède à un allègement du contrôle classique de l'engagement et de l'ordonnancement de la dépense qui passe au second plan des compétences de la nouvelle autorité de contrôle.

Le visa sur les actes d'engagement et sur les ordonnances de paiement, n'est plus obligatoire et est réservé à certains actes seulement, notamment « en raison de la nature des dépenses en cause ou de leur montant particulièrement élevé ». Mais ce ne sont plus là les fonctions essentielles de l'ACCF. Tous ces contrôles sont modulables et susceptibles d'être renforcés si nécessaires.
Enfin, l'ACCF assiste le ministre chargé du budget « dans la mise en œuvre des mesures destinées à prévenir une détérioration de l'équilibre budgétaire ».

➡ Les modalités de visa

Le visa résulte d'un examen des projets d'actes au regard non pas de la légalité de l'acte, mais de « l'imputation de la dépense, de la disponibilité des crédits et des emplois, de l'exactitude de l'évaluation et de leur impact sur les finances publiques ». Le point de vue de l'ACCF rejoint en cela les contrôles qu'effectuait le contrôleur financier dans leur double aspect de régularité et d'opportunité.

> Le rôle de l'autorité chargée du contrôle financier est placé d'une manière générale sous le sceau du respect du principe de sincérité budgétaire appliqué à la programmation budgétaire.

> S'agissant du suivi de l'exécution budgétaire, la réforme procède à un allègement du contrôle classique de l'engagement et de l'ordonnancement de la dépense.

> Le visa résulte d'un examen des projets d'actes au regard non pas de la légalité de l'acte, mais de « l'imputation de la dépense, de la disponibilité des crédits et des emplois, de l'exactitude de l'évaluation et de leur impact sur les finances publiques ».

Le refus de visa s'impose au ministre concerné qui doit alors obtenir l'autorisation du ministre chargé du budget. Pour ne pas donner prise aux critiques tenant à la lenteur engendrée par le contrôle financier, le décret de 2005 recommande que la demande de visa soit traitée dans les plus brefs délais, au plus tard dans le délai de quinze jours. Au-delà, l'autorité administrative pourra procéder à la dépense.

B L'INSPECTION GÉNÉRALE DES FINANCES

IGF :
Inspection générale des finances.

IGA :
Inspection générale de l'administration.

IGAS :
Inspection générale des affaires sociales.

1 • Composition

L'IGF est un des trois grands corps de l'État, avec le Conseil d'État et la Cour des comptes, dont les membres sont recrutés essentiellement parmi les candidats reçus parmi les premiers à l'ENA (réussir dans « la botte » de l'ENA). Ce corps, directement rattaché au ministre des Finances, est composé de 230 inspecteurs des finances en activité à l'IGF et dans d'autres structures. C'est une des trois inspections générales à vocation interministérielle avec l'IGA (inspection générale de l'administration) et l'IGAS (inspection générale des affaires sociales).

2 • Domaine d'intervention

L'IGF exerce un contrôle financier de l'ensemble du secteur public. L'ensemble des postes des comptables publics, y compris ceux des EPIC et des EPA, est concernée tout autant que les ordonnateurs.

L'IGF exerce un contrôle financier de l'ensemble du secteur public. L'ensemble des postes des comptables publics, y compris ceux des EPIC et des EPA, est concernée tout autant que les ordonnateurs.

Elle est tout d'abord compétente pour contrôler les services déconcentrés du ministère des Finances lui-même (services fiscaux par exemple). Cette compétence traditionnelle faisait dire au ministre des Finances que fut le Baron Louis que « l'IGF est le bras et l'œil du ministre » (1831). Elle contrôle également la comptabilité administrative tenue par les ordonnateurs secondaires du budget général, des budgets annexes et des comptes spéciaux du Trésor, ainsi que les comptabilités administratives des communes.

Mais l'IGF a une très large vocation à intervenir dans tous les secteurs dans lesquels des fonds publics sont engagés par l'État, les collectivités territoriales ou les établissements publics. Le statut juridique privé ou semi-public des organismes concernés n'entre pas en compte : CAF, CPAM, CRAM, OPHLM, Caisses d'Épargne, La Poste, les banques populaires, les caisses de crédit agricole, la caisse des dépôts et consignations ainsi que tous les organismes bénéficiant d'apports en capital, de subventions, de prêts, d'avances ou de garanties d'intérêts de la part de l'État.

3 • Missions

Les missions de cette institution ont considérablement évolué, suivant en cela la réorientation générale des contrôles en matière de finances publiques. Le contrôle classique de régularité des comptes publics est désormais complété par un contrôle de qualité de la gestion publique. Le décret du 4 octobre 2006 est venu confirmer cette redéfinition : « Outre les missions et les attributions qui lui sont dévolues par la loi et par les textes réglementaires, l'IGF exerce une mission générale de contrôle, d'audit, d'étude, de conseil et d'évaluation en matière administrative, économique et financière… »

Le contrôle classique de régularité des comptes publics est désormais complété par un contrôle de qualité de la gestion publique.

➡ Les missions de contrôle traditionnelles

De manière générale, l'IGF est organisée en divisions territoriales ou spéciales ayant à leur tête un inspecteur général et effectuant dans leur champ de compétence une mission de surveillance permanente.
En outre, traditionnellement, les inspecteurs des finances, organisés en brigades de cinq ou six membres, effectuent des contrôles plus ponctuels. Ils se déroulent sur place et sur pièces, le plus souvent de manière inopinée.

➥ Les missions d'audit, d'enquête ou d'évaluation

Ces nouvelles missions mobilisent désormais près des deux tiers des ressources de l'IGF et représentent quatre missions sur cinq. Elles tendent ainsi à prendre le pas sur les contrôles classiques, trop mobilisateurs de personnels et trop axés sur le contrôle de régularité.

– Les missions d'audit visent à apprécier l'efficacité et améliorer la performance des administrations, entreprises et organismes publics. Les inspecteurs se livrent à l'étude approfondie d'une structure (par exemple France Télévisions), d'un processus (par exemple l'achat public, la gestion de trésorerie de l'État, la paye des agents, ou d'une politique publique (par exemple les missions sur la gestion des minima sociaux).

– Les missions dites d'enquête portent sur des sujets plus ponctuels telle la mission sur la fraude à la prime pour l'emploi.

– Les missions d'évaluation portent sur les politiques publiques. L'IGF a par exemple effectué en 2006 une mission sur la valorisation de la recherche par les établissements publics en France comparée au secteur privé et à nos principaux partenaires étrangers.

Une autre évolution remarquable est la prise en compte grandissante de la dimension internationale dont l'IGF veut faire un de ses atouts et une spécificité face aux autres organismes de contrôle. Elle revendique ainsi la réalisation de plusieurs *benchmarks*, c'est-à-dire la détection et l'évaluation des meilleures pratiques étrangères dans de nombreux domaines, comme par exemple la régulation de la médecine de ville ou les systèmes statistiques publics nationaux.

Remarques critiques

Ce grand corps de l'État fait régulièrement l'objet de critiques abondamment relayées par les médias. Il lui est reproché parfois d'adopter un point de vue par trop financier sur les affaires de l'État ou de l'entreprise contrôlée comme ce fut par exemple le cas lors de la divulgation, par suite d'une indiscrétion, du rapport très critiqué sur le CNRS en 2004. Il est aussi reproché à ces énarques la pratique du pantouflage qui leur fait trop vite préférer après une scolarité rémunérée à l'ENA les salaires sans commune mesure à la tête des grandes entreprises plutôt que le service de l'État.

La médiatisation des échecs de certains des membres de ce « club le plus puissant de France » (*Challenges*, 1994) devenus PDG de banques ou de grandes entreprises ne doit cependant pas occulter la prestigieuse carrière d'autres de ses membres (Valéry Giscard d'Estaing, Jacques Chaban Delmas, Laurent Fabius, par exemple). Une rivalité existe entre ce service du MINEFI et la Cour des comptes sur le terrain de l'audit ; la LOLF en renforçant le rôle de la Cour des comptes dans son rôle d'assistance au Parlement et au Gouvernement l'a rendue plus manifeste encore. Reste cependant la forte légitimité technique de cette institution.

4 • Le comité interministériel d'audit des programmes (CIAP)

Ce service d'inspection rattaché au MINEFI est présidé par un membre de l'Inspection générale des finances. Il a été créé pour apporter au Gouvernement « une garantie sur la pertinence et la fiabilité des informations contenues dans les projets annuels de performances (PAP) et les rapports annuels de performances (RAP) ».

Ces documents donnent leur pleine dimension aux programmes contenus dans les missions, l'audit de leur contenu est donc essentiel au regard de l'impératif de qualité de l'information donnée au Parlement à l'appui des projets de lois de finances. En outre, par sa composition, le CIAP est à même de porter un regard

La convergence de la réforme budgétaire et de la réforme de l'État a impulsé une démarche globale et systématique « d'audits de modernisation » des administrations de l'État.

Les audits sont déclenchés par vagues, tous les deux mois, dans chaque ministère.

Les audits sont menés par des équipes d'inspecteurs issus du ministère concerné, d'autres ministères, ainsi qu'éventuellement des consultants privés extérieurs à l'administration choisis par la voie de l'appel d'offre.

À côté de ces audits, il faut faire mention spécifique de l'audit de modernisation des achats publics dont la vocation est transversale et thématique.

CIAP :
Comité interministériel d'audit des programmes.

homogène et transversal : chaque ministère ayant la responsabilité d'une mission du budget de l'État désigne un représentant issu d'un de ses corps d'inspection ministériel (quinze membres).

3 LES CONTRÔLES EXTERNES

CDBF :
Cour de discipline budgétaire et financière.

Le contrôle politique exercé par le Parlement ne doit pas être oublié comme participant de ces contrôles externes à l'administration des finances. Des contrôles sont également effectués par les juridictions financières, pour autant il n'existe pas d'ordre juridictionnel financier aux côtés des ordres juridictionnels administratif et judiciaire. Les juridictions financières sont des juridictions administratives spécialisées ; en conséquence, les chambres régionales des comptes relèvent en appel de leurs décisions juridictionnelles de la Cour des comptes, laquelle relève pour ses propres arrêts de la cassation devant le Conseil d'État. Il en est de même de la Cour de discipline budgétaire et financière.

Le contrôle des comptes de comptables publics exercé par la Cour des comptes est de nature juridictionnelle. Le contrôle de la gestion de fait exercé par la Cour et les contrôles qui incombent à la CDBF sont également de nature juridictionnelle et qui plus est répressif.

Les contrôles qui incombent aux juridictions financières revêtent eux-mêmes une grande diversité de nature. Le contrôle des comptes de comptables publics exercé par la Cour des comptes est de nature juridictionnelle. Le contrôle de la gestion de fait exercé par la Cour et les contrôles qui incombent à la CDBF sont également de nature juridictionnelle et, qui plus est, répressif puisqu'il donne lieu au prononcé d'amendes (à ne pas confondre avec les amendes pénales). Le contrôle de la gestion que la Cour des comptes effectue sur nombre d'organismes a cependant une nature purement administrative. Il en résulte un rapport et non une décision juridictionnelle ayant autorité de chose jugée.

CJF :
Code des juridictions financières.

L'ensemble des textes législatifs relatifs aux juridictions financières a fait l'objet d'une codification par des lois intervenue en 1994 et 1995 dans le code des juridictions financières (CJF).

A LES JURIDICTIONS FINANCIÈRES FACE AU DROIT DE LA CEDH

Cette dualité de compétences juridictionnelles et non juridictionnelles au sein des juridictions n'a pas été sans entraîner des interrogations quant à leur indépendance et à l'impartialité de leurs membres, conditions *sine qua non* de la légitimité et de la légalité du fonctionnement d'une instance juridictionnelle au regard de l'article 6-1 de la Convention européenne des droits de l'homme. La première étape était l'admission, après tergiversations jurisprudentielles, de l'applicabilité de cet article aux juges financiers notamment dans un premier arrêt du Conseil d'État relatif à la Cour de discipline budgétaire et financière en date du 30 novembre 1998, Lorenzi. Sur cette base, la jurisprudence du Conseil d'État a été amenée à faire évoluer l'organisation et le fonctionnement de ces juridictions en accordant les garanties appropriées d'application au principe d'impartialité.

Dans l'arrêt d'assemblée en date du 23 février 2000, Société Labor Métal, le Conseil d'État a jugé, s'agissant de la Cour des comptes que « eu égard à la nature des pouvoirs du juge des comptes et aux conséquences de ses décisions pour les intéressés, tant le principe d'impartialité que celui des droits de la défense font obstacle à ce qu'une décision juridictionnelle prononçant la gestion de fait soit régulièrement rendue par la Cour des comptes alors que, comme en l'espèce, celle-ci a précédemment évoqué cette affaire dans un rapport public en relevant l'irrégularité des faits ».

La loi du 21 décembre 2001 a d'ailleurs pris acte de cette exigence en ajoutant un alinéa à l'article L. 140-7 CJF excluant de manière systématique le rapporteur du délibéré lorsque la Cour statue en matière de gestion de fait et amendes. Cette jurisprudence a entraîné d'autres décisions dans le même sens, s'agissant des autres juridictions financières. Ce fut le cas notamment pour les chambres régionales des comptes dans l'arrêt de section SA Entreprises Ratzel frères en date du 6 avril 2001.

Les conséquences de l'arrêt de la CEDH Martinie c/ France du 12 avril 2006 ont abouti à des modifications des textes en vigueur, notamment du Code des juridictions financières. La loi du 28 octobre 2008 et ses deux décrets d'application du 19 décembre 2008 ont profondément réformé les procédures juridictionnelles tant devant la Cour des comptes que devant les chambres régionales des comptes. Ces procédures sont désormais adaptées aux exigences de la Convention européenne de sauvegarde des droits de l'homme et des libertés fondamentales.

De nouvelles garanties procédurales sont accordées au comptable public :

– Les fonctions d'instruction, de poursuite et de jugement sont désormais séparées : toute procédure contentieuse ne peut être ouverte que par un réquisitoire du ministère public. Le rapporteur et, comme c'était déjà le cas, le ministère public ne peuvent ni participer ni assister au délibéré.

– Le caractère contradictoire de la procédure est renforcé et les audiences publiques sont généralisées. L'obligation est posée d'une audience publique avant toute mise en débet.

– Le rapport ainsi que des conclusions du ministère public sont communicables aux parties avant l'audience.

– L'efficacité de la procédure est également renforcée du fait de sa simplification par la suppression de la règle du double arrêt et par la réduction des délais.
La loi est entrée en vigueur le 1er janvier 2009. Elle ne s'applique cependant pas aux suites à donner aux procédures en cours ayant donné lieu à des décisions juridictionnelles prises à titre provisoire et notifiées avant le 1er janvier 2009.

De nouvelles garanties procédurales sont accordées au comptable public :
– Les fonctions d'instruction, de poursuite et de jugement sont désormais séparées.
– Le caractère contradictoire de la procédure est renforcé et les audiences publiques sont généralisées.
– Le rapport ainsi que des conclusions du ministère public sont communicables aux parties avant l'audience.

B LA COUR DES COMPTES

Créée par la loi du 16 septembre 1807 par Napoléon Ier, cette prestigieuse institution héritière des chambres des comptes d'Ancien Régime a choisi pour devise de « faire régner l'ordre par la lumière ». Son adresse est illustre ; elle siège rue Cambon. Son existence est mentionnée dans les articles 47 et 47-1 de la Constitution à raison de son rôle d'assistance au parlement et au Gouvernement en matière de contrôle de l'exécution des lois de finances et de lois de financement de la Sécurité sociale. Ce rôle est sorti renforcé de la réforme de la loi organique relative aux lois de finances du 1er août 2001 qui en détaille le contenu dans son article 58. La reconfiguration de l'ancienne déclaration de conformité, devenue certification de la régularité, de la sincérité et de la fidélité des comptes publics jointe au projet de loi de règlement, est par exemple une pièce maîtresse à l'appui du contrôle parlementaire.

Créée par la loi du 16 septembre 1807 par Napoléon Ier, cette prestigieuse institution héritière des chambres des comptes d'Ancien Régime a choisi pour devise de « faire régner l'ordre par la lumière ».

1 • L'organisation de la Cour des comptes

Son régime actuel a été fixé par la loi du 22 juin 1967 modifiée à plusieurs reprises notamment en 1982 lorsque furent créées les chambres régionales des comptes.

Son régime actuel a été fixé par la loi du 22 juin 1967 modifiée à plusieurs reprises notamment en 1982 lorsque furent créées les chambres régionales des comptes.

➡ Le personnel de la Cour des comptes
Le premier président, actuellement Didier Migaud, est nommé par décret en Conseil des ministres tout comme le procureur général. Il « est chargé de la direction générale de la Cour des comptes » (article R 112-3 CJF).
Les membres de la Cour sont au nombre de deux cents environ, ayant la qualité de magistrats. Les auditeurs sont issus de l'ENA, les conseillers référendaires et les conseillers maîtres sont promus à l'ancienneté, mais voient leurs rangs s'étoffer et leurs profils se diversifier par le tour extérieur qui permet l'intégration de fonctionnaires d'autres horizons. Leur indépendance est garantie ; ils prêtent serment,

bénéficient de l'inamovibilité et se voient opposer l'incompatibilité de leurs fonctions avec un mandat parlementaire ou la fonction d'administrateur.
D'autres fonctionnaires participent aux travaux de la Cour sans avoir le statut de magistrats. Il s'agit des dix conseillers-maîtres en service extraordinaire. Nommés pour quatre ans, ils ne participent pas aux activités juridictionnelles. Une soixantaine d'assistants de vérification assistent les magistrats dans leurs tâches.
La Cour comprend en outre un Parquet général dirigé par un procureur général, lequel est choisi discrétionnairement par le gouvernement et ne bénéficie pas de l'inamovibilité. Trois avocats généraux sont en outre choisis parmi les magistrats de la Cour. Aux termes de l'article L. 112-2 CJF, « le procureur général exerce le ministère public » ; il veille en outre « au bon exercice du ministère public près les chambres régionales et territoriales des comptes ». Il peut enfin, aux termes de l'article L. 243-1 CJF, faire appel devant la Cour des comptes de tout jugement prononcé à titre définitif par la chambre régionale des comptes.

> Trois avocats généraux sont choisis parmi les magistrats de la Cour.

➥ Le fonctionnement de la Cour des comptes

Le principe premier de fonctionnement de la Cour en tant que juridiction est celui de la collégialité. Les formations de base sont les chambres. Depuis 1985, elles sont au nombre de sept, composées chacune d'une trentaine de magistrats et rapporteurs avec à leur tête un président de chambre. Ces chambres se subdivisent en un nombre variable de sections spécialisées. Outre ces formations de base, la Cour se réunit en différentes formations délibérantes plus ou moins prestigieuses que sont les formations interchambres, les chambres réunies, la chambre du conseil ou encore la réunion de tous les magistrats en audience solennelle.

> Le principe premier de fonctionnement de la Cour en tant que juridiction est celui de la collégialité.

La place de la Cour des comptes dans le dispositif des contrôles financiers est tout à fait fondamentale et qui plus est, en pleine évolution. Il y a plusieurs raisons à ce rayonnement. La Cour est tout d'abord en dialogue avec ses homologues dans nombre de pays, elle l'est aussi avec la Cour des comptes européenne.
L'influence de la Cour des comptes s'étend en outre bien au-delà de l'institution elle-même. Les nombreuses présidences que son premier président assume par ailleurs, telle celle de la CDBF, ou encore la présence de ses magistrats dans divers organismes, tel le Conseil des impôts, font de la Cour des comptes une juridiction majeure. Enfin, la réforme du cadre budgétaire constitutionnel engagé par la LOLF en 2001 renforce le rôle de la Cour des comptes dans le dispositif d'évaluation des politiques publiques. Au-delà du renforcement de ses compétences, c'est la légitimité même de l'institution qui s'en trouve renforcée.

> La place de la Cour des comptes dans le dispositif des contrôles financiers est fondamentale et en pleine évolution. Il y a plusieurs raisons à ce rayonnement. La Cour est tout d'abord en dialogue avec ses homologues dans nombre de pays, elle l'est aussi avec la Cour des comptes européenne.

2 • Le contrôle de nature juridictionnelle des comptes publics

L'article Ier de la loi du 22 juin 1967, aujourd'hui codifié à l'article L. 111-1 du CJF, dispose que « la Cour des comptes juge les comptes des comptables publics ». C'est un point de départ fondamental pour comprendre la spécificité de ce contrôle et le mécanisme de la responsabilité des comptables publics ainsi que la portée de la réforme des procédures juridictionnelles issue de la loi du 28 octobre 2008.
Même si, depuis la création des CRC, les comptables publics locaux voient leurs comptes jugés par celles-ci, la Cour des comptes est saisie d'office par le dépôt obligatoire du compte de gestion qui doit intervenir au plus tard le 31 juillet de l'année suivante. Le non-respect de cette obligation est sanctionné par des amendes qu'elle prononcera pour retard dans la production des comptes.

➥ Un contrôle de nature juridictionnelle

Le contrôle des comptes de comptables publics est de nature juridictionnelle et son aboutissement est un arrêt.
Le principe du contradictoire s'y manifestait jusqu'à la réforme d'octobre 2008 par la règle du double arrêt. Dans un premier temps, suite à l'instruction menée par le rapporteur et le contre-rapporteur, la Chambre rendait un arrêt provisoire notifié

au comptable public, l'informant des charges retenues. L'intéressé pouvait présenter alors ses observations dans un délai de deux mois. L'arrêt définitif n'était pris qu'ensuite. Un arrêt de décharge, d'une manière générale, ou de quitus (lorsque le comptable quitte définitivement ses fonctions) est rendu lorsque le compte est régulier. Dans le cas contraire, la responsabilité du comptable sera engagée par un arrêt de débet. Cette procédure était applicable tant devant les chambres régionales des comptes que devant la Cour des comptes.
La réforme améliore l'efficacité des procédures et renforce son caractère juridictionnel. La règle du « double arrêt » est supprimée. Il est toutefois prévu, pour alléger la procédure, de pouvoir prononcer la décharge des comptables par ordonnance.
La marque de ce caractère juridictionnel se retrouve en outre dans l'appel qui peut être fait devant la Cour des comptes des jugements des CRC et dans la cassation qui peut être faite des arrêts de la Cour dans un délai de deux mois devant la juridiction administrative suprême de l'ordre administratif, à savoir le Conseil d'État.
De la même manière, une procédure de révision peut être ouverte si des éléments nouveaux apparaissent.

➡ Un contrôle objectif des comptes des comptables publics

La Cour juge les comptes et non pas les comptables publics. On comprend dès lors que soient concernés les comptables patents, mais aussi que les comptables de fait soient également justiciables de la Cour. Ce qui importe n'est pas l'absence de statut de comptable public, c'est qu'ils aient irrégulièrement détenu ou manié des deniers publics. Il suffit dès lors d'une irrégularité dans l'encaissement d'une recette ou dans le paiement d'une dépense ou du constat d'un déficit de caisse pour que le débet soit constitué indépendamment de toute appréciation des actes du comptable.
La procédure est essentiellement écrite et inquisitoire. Avant la réforme, elle était non publique, exception faite en toute logique des instances de nature répressive qui peuvent se dérouler devant elle lorsqu'elle est amenée à prononcer des amendes.
Afin de mieux répondre aux exigences de la Convention européenne de sauvegarde des droits de l'homme et des libertés fondamentales, cette procédure a été adaptée par la loi du 28 octobre 2008 ; ainsi le caractère contradictoire de la procédure est renforcé et les audiences publiques sont généralisées.

> La Cour juge les comptes et non pas les comptables publics.

➡ Un contrôle engageant la responsabilité pécuniaire personnelle du comptable public

Ce contrôle engage cependant la responsabilité pécuniaire du comptable public sur ses deniers personnels. C'est pourquoi il a la possibilité d'effectuer un recours devant le ministre des Finances. Ce dernier peut lui aussi, en tant que supérieur hiérarchique, engager la responsabilité des comptables publics. Cette procédure administrative dite de la double décision était calquée, sans en avoir bien entendu la nature juridictionnelle, sur le modèle de la règle du double arrêt.
Dans le cadre de ce contrôle ressurgit la subjectivité restée exclue de la procédure contentieuse puisque le ministre doit, en cas de force majeure, prononcer un arrêté de décharge. Plus encore, il peut, en vertu de son pouvoir discrétionnaire, être amené à prononcer une remise gracieuse de tout ou partie de la dette du comptable. Ces pouvoirs du ministre des Finances peuvent être interprétés soit comme une contradiction contestable de l'autorité de chose jugée, soit comme le nécessaire rééquilibrage par le supérieur hiérarchique du caractère objectif et donc systématique de la mise en débet, laquelle s'effectue indépendamment de toute appréciation de la bonne foi ou de l'absence de faute du comptable et peut donc se révéler parfois inéquitable.

> Le ministre des Finances peut lui aussi, en tant que supérieur hiérarchique, engager la responsabilité des comptables publics. Cette procédure administrative dite de la double décision était calquée, sans en avoir bien entendu la nature juridictionnelle, sur le modèle de la règle du double arrêt.

La loi d'octobre 2008 renforce cependant les prérogatives du juge des comptes en supprimant le pouvoir de remise gracieuse reconnu au ministre du Budget en matière d'amende. S'agissant des débets, la remise gracieuse ne peut plus être intégrale.

3 • Le contrôle de nature administrative : le contrôle de gestion

Aux termes de la loi du 22 juin 1967, la Cour « s'assure du bon emploi des crédits, fonds et valeurs » fait par les ordonnateurs. C'est un contrôle de l'ensemble de la gestion publique tant dans sa régularité au regard des textes en vigueur que dans sa qualité qui se traduit pour l'organisme concerné comme un véritable audit.

➡ L'étendue du contrôle

Le champ d'intervention de la Cour n'a eu de cesse que de s'élargir pour l'amener à contrôler non seulement les organismes publics eux-mêmes, c'est-à-dire ceux qui sont soumis aux règles de la comptabilité publique, mais toutes les personnes morales ayant, de manière plus ou moins directe, partie liée avec les financements publics.

C'est ainsi que sont susceptibles de faire l'objet d'un contrôle de gestion les organismes de Sécurité sociale depuis 1950, les entreprises publiques depuis 1976, les organismes d'intérêt général faisant appel à la générosité publique depuis 1991, les organismes de droit privé non soumis à la comptabilité publique mais recevant des aides financières de l'État ou des personnes publiques, les organismes délégataires de service public depuis 1995 et depuis 1996 les organismes bénéficiant de concours financiers de l'Union européenne. Dernières extensions de compétence en date, la Cour est depuis 2000 compétente pour contrôler les fédérations départementales de chasseurs, ou encore la loi du 12 avril 2000 relative aux droits des citoyens dans leurs relations avec l'administration qui lui confie le contrôle des organismes collectant des versements libératoires d'une obligation légale telle la taxe d'apprentissage.

➡ Les modalités et les suites du contrôle

De nature administrative, le contrôle de gestion trouve ses limites dans l'opportunité des choix faits par le gestionnaire. Il revêt plusieurs formes auxquelles il est donné une plus ou moins grande publicité.

> Le contrôle de gestion trouve ses limites dans l'opportunité des choix faits par le gestionnaire.

Le contrôle de gestion donne lieu pour chacun des organismes concernés à un rapport particulier en principe confidentiel auquel la Cour peut décider de donner ou non un caractère public en l'insérant dans son rapport public. Le rapport diffusé par la Cour mettant par exemple en évidence certains dysfonctionnements de l'ARC (Association de recherche contre le cancer) a permis, après le scandale ainsi provoqué dans l'opinion publique, d'assainir l'appel à la générosité publique en la matière.

En raison des pouvoirs d'investigation quasi illimités des rapporteurs, de l'impact que peuvent avoir ces rapports et bien qu'il ne s'agisse pas d'une procédure juridictionnelle, des garanties ont dû accordées pour assurer le principe du contradictoire aux responsables et aux personnes nommées dans ces rapports. Ils ont donc le droit de formuler des observations en réponse, lesquelles figureront en annexe du rapport, et à demander à être auditionnés.

> En raison des pouvoirs d'investigation quasi-illimités des rapporteurs, de l'impact que peuvent avoir ces rapports et bien qu'il ne s'agisse pas d'une procédure juridictionnelle, des garanties ont dû accordées pour assurer le principe du contradictoire aux responsables et aux personnes nommées dans ces rapports.

Ces rapports particuliers ne doivent pas être confondus avec les rapports publics particuliers que la Cour rédige depuis 1991 sur des thèmes spécifiques de son choix : plusieurs rapports ont été ainsi réalisés en matière de fonction publique, d'État (2000), territoriale (2001), hospitalière (2002), mais ils peuvent porter sur des questions très diverses telles les services publics de l'eau et de l'assainissement ou les musées nationaux.

Il faut enfin mentionner le rapport public annuel de la Cour des comptes. Confidentiel à ses débuts, public depuis 1983, il a pour destinataire le chef de l'État.

Il est attendu chaque année et remarqué à l'occasion de sa publication par les médias, il est devenu une caisse de résonance des travaux de la Cour de première importance à l'égard du public.
Les suites du contrôle ont des portées variables. Le référé tout d'abord émane du premier président et s'adresse à un ministre, celui-ci doit répondre dans un délai de trois mois aux remarques critiques qui lui sont adressées (soulevant par exemple des lacunes dans la réglementation existante). Les autorités concernées se voient également adresser des lettres des présidents de chambre. Le Parquet peut faire parvenir ses « notes » aux préfets et chefs de service qui ont un délai de deux mois pour y apporter réponse.

> Les suites du contrôle ont des portées variables. Le référé tout d'abord émane du premier président et s'adresse à un ministre. Les autorités concernées se voient également adresser des lettres des présidents de chambre. Le Parquet peut faire parvenir ses « notes » aux préfets et chefs de service.

C LA COUR DE DISCIPLINE BUDGÉTAIRE ET FINANCIÈRE (CDBF)

Cette juridiction financière répressive de l'ordre administratif a été créée tardivement par la loi du 25 septembre 1948, en grande partie dans le but de rééquilibrer la responsabilité des gestionnaires, notamment des ordonnateurs, au regard de celle particulièrement rigoureuse des comptables publics. La volonté initialement affichée a cependant fait long feu car son organisation comme ses compétences et la procédure applicables réduisent considérablement l'effectivité de son contrôle. Le décret du 17 juin 2005 modifiant le livre III du CJF a réformé son fonctionnement sans qu'il ne faille cependant beaucoup attendre de changements apportés.

1 • Le fonctionnement de la CDBF

➥ Composition de la CDBF

Sa composition la rend en grande partie dépendante de la Cour des comptes dans les locaux de laquelle elle siège d'ailleurs. Elle est composée de douze membres depuis la réforme du décret du 17 juin 2005, se répartissant entre conseillers maîtres près de la Cour des comptes et conseillers d'État.
Ce décret a élargi la composition de la Cour et du champ des personnes susceptibles d'être nommées. La règle de parité entre les membres issus de la Cour des comptes et du Conseil d'État est conservée par la réforme. Le premier président de la Cour des comptes préside la CDBF. Le président de la section des finances du Conseil d'État en est le vice-président. Cinq membres sont issus du Conseil d'État et cinq autres de la Cour des comptes.
Le ministère public reste assuré par le procureur général près la Cour des comptes.

> Sa composition la rend en grande partie dépendante de la Cour des comptes dans les locaux de laquelle elle siège d'ailleurs. Elle est composée de douze membres.

➥ La saisine de la CDBF

Par l'intermédiaire du ministère public, seules les autorités suivantes peuvent saisir la Cour : le président de l'Assemblée nationale, le président du Sénat, le Premier ministre, le ministre chargé des Finances, les autres membres du Gouvernement pour les faits relevés à la charge de fonctionnaires et d'agents placés sous leur autorité, la Cour des comptes, les chambres régionales des comptes. Enfin, le procureur général près la Cour des comptes peut la saisir de sa propre initiative.

➥ Les justiciables de la CDBF

Les justiciables de la CDBF sont les membres des cabinets ministériels, les fonctionnaires et les agents des collectivités territoriales et de leurs établissements publics ainsi que les personnes gérant les organismes soumis au contrôle de la Cour des comptes. Toutefois les ministres ainsi que les exécutifs locaux, maires, présidents de conseil général et de conseil régional, c'est-à-dire en réalité tous les acteurs politiques ayant réel pouvoir de décision ne peuvent être déférés devant cette juridiction. La raison essentielle de cette exclusion est l'invocation de la responsabilité politique plus globale qui existerait en lieu et place d'une responsabilité financière. L'irresponsabilité et l'impunité des décideurs sont toutefois le risque d'un tel état du droit sachant qu'une réforme en la matière serait extrêmement périlleuse à mener.

> Les justiciables de la CDBF sont les membres des cabinets ministériels, les fonctionnaires et les agents des collectivités territoriales et de leurs établissements publics ainsi que les personnes gérant les organismes soumis au contrôle de la Cour des comptes.

La loi dite Sapin, du 29 janvier 1993, relative à la prévention de la corruption et la transparence de la vie économique et des procédures publiques a réintroduit les ordonnateurs élus locaux, c'est-à-dire les exécutifs locaux, dans le champ de compétence de la Cour.

La loi dite Sapin, du 29 janvier 1993, relative à la prévention de la corruption et la transparence de la vie économique et des procédures publiques a toutefois réintroduit les ordonnateurs élus locaux, c'est-à-dire les exécutifs locaux, dans le champ de compétence de la Cour. Quatre cas de figure seulement sont concernés :
– l'utilisation de leur droit de réquisition pour obtenir un avantage injustifié en cas de refus d'exécution d'une dépense par le comptable ;
– inexécution totale ou partielle d'une décision juridictionnelle ayant provoqué la condamnation de leur collectivité à une astreinte ;
– le non-respect de l'obligation de mandater ou d'ordonnancer la somme qu'une collectivité a été condamnée à payer par une décision juridictionnelle passée en autorité de chose jugée ;
– enfin, leur responsabilité peut être engagée lorsqu'ils agissent dans le cadre d'activités qui ne constituent pas l'accessoire obligé de leurs fonctions électives.

2 • Les compétences de la CDBF

La Cour a une compétence d'attribution : ce ne sont pas toutes les fautes de gestion qui sont susceptibles de lui être déférées mais une série limitative d'infractions.

La Cour a une compétence d'attribution : ce ne sont pas toutes les fautes de gestion qui sont susceptibles de lui être déférées mais une série limitative d'infractions.

– Il s'agit tout d'abord des infractions aux règles de comptabilité publique. L'article L. 313-4 CJF prévoit une infraction « aux règles relatives à l'exécution des recettes et des dépenses » (par exemple fausse imputation d'une dépense pour dissimuler un dépassement de crédit).

– Ce sont en deuxième lieu les infractions à la morale administrative qui consistent notamment dans le fait de procurer « à autrui un avantage injustifié, pécuniaire ou en nature, entraînant un préjudice pour le Trésor, la collectivité ou l'organisme intéressé » (article L. 313-6 CJF).

– Une incrimination plus récente, dite « nouvelle faute de gestion », résulte de la loi du 28 novembre 1995 adoptée en réaction de l'affaire du redressement du Crédit Lyonnais afin de mieux protéger les intérêts financiers de l'État. L'article L. 313-7-1 qui intègre ces dispositions au CJF dispose que toute personne chargée de responsabilités au sein d'une entreprise publique « qui, dans l'exercice de ses fonctions, aura causé un préjudice grave à cet organisme, par des agissements manifestement incompatibles avec les intérêts de celui-ci, par des carences graves dans les contrôles qui lui incombaient ou par des omissions ou négligences répétées dans son rôle de direction » sera passible de l'amende prévue à l'article L. 313-1 [...] dont le minimum ne pourra être inférieur à 150 euros et dont le maximum pourra atteindre le montant du traitement ou salaire brut annuel qui lui était alloué à la date à laquelle le fait a été commis ».

– Le non-respect de l'autorité de la chose jugée est également un chef de saisine de la Cour à double titre. L'article L. 313-7 concerne les agissements ayant « entraîné la condamnation d'une personne morale de droit public ou d'un organisme de droit privé chargé de la gestion d'un service public à une astreinte en raison de l'inexécution totale ou partielle ou de l'exécution tardive d'une décision de justice ». La personne est passible d'une amende dont le minimum ne pourra être inférieur à 300 euros et dont le maximum pourra atteindre le montant du traitement ou salaire brut annuel qui lui était alloué à la date où la décision de justice aurait dû recevoir exécution.

– L'article L. 313-12 issu de la loi du 16 juillet 1980 relative aux astreintes prononcées en matière administrative et à l'exécution des jugements par les personnes morales de droit public concerne les cas de manquement aux dispositions de cette loi, les personnes étant alors passibles d'une amende.

Ces différentes limitations du cadre de fonctionnement de la Cour expliquent pourquoi son fonctionnement est si peu effectif ; on compte 170 arrêts à son actif à ce jour.

EN PRATIQUE

SUJET DE DISSERTATION

COUR DES COMPTES ET CEDH

Introduction rédigée :

Alors que les juridictions administratives avaient déjà croisé le fer avec la Cour européenne des droits de l'homme, c'est désormais au tour des juridictions financières d'être interrogées sur leurs pratiques et leur compatibilité avec l'article 6-1 de la CEDH qui prévoit les conditions du déroulement d'un procès équitable.

La première interrogation a porté sur l'indépendance des membres de la Cour des comptes. La dualité des compétences de la Cour en matière juridictionnelle et non juridictionnelle a d'abord été soulevée. Fallait-il appliquer l'article 6 aux juridictions financières ?

Enfin, la présence du rapporteur lors du délibéré a également interrogé sur la compatibilité de présence avec le respect du droit au procès équitable et à l'impartialité.

Après quelques errements jurisprudentiels, ce sont, au final, les droits de la défense qui ont été favorisés, contraignant la Cour à quelques adaptations.

Plan :

I. La remise en cause du fonctionnement de la Cour au regard de la CEDH

- A. La critique de la dualité fonctionnelle de la Cour des comptes et de sa compatibilité avec la CEDH
- B. L'extension de l'article 6-1 au fonctionnement de la Cour des comptes

II. La progression de la protection des droits de la défense devant la Cour des comptes

- A. La critique de la présence du rapporteur durant le délibéré
- B. La progression des garanties procédurales pour la mise en débat

DANS L'AIR DU TEMPS

- Le contrôle de l'emploi des deniers publics est-il efficace ?
- De quelles façons, le droit budgétaire traduit-il le principe fondamental inscrit dans la Déclaration des droits de l'homme selon laquelle « la société a le droit de demander compte à tout agent public de son administration » ?
- Les principes et l'efficacité des différents contrôles des finances de l'État.
- Les principaux et différents contrôles des finances de l'État.

EN PRATIQUE

QRC

- Cour des comptes et certification.
- Est-il nécessaire que la Cour des comptes soit une juridiction ?
- Cour des comptes et CEDH.
- Le rôle de la Cour des comptes auprès du Parlement.

QCM

1. Le contrôle financier central :

- A. a été mis en œuvre pour la première fois en 1890
- B. a été consacré afin de prévenir les dépassements de crédits effectués par les ministères
- C. impose à chaque ministre de tenir une double comptabilité
- D. se conclut par l'octroi du visa à deux moments différents du processus de la dépense

2. La certification des comptes de l'État :

- A. est effectuée chaque année par la Cour des comptes
- B. est jointe au projet de loi de finances
- C. est opérée par un cabinet d'audit agréé par le ministre des Finances
- D. n'existe pas en droit budgétaire français

3. Le contrôle externe :

- A. est exercé par le Parlement au travers de son contrôle politique de la loi de finances
- B. est exercé par des juridictions financières
- C. est exercé par l'Inspection générale des finances
- D. est exercé par des auditeurs appartenant au secteur privé

4. La Cour des comptes :

- A. rend un rapport public annuel au Parlement
- B. effectue un contrôle en légalité et en opportunité
- C. est une juridiction
- D. date de 1810

5. La Cour de discipline budgétaire et financière :

- A. juge des comptes des comptables publics
- B. juge des comptes des ministres
- C. a une compétence d'attribution
- D. a pour justiciables les membres des cabinets ministériels

6. Les ministres :

- A. sont responsables politiquement
- B. sont irresponsables financièrement
- C. sont justiciables de la Cour des comptes
- D. ne sont pas justiciables de la Cour de discipline budgétaire et financière

CHAPITRE 8

ÉLÉMENTS DE DROIT FISCAL

Toutes les lois de finances de l'année commencent de la même manière, à savoir en réitérant le consentement hautement symbolique de l'impôt. Voici l'exemple de la loi de finances en vigueur depuis le 1er janvier 2008 :

> Loi du 27 décembre 2008 de finances pour 2009
>
> PREMIÈRE PARTIE : CONDITIONS GÉNÉRALES DE L'ÉQUILIBRE FINANCIER
> TITRE IER : DISPOSITIONS RELATIVES AUX RESSOURCES
> I. IMPÔTS ET RESSOURCES AUTORISÉS
> A. – Autorisation de perception des impôts et produits
> Article 1 : I. – La perception des impôts, produits et revenus affectés à l'État, aux collectivités territoriales, aux établissements publics et organismes divers habilités à les percevoir continue d'être effectuée pendant l'année 2009 conformément aux lois et règlements et aux dispositions de la présente loi.

Les trois caractéristiques du système fiscal français :
- sa sophistication ;
- le réalisme du droit fiscal ;
- l'exorbitance des pouvoirs de l'administration fiscale.

Le système fiscal français peut être appréhendé à partir de trois de ses caractéristiques. Son extrême sophistication tout d'abord tient en grande partie au souci historique du législateur de parvenir à répondre à la double logique de recherche de rendement de l'impôt, mais aussi de justice de l'impôt posé par la Déclaration de 1789, chacun devant payer « en fonction de ses capacités contributives ». Ces deux impératifs sont tout autant indissociables que difficiles à concilier.

Une autre dimension de l'impôt tend d'ailleurs à s'imposer, à savoir le recours à la fiscalité comme instrument d'interventionnisme économique. La technique de la dépense fiscale doit en ce sens être remarquée en ce qu'elle permet à l'État, notamment par le jeu d'exonérations, de financer des politiques publiques. Le manque à gagner qui en résulte s'analyse comme une modalité de financement des interventions étatiques dans le secteur de l'économie, du social ou encore de l'environnement.

Les impôts existants peuvent s'apprécier au regard des critères fournis par le Conseil des impôts dans une formule aussi synthétique que précise : « un bon impôt doit être socialement juste, économiquement raisonnable, techniquement simple et rapportant aux caisses du Trésor public. »

La deuxième caractéristique réside dans le souci de réalisme du droit fiscal, à savoir sa capacité à accéder à la matière imposable sans que puissent faire interférence des considérations juridiques extérieures à la problématique d'imposition propre au droit fiscal. Ainsi, il n'importe guère aux yeux du droit fiscal que les revenus d'une personne procèdent d'un exercice légal ou illégal de la médecine ; l'imposition se fera sans préjuger d'autres traitements juridiques du problème, notamment par le droit pénal.

La troisième caractéristique du droit fiscal est d'occuper une place à part dans le droit des finances publiques. Il est le droit de l'exorbitance des pouvoirs de l'administration fiscale par excellence. Les droits reconnus au contribuable face à ses pouvoirs de contrôle et les garanties, qui lui sont accordées dans le cadre contentieux, tendent à rééquilibrer ce rapport de force conformément aux exigences d'un État de droit.

Enfin, la fiscalité française connaît actuellement trois phénomènes majeurs :
- la montée en puissance de la fiscalité affectée à travers la fiscalité sociale ;
- la confrontation de la rentabilité de la fiscalité proportionnelle et de la nécessité d'une fiscalité adaptée aux fonctions contributives des contribuables ;
- la concurrence fiscale grandissante entre les États. Entre évasion fiscale et fraude fiscale, les systèmes fiscaux deviennent interdépendants rendant ainsi le débat et les choix fiscaux particulièrement complexes et toute réforme périlleuse car propice à la polémique.

1 ÉLÉMENTS DE THÉORIE DE L'IMPÔT

A LES NOTIONS-CLÉS : LES PRÉLÈVEMENTS OBLIGATOIRES ET LES IMPOSITIONS DE TOUTES NATURES

1 • La notion de prélèvements obligatoires

L'INSEE donne une série de définitions. Les prélèvements obligatoires sont les impôts (y compris les taxes) et « cotisations sociales effectives » reçues par les administrations publiques et les institutions européennes. Depuis la loi du 20 avril 2005, il existe un Conseil des prélèvements obligatoires dont le rapport annuel est une source précieuse d'information tant pour l'opinion publique que pour les parlementaires. Il est en effet présenté par le Gouvernement à l'ouverture de la session ordinaire du Parlement en vue de l'examen et du vote du projet de loi de finances et du projet de loi de financement de la Sécurité sociale de l'année suivante (article 52 LOLF).

Depuis la loi du 20 avril 2005, il existe un Conseil des prélèvements obligatoires dont le rapport annuel est une source précieuse d'information présentée par le Gouvernement.

Les cotisations sociales effectives (c'est-à-dire réellement versées) sont l'ensemble des versements que les individus et leurs employeurs effectuent aux administrations de Sécurité sociale et aux régimes privés. Elles se décomposent en cotisations à la charge des employeurs, cotisations à la charge des salariés, et cotisations à la charge des travailleurs indépendants et des personnes n'occupant pas d'emploi. Sont exclues certaines cotisations sociales même obligatoires mais non versées à des administrations publiques telles les cotisations aux ordres professionnels. Ne sont pas non plus comptabilisés certains prélèvements telle la redevance télévisuelle ou les droits de timbre sur les permis de conduire ou les cartes grises par exemple. Ils sont considérés comme n'ayant pas un caractère obligatoire puisqu'ils découlent d'un acte « volontaire » du redevable.

Les cotisations sociales effectives sont l'ensemble des versements que les individus et leurs employeurs effectuent aux administrations de Sécurité sociale et aux régimes privés.

Les administrations publiques forment l'ensemble des unités institutionnelles dont la fonction principale est de produire des services non marchands ou d'effectuer des opérations de redistribution du revenu et des richesses nationales. Elles tirent la majeure partie de leurs ressources de contributions obligatoires. Le secteur des administrations publiques comprend les administrations publiques centrales, les administrations publiques locales et les administrations de Sécurité sociale.

Les administrations publiques forment l'ensemble des unités institutionnelles dont la fonction principale est de produire des services non marchands ou d'effectuer des opérations de redistribution du revenu et des richesses nationales.

En milliards d'euros	**2007**	**2008**	**2009**
État	272,2	274,1	277,9
Organismes divers d'administration centrale	18,2	18,4	22,8
Administrations publiques locales	107,5	112,3	117,2
Administrations de Sécurité sociale	416,1	435,7	450,3
Union européenne	4,9	5,2	5,1
Total	**818,9**	**845,7**	**873,2**
En points de PIB			
État	14,4 %	14,0 %	13,8 %
Organismes divers d'administration centrale	1,0 %	0,9 %	1,1 %
Administrations publiques locales	5,7 %	5,7 %	5,8 %
Administrations de Sécurité sociale	22,0 %	22,2 %	22,3 %
Union européenne	0,3 %	0,3 %	0,3 %
Taux de prélèvements obligatoires	**43,3 %**	**43,2 %**	**43,2 %**

Source : direction générale du Trésor et de la Politique économique

← **ÉVOLUTION DES PRÉLÈVEMENTS OBLIGATOIRES DE 2007 À 2009**

Le taux de prélèvements obligatoires en France se situe au-dessus de celui des grands pays développés. C'est un indicateur synthétique très utile ; cependant la comparaison internationale de ces chiffres présente une grande complexité.

Les prélèvements obligatoires ont augmenté en 2006. Cette hausse est imputable principalement à la croissance des bases d'imposition et, de façon plus marginale, des mesures nouvelles.

Le taux de prélèvements obligatoires en France se situe au-dessus de celui des grands pays développés. Pour 2004, la moyenne des pays de l'OCDE se situait à 36,3 % ; la France présente un taux supérieur à celui du Royaume-Uni (36,1 %), de l'Allemagne (34,6 %), des États-Unis (25,4 %) et du Japon (25,3 %). C'est un indicateur synthétique très utile ; cependant la comparaison internationale de ces chiffres présente une grande complexité car le mode de financement notamment de la protection sociale ou des retraites n'est pas le même dans tous ces pays. Les cotisations sociales versées à des organismes privés ne sont en effet pas comptabilisées.

Taux de prélèvements obligatoires dans les principaux pays de l'OCDE en 2006 (en % du PIB)

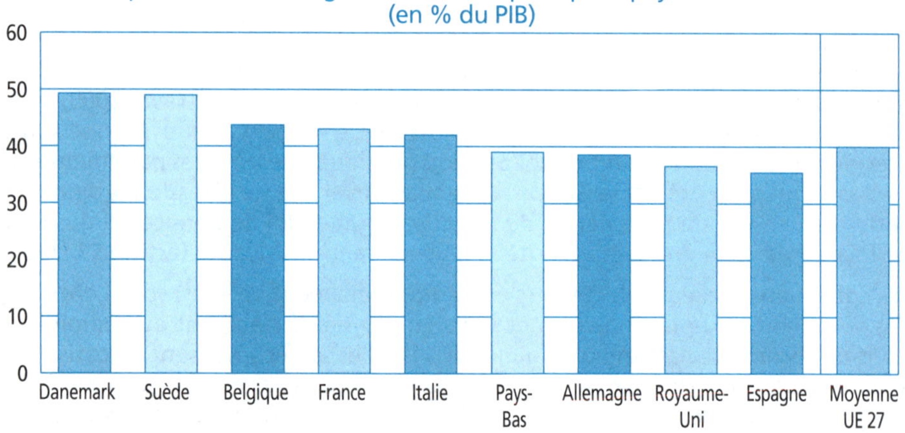

Source : statistiques des recettes publiques de l'OCDE, Eurostat, 2007.

La structure des prélèvements obligatoires n'est pas non plus la même selon les pays. Le poids des cotisations sociales par rapport à celui de l'impôt est un élément d'analyse fondamental.

2 • La notion d'impositions de toutes natures

L'article 34 de la Constitution de 1958 délaisse le mot impôt pour retenir la notion d'« imposition de toutes natures », plus propre à désigner la nature fiscale de certains prélèvements publics obligatoires. Cette qualification revêt des enjeux majeurs, à commencer par la compétence exclusive du Parlement en matière de fiscalité.

Article 34 de la Constitution du 4 octobre 1958 : « La loi détermine les règles... concernant l'assiette, le taux et les modalités des impositions de toutes natures. »

Au regard de la jurisprudence, cette notion englobe, pour désigner les prélèvements de nature fiscale, les impôts et les taxes dans cette catégorie générique des impositions de toutes natures. Il faut cependant différencier les impôts des taxes et des autres prélèvements publics.

Gaston Jèze : « L'impôt est une prestation pécuniaire, requise des particuliers par voie d'autorité, à titre définitif et sans contrepartie, en vue de la couverture des charges publiques. »

➡ Impôt et taxe

Il n'existe pas de définition législative de l'impôt. Celle donnée par Gaston Jèze au début du siècle dernier reste de référence : « L'impôt est une prestation pécuniaire, requise des particuliers par voie d'autorité, à titre définitif et sans contrepartie, en vue de la couverture des charges publiques. » Cette définition mérite cependant quelques ajustements. En effet, si la prestation est en principe pécuniaire, il existe une exception liée aux dations en paiement des droits de successions. Plus important en revanche est le fait que désormais les personnes morales sont elles aussi soumises à impôt, comme l'impôt sur les sociétés par exemple.

C'est l'absence de contrepartie déterminée qui sépare l'impôt de la taxe. La non affectation des recettes fiscales correspond d'ailleurs à un des grands principes budgétaires.

La taxe quant à elle se définit comme un prélèvement perçu en contrepartie de l'utilisation d'un service ou d'un ouvrage public, sans qu'il y ait toutefois de lien de proportionnalité avec le service rendu. Le redevable est le bénéficiaire effectif ou potentiel de prestations. Les taxes sont obligatoires et relèvent à ce titre de la compétence du législateur (ainsi par exemple la taxe d'enlèvement des ordures ménagères (TEOM) ou encore les droits d'inscription à l'université). Les mots sont en revanche trompeurs ; ainsi la taxe professionnelle, malgré son appellation, est bien un impôt local car il est prélevé sans contrepartie.

La taxe quant à elle se définit comme un prélèvement perçu en contrepartie de l'utilisation d'un service ou d'un ouvrage public, sans qu'il y ait toutefois de lien de proportionnalité avec le service rendu.

➡ Impositions de toutes natures et autres prélèvements publics

Ici encore la fiabilité des notions n'est pas établie, seule la notion d'impôt n'est jamais galvaudée pour désigner un prélèvement autre. Par contre, nombre d'impôts se cachent derrière des appellations moins chargées de connotations négatives que ce vocable. Les impôts à vocation sociale ont ainsi renoué avec la tradition révolutionnaire des « contributions » (CSG, CRDS) qui s'était déjà exprimée dans la fiscalité locale (contributions foncières sur les propriétés bâties et non bâties). Pour le reste, il y a pléthore de mots désignant les prélèvements publics et le plus grand désordre règne dans les liens entre appellation retenue et régime juridique applicable.

Il y a pléthore de mots désignant les prélèvements publics et le plus grand désordre règne dans les liens entre appellation retenue et régime juridique applicable.

• La redevance pour service rendu (RSR)

L'impôt peut être facilement distingué de la redevance pour service rendu en raison de l'existence d'une contrepartie. La RSR se définit en revanche de la même manière que la taxe puisqu'il s'agit d'un prélèvement perçu en contrepartie de l'utilisation d'un service ou d'un ouvrage public.

Cependant la redevance se distingue également de la taxe d'une double manière. Elle obéit tout d'abord au principe de l'équivalence financière entre le coût du service rendu et le prix payé par le redevable (CE, Ass., 21 novembre 1958, Syndicat national des transporteurs aériens). L'exemple du service d'enlèvement des ordures ménagères est explicite de cette différence. Selon que la collectivité préfère ajuster ou non le coût du service aux prestations fournies, elle choisira un financement par la redevance d'enlèvement des ordures ménagères (REOM) soumise à la condition de proportionnalité ou par la fiscalité par le prélèvement de la taxe d'enlèvement des ordures ménagères (TEOM).

TEOM :
Taxe d'enlèvement des ordures ménagères.

REOM :
Redevance d'enlèvement des ordures ménagères.

La seconde différence réside dans le caractère obligatoire de la taxe. Une redevance n'est due que pour autant que l'usager tire effectivement avantage du service mis à sa disposition. La taxe peut au contraire être due dès l'instant où le redevable est en situation de profiter du service même s'il n'en fait en réalité aucune utilisation. C'est précisément parce que celui qui ne tire aucun profit effectif du service rendu peut être astreint d'autorité à la taxe correspondante que celle-ci peut être assimilée à un prélèvement obligatoire et regardée par suite par la jurisprudence comme une imposition de toutes natures. La redevance pour service rendu, au contraire, en raison de son caractère « facultatif », ne relève pas de cette catégorie de prélèvements

• La taxe parafiscale

Les taxes parafiscales ne seront mentionnées ici que pour mémoire car la LOLF, dans son souci de transparence et d'information parlementaire, a supprimé la parafiscalité à compter du 1er janvier 2004.

la LOLF a supprimé la parafiscalité à compter du 1er janvier 2004.

Elles étaient très encadrées juridiquement par l'article 4 de l'ordonnance du 2 janvier 1959 qui les définissait comme étant « perçues dans un intérêt économique ou social, au profit d'une personne morale de droit public ou de droit privé autre que l'État, les collectivités territoriales et leurs établissements publics ou adminis-

> L'enjeu de ces distinctions réside notamment dans la compétence législative en matière fiscale, réglementaire pour les prélèvements non fiscaux.

> Il faut distinguer celui qui paye l'impôt au Trésor public en vertu de la loi (redevable légal), de celui sur qui pèse la réalité de la charge fiscale (redevable réel).

> L'impôt proportionnel s'obtient par l'application d'un taux fixe à la manière imposable.

tratifs ». L'article 2 du décret du 30 octobre 1980 était venu renforcer leur encadrement juridique. Il prévoyait que la durée de prélèvement des taxes parafiscales ne pouvaient excéder, en principe, cinq années, à compter desquelles un nouveau décret devait être pris. Leur liste figurait en annexe de la loi de finances et, bien que instituées par le pouvoir réglementaire, leur régime juridique mixte rendait obligatoire leur autorisation annuelle par le Parlement. La taxe parafiscale la plus connue était sans doute la redevance pour droit d'usage des appareils récepteurs de télévision.

• Les impôts se distinguent enfin des cotisations sociales qui constituent une catégorie *sui generis*

L'enjeu de ces distinctions réside notamment dans la compétence législative en matière fiscale, réglementaire pour les prélèvements non fiscaux. Les juges constitutionnel et administratif procèdent d'ailleurs parfois à des requalifications juridiques. Ce fut le cas à propos des redevances des agences financières de bassin qui ont été requalifiées en impositions de toutes natures relevant de l'article 34 de la Constitution (Cons. const., 23 juin 1982 et CE, Ass., 20 déc. 1985, Établissements Outters). La sanction d'un éventuel non respect de la compétence législative est l'annulation par le juge du décret instituant le prélèvement contesté pour incompétence de l'auteur de l'acte.

B LES CLASSIFICATIONS DE L'IMPÔT

1 • La distinction entre impôt direct et impôt indirect

C'est la plus ancienne des classifications. Elle renvoie historiquement à l'émission ou non d'un rôle nominatif, c'est-à-dire une liste nominative de contribuables soumis à l'impôt dans une circonscription administrative donnée. En outre, l'administration fiscale s'est très largement structurée autour de cette distinction. Mais son apport actuel touche essentiellement à la question de l'incidence de l'impôt c'est-à-dire l'identification des mécanismes de translation fiscale. Il faut en effet distinguer celui qui paye l'impôt au Trésor public en vertu de la loi (redevable légal), de celui sur qui pèse la réalité de la charge fiscale (redevable réel).

L'impôt direct est en principe perçu par voie de rôle nominatif. Cet impôt est supporté directement et payé par les contribuables. Ils ne peuvent donc pas être répercutés dans les prix. Le redevable légal est donc aussi le redevable réel. C'est le cas de l'impôt sur le revenu, de l'impôt sur les sociétés ou encore de l'impôt de solidarité sur la fortune et des impôts locaux.

L'impôt indirect se caractérise par l'absence de rôle nominatif et repose sur un acte précis, par exemple de consommation d'un bien. Il peut être répercuté dans les prix et frappe donc indirectement le contribuable. C'est le cas de la TVA, des droits de douane et de nombreux autres impôts (droits d'enregistrement, TIPP TGAP…).

L'enjeu de cette classification est celui de la justice fiscale. Il est reproché aux impôts indirects leur injustice. Ils frappent en effet indistinctement tous les consommateurs sans tenir compte de leurs capacités contributives.

Ce thème est récurrent, c'est essentiellement sur ce terrain qu'est débattu le projet d'augmentation de la TVA en vue d'instaurer une « TVA sociale ». D'autant que le système fiscal français se caractérise par une prépondérance des impôts indirects en raison de leur plus forte rentabilité.

2 • Impôt progressif et impôt proportionnel

Il s'agit ici encore d'une opposition très ancrée dans les débats relatifs au système fiscal français. Déjà les écrits des philosophes du XVIIIe siècle (Rousseau, Montesquieu notamment) faisaient leur ces questions de justice fiscale. L'impôt proportionnel s'obtient par l'application d'un taux fixe à la manière imposable (TVA, contribution sociale généralisée, impôt sur les sociétés).

Article 209-1 alinéa 1 du CGI

« Les bénéfices passibles de l'IS sont déterminés [...] en tenant compte uniquement des bénéfices réalisés dans les entreprises exploitées en France ainsi que ceux dont l'imposition est attribuée à la France par une convention internationale relative aux doubles impositions. »

➡ Le bénéfice imposable

Les bénéfices réalisés par les entreprises constituent des revenus soumis à l'impôt. La définition d'un bénéfice imposable est donnée à l'article 38 du CGI.

Les bénéfices réalisés par les entreprises constituent des revenus soumis à l'impôt.

Article 38 du CGI

« 1. Le bénéfice imposable est le bénéfice net, déterminé d'après les résultats d'ensemble des opérations de toute nature effectuées par les entreprises y compris notamment les cessions d'éléments quelconques de l'actif, soit en cours, soit en fin d'exploitation.

2. Le bénéfice net est constitué par la différence entre les valeurs de l'actif net à la clôture et à l'ouverture de la période dont les résultats doivent servir de base à l'impôt, diminuée des suppléments d'apport et augmentée des prélèvements effectués au cours de cette période par l'exploitant ou les associés. L'actif net s'entend de l'excédent des valeurs d'actif sur le total formé au passif par les créances des tiers, les amortissements et les provisions justifiées. »

Ainsi, le bénéfice imposable est égal à la différence entre l'actif net en fin de période d'imposition et l'actif net en début de période d'imposition. Il est déterminé selon des règles semblables à celles utilisées dans le cadre des BIC soumises à l'impôt sur le revenu pour l'entreprise individuelle. »

➡ La liquidation et le recouvrement de l'IS

Les entreprises doivent elles-mêmes calculer l'IS en appliquant à leur résultat fiscal, c'est-à-dire leur base d'imposition, un taux proportionnel. Le taux normal d'IS est de 33 1/3 % pour les exercices ouverts à compter du 1er janvier 1993. Il existe aussi des taux réduits, par exemple 19 % sur le montant net des plus-values à long terme, 24 % sur les revenus fonciers.

Les entreprises assujetties à l'IS doivent déposer leur déclaration annuelle de résultat au centre des impôts au plus tard dans les trois mois après la clôture de l'exercice, que ce résultat soit positif ou négatif. Cette obligation déclarative s'accompagne d'obligations comptables contraignantes en ce qu'elles doivent produire également la « liasse fiscale », c'est-à-dire un ensemble de documents comptables.

L'impôt dû doit être versé spontanément par la société au Trésor public sans émission d'un avis d'imposition. Son paiement est fractionné en quatre acomptes trimestriels payables le 15 mars, le 15 juin, le 15 septembre et le 15 décembre de chaque année. Le solde de l'IS doit être payé par la société dans les trois mois qui suivent la clôture de l'exercice.

Les entreprises doivent elles-mêmes calculer l'IS en appliquant à leur résultat fiscal un taux proportionnel. Son paiement est fractionné en quatre acomptes trimestriels payables le 15 mars, le 15 juin, le 15 septembre et le 15 décembre de chaque année. Le solde de l'IS doit être payé par la société dans les trois mois qui suivent la clôture de l'exercice.

B L'IMPOSITION DE LA DÉPENSE

1 • TVA et contributions indirectes

Les impôts sur la dépense ou la consommation sont constitués, outre la taxe sur la valeur ajoutée (TVA) qui représente près de la moitié des recettes fiscales de l'État, des contributions indirectes telles les droits sur les tabacs, les alcools ou encore la taxe intérieure sur le produits pétroliers. Ils représentent plus de 60 % des recettes fiscales de l'État.

La taxe sur la valeur ajoutée a été instituée par une loi du 10 avril 1954. Elle est conçue comme une taxe unique et générale. Le Conseil des impôts la désigne comme « un impôt de droit commun assis sur l'activité économique ». Elle est perçue par paiement fractionné à chaque stade de la production. La taxation intervient à toutes les étapes du processus de fabrication et de commercialisation mais seulement sur la valeur ajoutée par chaque intermédiaire.

2 • Les taux de TVA

Il existe une pluralité de taux légaux qui permet de moduler cette imposition indirecte en fonction du produit ou du type de consommation.
Depuis le 1er janvier 1993, la France a deux principaux taux légaux : un taux normal de droit commun à 19,6 % applicable à toutes les opérations économiques taxables et un taux réduit à 5,5 % applicable surtout aux ventes de produits alimentaires ou agricoles ou encore aux livres, ainsi qu'à certaines prestations de services comme le transport de voyageurs ou la plupart des spectacles, ou encore la fourniture des repas dans les cantines.

L'harmonisation fiscale européenne contraint la France à obtenir l'accord unanime de ses partenaires pour étendre le champ des activités bénéficiant du taux réduit à 5,5 % (sixième directive communautaire en date du 17 mai 1977). Le maintien du taux réduit s'agissant des travaux effectués dans les logements a suscité la polémique pendant le printemps 2006. De même, l'alignement du taux applicable à la restauration assise sur celui, réduit, de la restauration à emporter est une revendication récurrente, rejetée à plusieurs reprises par l'Union européenne, mais finalement mise en place le 1er juillet 2009. En contrepartie de la baisse de la TVA obtenue par le Gouvernement à Bruxelles, le ministre des Finances Christine Lagarde a demandé aux professionnels de la restauration de s'engager dans le cadre d'un « contrat d'avenir », signé en avril dernier à l'occasion des états généraux de la restauration. Cet engagement implique, pour les signataires, d'appliquer une baisse des prix pour le consommateur dès l'entrée en vigueur du taux réduit de TVA. Le contrat d'avenir fixe par ailleurs un objectif de création de 40 000 emplois supplémentaires en deux ans et prévoit aussi l'ouverture d'une négociation sociale visant à améliorer la situation des salariés du secteur. Enfin, le dernier volet des engagements porte sur les mesures en faveur de la modernisation des entreprises du secteur.
Il existe en outre des taux spécifiques, par exemple le taux spécifique de 2,10 %, applicables à certains produits comme les ventes de médicaments remboursés par la Sécurité sociale ou à la vente de journaux ou encore les taux spécifiques applicables dans les collectivités d'outre-mer ou en Corse.

> La question de l'instauration d'une « TVA sociale » a pris une importance que d'aucuns ont considéré comme décisive lors des élections législatives de juin 2007.

La question de l'instauration d'une « TVA sociale » a pris une importance que d'aucuns ont considéré comme décisive lors des élections législatives de juin 2007 suite aux élections présidentielles de la même année. Au vu du projet, cela consisterait à d'une part à baisser les cotisations sociales des entreprises et d'autre part, financer cette baisse par un relèvement de la TVA. La formule a été expérimentée en Allemagne, elle pourrait être appliquée à tous les secteurs pendant une durée limitée ou, plus probablement, à un secteur en particulier, comme l'automobile ou l'électronique grand public.
La problématique est celle du renforcement de la compétitivité des entreprises et de leur protection face à la concurrence des pays à faibles coûts de main-d'œuvre par la taxation des produits importés. Le risque est celui une augmentation des prix pour le consommateur. Dès son énoncé, ce projet a fait débat, faisant notamment ressurgir les très anciennes querelles fiscales autour de l'injustice et du caractère aveugle des impositions indirectes et proportionnelles.

> Le redevable légal de la TVA détermine le montant de la taxe à facturer à son client c'est la TVA brute, « collectée », pour l'État.

3 • Les mécanismes de liquidation de la TVA

À chaque stade de la production et de la distribution, le redevable légal de la TVA, commerçant, industriel, etc., détermine le montant de la taxe à facturer à son client sur les ventes ou les prestations de service, c'est la TVA brute, « collectée », pour l'État. Elle vient s'ajouter au prix de vente. L'assujetti doit ensuite reverser au

Trésor la différence entre la TVA ainsi collectée et la TVA qu'il a lui-même payée à ses fournisseurs. Le système de paiement fractionné qui caractérise la TVA obéit au mécanisme de la déduction, c'est la TVA déductible. La différence qui résulte de cette soustraction est la TVA nette. Celle-ci est versée au Trésor public par le redevable légal. C'est toutefois le contribuable, redevable réel, qui supporte *in fine* le poids de cet impôt inclus dans le prix de vente final du bien ou dans le prix de la prestation de service.

C'est toutefois le contribuable, redevable réel, qui supporte *in fine*, le poids de cet impôt.

L'article 286 du Code général des impôts impose aussi des obligations comptables rigoureuses aux redevables légaux qui doivent d'abord fournir, dans les quinze jours suivant le commencement des opérations économiques taxables, une déclaration d'existence comportant tous les renseignements relatifs à leur activité professionnelle et doivent tenir une comptabilité probante, c'est-à-dire qui distingue les opérations taxables, ventilées par taux d'imposition, des autres opérations.

Une nouvelle étape dans la généralisation de la TVA s'est faite sous l'impulsion de la sixième directive communautaire en date du 17 mai 1977 relative à l'harmonisation des législations des États membres en matière de taxes sur le chiffre d'affaires. Elle reste la principale réalisation de la difficile harmonisation fiscale européenne.

C L'IMPOSITION DU CAPITAL

Il existe plusieurs types d'impôts sur le capital. Les droits d'enregistrement sont prélevés lors les mutations ou les transmissions de capital (droits de succession, droits de mutation...).

La détention du capital fait également l'objet d'imposition. Ainsi l'impôt de solidarité sur la fortune (ISF) porte-t-il sur le patrimoine global d'un foyer fiscal. La détention d'un bien immobilier fait également l'objet de taxes foncières qui relèvent de la fiscalité directe locale.

L'imposition du patrimoine global a été instituée par la loi de finances pour 1982, sous la forme de l'impôt sur les grandes fortunes, dans un contexte idéologique porteur. Mais cette première ébauche n'a pas fait long feu puisque dès juillet 1986, le changement de majorité a provoqué la suppression de cet impôt, objet de vives critiques. Suite aux élections présidentielles de 1988, la loi de finances pour 1989 institue un nouvel impôt dénommé impôt de solidarité sur la fortune (ISF) à compter du 1er janvier 1989, présenté comme étant destiné à financer la mise en place d'un revenu minimum d'insertion (RMI). Les modalités de cet impôt figurent aux articles 885 A à 885 Z du Code général des impôts.

Suite aux élections présidentielles de 1988, la loi de finances pour 1989 institue un nouvel impôt dénommé impôt de solidarité sur la fortune (ISF).

➡ L'assiette de l'ISF

La personne domiciliée en France est imposée sur l'ensemble des biens situés en France ou à l'étranger. Celle qui est domiciliée à l'étranger n'est imposée qu'en considération des seuls biens situés en France et sous réserve de l'application des conventions internationales. En outre, les placements financiers réalisés en France par des personnes domiciliées à l'étranger sont exonérés.

L'ISF est un impôt annuel à la charge des personnes physiques fiscalement domiciliées en France ou à l'étranger dont la valeur nette du patrimoine au 1er janvier de l'année d'imposition est supérieure à 790 000 euros.

L'ISF est un impôt annuel à la charge des personnes physiques fiscalement domiciliées en France ou à l'étranger dont la valeur nette du patrimoine au 1er janvier de l'année d'imposition est supérieure à 790 000 euros.

L'assiette de l'ISF est constituée par la valeur nette au 1er janvier de l'année du patrimoine appartenant aux membres du foyer fiscal et composé des biens matériels ou immatériels (créances, droits et valeurs) privés. Les biens professionnels sont exonérés et le CGI prévoit un certain nombre de cas d'exonération totale (objets d'art ou de collection, droits de la propriété littéraire, artistique et industrielle...) ou partielle.

L'ISF est calculé sur le patrimoine net, c'est-à-dire sur la valeur des biens imposables diminuée des dettes déductibles (emprunts, découverts bancaires et comptes débi-

L'ISF est calculé sur le patrimoine net, c'est-à-dire sur la valeur des biens imposables diminuée des dettes déductibles.

teurs, impôt sur le revenu, contributions sociales, taxe d'habitation et les impôts fonciers portant sur les immeubles imposables, etc. L'ISF de l'année précédente lui-même est déductible de la base imposable afin d'éviter un impôt sur l'impôt redondant).

Ces nombreuses exonérations et le seuil d'imposition sont autant de réductions de l'assiette de l'impôt et de limites posées à son rendement. Le Conseil des impôts a en outre dénoncé la « prime à l'ingéniosité fiscale » qui pouvait en résulter.

➥ La liquidation et le recouvrement de l'ISF

Il revient au contribuable de déposer une déclaration (n° 2725) comportant la description de son patrimoine avant le 15 juin de chaque année et de calculer lui-même son imposition, en déterminant la valeur nette taxable de ses biens et en faisant application d'un barème progressif par tranches (sept tranches d'imposition allant de 0 % à 1,8 %).

Les limites des tranches du tarif sont actualisées chaque année dans la même proportion que la limite supérieure de la première tranche du barème de l'impôt sur le revenu et arrondies à la dizaine de milliers d'euros la plus proche.

Code général des impôts

Article 885 U

Le tarif de l'impôt 2010est fixé à :

Fraction de la valeur nette taxable du patrimoine / Tarif applicable (en pourcentage)

N'excédant pas 790 000 euros	: 0
Supérieure à 790 000 euros et inférieure ou égale à 1 290 000 euros	: 0,55
Supérieure à 1 290 000 euros et inférieure ou égale à 2 530 000 euros	: 0,75
Supérieure à 2 530 000 euros et inférieure ou égale à 3 980 000 euros	: 1
Supérieure à 3 980 000 euros et inférieure ou égale à 7 600 000 euros	: 1,3
Supérieure à 7 600 000 euros et inférieure ou égale à 16 540 000 euros	: 1,65
Supérieure à 16 540 000 euros	: 1,8

Les limites des tranches du tarif prévu au tableau ci-dessus sont actualisées chaque année dans la même proportion que la limite supérieure de la première tranche du barème de l'impôt sur le revenu et arrondies à la dizaine de milliers d'euros la plus proche.

Le paiement doit être joint à la déclaration. L'ISF obéit comme l'IR à la règle d'imposition par foyer fiscal bien que l'étendue de cette notion diffère quelque peu de celle retenue pour l'imposition du revenu, en intégrant notamment les situations de concubinage notoire mais en excluant celui des autres personnes comptées à charge de l'IR comme les enfants majeurs rattachés.

D LES PLAFONNEMENTS D'IMPOSITION

Le système fiscal français connaît nombre d'aménagements des impositions destinés à atténuer certains effets non souhaités.

➥ Ainsi l'avantage procuré à un foyer fiscal par le quotient familial est-il plafonné : la réduction d'impôt résultant de l'application du quotient familial ne peut excéder 2 198 euros par demi-part (article 197 du CGI). L'idée est qu'il faut éviter que cette mesure destinée à aider les familles nombreuses ne se transforme en avantage fiscal pour les foyers fiscaux les plus fortunés.

➥ Il faut également mentionner les différents boucliers fiscaux qui ont été mis en place au cours des dernières années. Leur instauration a essentiellement été motivée par les effets pervers que peut présenter l'imposition de la détention du patrimoine au regard des revenus d'un foyer fiscal. L'exemple cité de manière privilégiée est celui du contribuable aux revenus modestes ayant hérité d'une maison de famille dans un lieu soumis aux inflations des prix de l'immobilier (les paysans de l'île de Ré, par exemple) et se trouvant de fait en situation de payer l'ISF sans pouvoir le faire avec ses seuls revenus et contraint en conséquence de vendre sa maison de famille.

La somme de l'IR et de l'ISF ne doit pas dépasser 85 % du revenu net imposable à l'IR au titre de l'année précédente.

➥ Il a tout d'abord été instauré un mécanisme du plafonnement individuel de l'ISF. La somme de l'IR et de l'ISF ne doit pas dépasser 85 % du revenu net impo-

sable à l'IR au titre de l'année précédente. Si cette somme excède les 85 %, l'ISF est réduit d'autant.
La loi de finances pour 2006 est allée plus loin en ajoutant au mécanisme précédent un bouclier fiscal englobant plus largement les impositions qui obèrent elles aussi le revenu des contribuables. Ce mécanisme est prévu dans son principe au nouvel article 1 du Code général des impôts et est entré en vigueur le 1er janvier 2007.

Article 1 du Code général des impôts : « Les impôts directs payés par un contribuable ne peuvent être supérieurs à 60 % de ses revenus. »

➥ Le calcul du bouclier fiscal prend en compte l'impôt sur le revenu, l'ISF, la taxe d'habitation ainsi que la taxe foncière sur la résidence principale. Il ne prend pas en compte dans la version 2007 les prélèvements sociaux, les impôts locaux des résidences secondaires, la redevance audiovisuelle ni la taxe sur les logements vacants. Il s'accompagne d'un droit à restitution (remboursement par le fisc du trop-payé) qui a été exercé pour la première fois en 2007, au titre des impôts payés en 2006, en tenant compte des revenus perçus en 2005. Toutefois l'administration fiscale ne rembourse les sommes perçues au-dessus du plafond que si le contribuable en fait la demande entre le 1er janvier et le 31 décembre de l'année suivant le paiement des impôts (« formulaire de demande de plafonnement » n° 2041 DRID). Ainsi pour les impôts réglés en 2006 sur les revenus de 2005, la demande de remboursement doit être formulée entre le 1er janvier et le 31 décembre 2007. Il est probable par ailleurs que ce bouclier fiscal engendre de la part de l'administration fiscale un accroissement du contrôle des déclarations, en particulier celle de l'ISF, avant le remboursement d'impôts.

➥ Le mécanisme du bouclier fiscal suscite la polémique en ce sens que à patrimoine ou à revenu équivalent, deux contribuables peuvent être en réalité dans une situation différente. Pour activer le bouclier, certains contribuables avertis pourront en effet effectuer divers placements financiers ou immobiliers permettant de réduire le poids de ses revenus au sens fiscal du terme (par exemple certains dispositifs de défiscalisation comme la location en meublé professionnel).

Le calcul du bouclier fiscal prend en compte l'impôt sur le revenu, l'ISF, la taxe d'habitation ainsi que la taxe foncière sur la résidence principale.

L'administration fiscale ne rembourse les sommes perçues au-dessus du plafond que si le contribuable en fait la demande.

Le président de la République, Nicolas Sarkozy, a amplifié le bouclier fiscal, porté à 50 % des revenus et qui englobe les impôts sociaux jusque-là exclus, à savoir la Contribution sociale généralisée (CSG) et la Contribution au remboursement de la dette sociale (CRDS). La loi travail, emploi, pouvoir d'achat (Tepa) a mis en œuvre cette réforme. Son coût pour le budget de l'État et son opportunité en ces temps de crise financière et économique sont particulièrement discutés. Parmi ses principales mesures figurent la défiscalisation des heures supplémentaires et le plafonnement des impôts directs (CSG et CRDS incluses) à 50 % des revenus. Parmi ses 14 000 bénéficiaires, deux tiers déclarent un revenu fiscal inférieur à 12 991 euros. Mais le bénéfice moyen atteint 33 000 euros, ce qui implique des restitutions très importantes pour les plus riches. En 2008, la loi Tepa a coûté 7,7 milliards d'euros à l'État.

Pour activer le bouclier, certains contribuables avertis pourront en effet effectuer divers placements financiers ou immobiliers permettant de réduire le poids de ses revenus.

Chiffrage des mesures de la loi Tepa (en milliard d'euros) 2008

Heures supplémentaires dont impôt sur le revenu dont cotisations sociales	4,300 0,2 4,1
Bouclier fiscal	0,458
Droits de mutation à titre gratuit	2,0
Affectation de l'ISF aux PME et hausse de la décote sur la résidence principale	0,648
Crédit d'impôt sur les intérêts d'emprunt (Tepa + PLF 2008)	0,25
Exonération des salaires étudiants	0,04
Total (État + Sécurité sociale)	7,7

EN PRATIQUE

SUJET DE DISSERTATION

FAUT-IL SUPPRIMER L'IMPÔT SUR LE REVENU ?

Introduction rédigée :

Avec les 57 milliards d'euros attendus de l'impôt sur le revenu au regard des 342 milliards d'euros de recettes fiscales pour 2007, la question de la suppression de l'impôt sur le revenu ne se pose pas de manière aussi radicale.

Ce sont ses modalités de mise en œuvre qui prêtent à discussion, tant au regard de l'exigence de rentabilité que du point de vue de l'impératif de justice fiscale.

Plan :

I. Les insuffisances de l'impôt sur le revenu
- A. Une assiette critiquable
- B. Une rentabilité insatisfaisante

II. L'atout de la personnalisation
- A. Les mécanismes de la progressivité de l'impôt sur le revenu
- B. L'avantage de la notion de foyer fiscal

DANS L'AIR DU TEMPS

- L'impôt sur le revenu est-il un impôt moderne ?
- Faut-il réformer la TVA ?
- L'impôt a-t-il encore une fonction redistributive en France ?
- Les prélèvements obligatoires.

EN PRATIQUE

QRC

- La retenue à la source.
- Le bouclier fiscal.
- La notion de prélèvements obligatoires.
- La progressivité de l'impôt.

QCM

1. La notion d'impôt :

- A. comprend les taxes parafiscales
- B. exclut les redevances pour services rendus
- C. exige une absence de contrepartie
- D. exige une contrepartie

2. L'impôt sur les sociétés :

- A. s'applique aux bénéfices réalisés par les sociétés et autres personnes morales
- B. s'applique aux sociétés commerciales
- C. s'applique aux sociétés qui ont la personnalité fiscale
- D. s'applique aux sociétés qui ont la personnalité morale

3. La TVA :

- A. est un impôt sur la dépense
- B. est un impôt à vocation sociale
- C. est un impôt progressif
- D. est un impôt proportionnel

4. L'ISF :

- A. est calculé sur le patrimoine net
- B. a été créé en 1988
- C. est un impôt proportionnel
- D. ne tient pas compte de la valeur des biens

5. La notion d'imposition de toutes natures :

- A. est consacrée par l'article 34 de la LOLF
- B. englobe les prélèvements de nature fiscale
- C. exclut la notion de taxe
- D. n'est plus utilisée en droit fiscal

6. L'impôt sur le revenu :

- A. est un impôt proportionnel
- B. a une fonction redistributive
- C. est affecté aux dépenses de fonctionnement de l'État
- D. est une ressource marginale du budget

CHAPITRE 9

LIBRE ADMINISTRATION ET AUTONOMIE FINANCIÈRE DES COLLECTIVITÉS TERRITORIALES

Le thème de la libre administration des collectivités territoriales s'est trouvé entièrement renouvelé par la révision constitutionnelle du 28 mars 2003. Celle-ci s'est inscrite sur le plan politique dans le contexte de la réélection en 2002 de Jacques Chirac comme président de la République et la nomination de Jean-Pierre Raffarin au poste de Premier ministre. Les statuts d'ancien sénateur et de président de région de ce dernier le rendaient particulièrement attentif aux questions relatives aux collectivités territoriales et surtout à celles visant à préserver leur autonomie financière et fiscale.

L'article 1er de la Constitution du 4 octobre 1958, qui proclamait dans sa rédaction initiale que la France est « une République indivisible, laïque, démocratique et sociale », s'achève désormais en précisant que « son organisation est décentralisée ». La réforme constitutionnelle procède en outre à une refonte de l'intégralité du Titre XII intitulé « Des collectivités territoriales » ; celui-ci s'étoffe considérablement, passant de quatre à neuf articles, et intègre désormais la dimension financière de la libre administration des collectivités territoriales.

S'ouvre ainsi, quelque vingt ans plus tard, un Acte II de la décentralisation, ainsi dénommé en doctrine en référence à un Acte I initié par la loi du 2 mars 1982 relative aux droits et libertés des communes, départements et régions. Le nouveau dispositif constitutionnel a été complété par un train de lois organiques ou ordinaires nécessaires à son application. Plusieurs ont été adoptées, à savoir les deux lois organiques en date du 1er août 2003, l'une relative au référendum local et l'autre à l'expérimentation par les collectivités territoriales ainsi que la loi du 13 août 2004 relative aux libertés et responsabilités locales. Enfin, en application de l'alinéa 3 de l'article 72-2, a été adoptée la loi organique du 29 juillet 2004 relative à l'autonomie financière des collectivités territoriales.

En application de l'alinéa 3 de l'article 72-2 a été adoptée la loi organique du 29 juillet 2004 relative à l'autonomie financière des collectivités territoriales.

1 LA FORMULATION D'UN CADRE CONSTITUTIONNEL DES FINANCES PUBLIQUES LOCALES

A UNE RÉVISION CONSTITUTIONNELLE SYMBOLIQUE

La révision constitutionnelle de 2003 est intervenue dans un contexte favorable, porteur de la réforme. Du point de vue de l'État, l'interdépendance des finances publiques étatiques, locales et sociales lui impose de garder une certaine maîtrise des finances locales. Du point de vue des collectivités territoriales, une mise en œuvre effective de la libre administration ne peut s'entendre que liée à la reconnaissance d'une autonomie financière de ces dernières.

1 • L'interdépendance des finances publiques étatiques, locales et sociales

Ces réformes sont à resituer dans leur contexte général de globalisation des finances publiques. Depuis l'adoption du traité de Maastricht le 7 février 1992, l'heure est à la maîtrise des déficits publics. Ceux-ci s'apprécient tant des finances de l'État que des collectivités territoriales ainsi que des finances sociales.

Ces réformes sont à resituer dans leur contexte général de globalisation des finances publiques.

L'article 2 du protocole sur la procédure concernant les déficits excessifs annexé au traité précise qu'il faut entendre « par public ce qui est relatif au Gouvernement

général, c'est-à-dire les administrations centrales, les autorités régionales ou locales et les fonds de Sécurité sociale ». Le respect des critères de convergence fixés par le traité de Maastricht et réaffirmés par le pacte de stabilité, à commencer par la limitation de l'endettement public et du déficit public, amène nécessairement à appréhender les finances publiques comme un tout interdépendant.
La comptabilité économique nationale française regroupe d'ailleurs les dépenses publiques dans le compte « administrations » de la comptabilité économique nationale. Les administrations publiques (APU) sont non seulement les administrations publiques centrales (État et organismes divers d'administration centrale dits ODAC), mais encore les administrations publiques de sécurité sociale et les administrations publiques locales (APUL) parmi lesquelles figurent notamment les collectivités territoriales.
Dans son allocution d'ouverture de la première conférence nationale des Finances publiques qui s'est tenue sous la présidence du Premier ministre le 11 janvier 2006 à Bercy, le ministre de l'Économie, des Finances et de l'Industrie de l'époque, Thierry Breton, a clairement exprimé cet impératif en se référant aux analyses du rapport de la mission Pébereau sur la dette publique. La maîtrise des finances publiques concerne tant l'État qui représente environ 30 % des dépenses publiques en 2005, que les collectivités territoriales qui en assument 20 % et les organismes sociaux qui en assument 45 % pour 2005. La deuxième conférence qui s'est tenue en février 2007 a confirmé ces constats.
Dès lors, une certaine maîtrise par l'État des finances publiques locales apparaissait dans ce contexte comme une absolue nécessité. Le programme de stabilité 2007-2009 transmis à la Commission européenne aux termes du pacte de stabilité et de croissance en tire toutes les conséquences en fixant un triple objectif à la stratégie de maîtrise des finances publiques.
Pour l'État devra être mise en application de la règle dite « 0 valeur », à savoir une dépense stabilisée en euros. Depuis 2003 la norme était celle du « 0 volume », c'est-à-dire une progression de la dépense publique ne devant pas aller plus vite que celle de l'inflation.
Les collectivités territoriales sont incitées quant à elles à tendre vers une croissance zéro (règle du « 0 volume »), et s'agissant des organismes sociaux, l'objectif de progression de la dépense publique est d'aller vers le « + 1% en volume ».

> Les administrations publiques (APU) sont non seulement les administrations publiques centrales (État et organismes divers d'administration centrale dits ODAC), mais encore les administrations publiques de sécurité sociale et les administrations publiques locales (APUL) parmi lesquelles figurent notamment les collectivités territoriales.

APUL :
Administrations publiques locales.

> Pour l'État, la règle dite « 0 valeur » devra être mise en application, à savoir une dépense stabilisée en euros.

2 • Une revendication des collectivités territoriales

Le désenclavement des finances publiques locales du cadre constitutionnel contraignant de l'État unitaire tel qu'il s'était figé a été, à plus d'un titre, une attente pressante des élus locaux confrontés à ce qu'ils identifiaient comme un double risque inhérent au processus de décentralisation. En effet, la crainte d'un désengagement de l'État et la dénonciation d'une « recentralisation » financière par l'État semblent obéir à des logiques apparemment contradictoires ; ce ne sont que les deux facettes de l'ambiguïté du phénomène des compensations étatiques.
Il manquait en effet aux collectivités territoriales des garanties permettant de les prémunir contre des logiques de désengagement de l'État, qui pourrait avoir tendance à opérer ces transferts sans les accompagner des financements adéquats. Le problème reste entier dans les faits malgré la formulation de règles constitutionnelles en la matière.

Le second risque à prévenir résidait dans la politique dite de « recentralisation financière » menée par l'État à la fin des années 1990. L'État a été, en effet, dans le cadre de ses politiques nationales, amené à décider des exonérations ou des modifications de l'assiette des impôts locaux. Les exemples constitutifs de ce phénomène sont nombreux : la loi de finances initiale pour 1993 a ainsi supprimé les parts régionales et départementales de la taxe foncière sur les propriétés non bâties ; la loi de finances pour 1999 a fait de même avec la part salariale de la taxe professionnelle ainsi que la part régionale des droits de mutation, tout en plafon-

Des mécanismes de dotations compensatrices des pertes de recettes fiscales des collectivités territoriales ont été mis en place en contrepartie mais n'ont pas manqué de susciter les critiques des élus locaux.

La réforme constitutionnelle de 2003 était attendue comme devant donner un coup d'arrêt à ce phénomène.

nant la part départementale de ces droits ; la première loi de finances rectificative de 2000 a de la même manière supprimé la part régionale de la taxe d'habitation ; la loi de finances initiale pour 2001 a supprimé la taxe différentielle sur les véhicules à moteurs, la « vignette » automobile.
Ces suppressions décidées par le législateur entraînent nécessairement une réduction des ressources des collectivités territoriales. Des mécanismes de dotations compensatrices des pertes de recettes fiscales des collectivités territoriales ont certes été mis en place en contrepartie mais n'ont pas manqué de susciter les critiques des élus locaux comme étant autant de limites posées à la maîtrise de leurs ressources par leurs collectivités. Le principal effet provoqué est celui de la perte de maîtrise par les collectivités locales des modulations de ces pans de fiscalité locale.
La loi de finances pour 2004 a d'ailleurs fini par intégrer plusieurs compensations fiscales au sein de la dotation globale de fonctionnement, si bien que les compensations relatives à la suppression de la part salaire de la taxe professionnelle, de la suppression de la taxe additionnelle aux droits de mutation ou de la part régionale de la taxe d'habitation ne sont plus identifiables en tant que telles au sein de la DGF.
La réforme constitutionnelle de 2003 était attendue comme devant donner un coup d'arrêt à ce phénomène.

B UN CADRE CONSTITUTIONNEL TROP ÉTROIT

L'étroitesse du cadre constitutionnel résulte tant du silence des textes quant à la protection d'une quelconque autonomie financière que de la réticence de la jurisprudence constitutionnelle à formuler de son propre chef un cadre contraignant, propre à garantir l'autonomie financière des collectivités territoriales.

1 • Le silence du texte constitutionnel sur l'autonomie financière des collectivités territoriales

La Constitution elle-même fournissait à plusieurs reprises, dans sa version antérieure à la révision constitutionnelle de 2003, des éléments pour un statut juridique des finances publiques.
Bien que concernant de manière indifférenciée la fiscalité dans son ensemble, il faut citer en tout premier lieu l'article 14 de la Déclaration des droits de l'homme et du citoyen qui proclame le principe du consentement de l'impôt. L'article 34 de la Constitution se fait l'écho du texte fondateur en posant le principe de la légalité fiscale : « La loi fixe les règles concernant l'assiette, le taux et les modalités de recouvrement des impositions de toutes nature. »
Par ailleurs, s'agissant spécifiquement du régime juridique des collectivités territoriales, l'article 72 établit le principe à vocation généraliste de libre administration des collectivités territoriales. L'article 34 exprime la volonté du constituant de réserver au législateur de larges pouvoirs en matière d'administration locale : « La loi détermine les principes fondamentaux [...] de la libre administration des collectivités locales et de leurs ressources. »
Il résultait notamment de la combinaison de ces dispositions un encadrement étatique conséquent des finances publiques locales tant en ce qui concerne la fiscalité que le financement de leurs budgets, notamment par des dotations.

2 • La retenue de la jurisprudence constitutionnelle

Le Conseil constitutionnel, surtout depuis les années 1990, est très sollicité par les requérants sur le terrain d'éventuelles atteintes à la libre administration des collectivités territoriales dans sa dimension financière. Il a admis le principe de leur autonomie financière comme composante de cette libre administration sans pour autant donner suite aux demandes de déclaration de non-conformité des dispositions des lois venant interférer dans les mécanismes de la fiscalité locale.

➥ Parmi ses décisions, celle rendue le 29 mai 1990 relative à la loi sur la mise en œuvre du droit au logement peut être considérée comme une décision de principe. Le mécanisme du financement du fonds de solidarité pour le logement en cause n'a pas été considéré comme contraire à la libre administration alors même qu'il contraignait les départements à y participer au moins à la hauteur de l'État c'est-à-dire à 50 %. Le Conseil constitutionnel a précisé que l'État ne devait pas porter atteinte à l'autonomie financière des collectivités au point d'entraver leur libre administration.

> Le Conseil constitutionnel a précisé que l'État ne devait pas porter atteinte à l'autonomie financière des collectivités au point d'entraver leur libre administration.

➥ La décision du 25 juillet 1990 relative à la loi sur la révision des bases des impôts locaux est également à remarquer car le Conseil constitutionnel y précise que « les règles fixées par la loi ne peuvent pas restreindre les ressources fiscales au point d'entraver leur libre administration ». En l'espèce, la loi fixait une limite au produit de la taxe départementale sur le revenu de la seule année 1992. Ce faisant, il apportait à l'autonomie financière composante de la libre administration une précision supplémentaire dès lors que celle-ci doit être évaluée à l'aune du ratio recettes fiscales et autres recettes.

Sa jurisprudence ne va pas se départir de cette ligne de conduite, se refusant à toute formulation plus précise en lieu et place du législateur. Ainsi, dans la décision du 26 janvier 1995 relative à la loi d'orientation pour l'aménagement et le développement du territoire du 4 février 1995, le Conseil constitutionnel décide que cette loi prévoit certes des possibilités d'exonérations fiscales au profit des entreprises, mais sans qu'elles aient pour effet de restreindre les ressources des collectivités territoriales au point d'entraver leur libre administration, dès lors qu'elles bénéficient d'un mécanisme de compensation financière et qu'en toute hypothèse, elles peuvent s'opposer à une telle exonération.

➥ La demande d'un positionnement du Conseil constitutionnel quant au degré d'autonomie fiscale qu'il faudrait reconnaître aux collectivités territoriales va se faire tout particulièrement pressante avec la contestation de la constitutionnalité des mécanismes qui accompagnent la réforme supprimant la part salariale de la taxe professionnelle. La décision du 29 décembre 1998 relative à la loi de finances pour 1999 s'analyse comme un refus de définir un seuil quantitatif précis de recettes fiscales en-deçà duquel la libre administration des collectivités territoriales serait remise en cause. Le juge constitutionnel se cantonne à apprécier « que les règles posées par la loi [...] n'ont pour effet ni de diminuer les ressources globales des collectivités locales ni de restreindre leurs ressources fiscales au point d'entraver leur libre administration ».

➥ Par la suite, le Conseil constitutionnel est systématiquement sollicité sur la compatibilité des mécanismes de compensations des pertes de recettes fiscales des collectivités territoriales avec le principe de libre administration des collectivités territoriales. Il n'y trouvera jamais matière à censure. La décision du 12 juillet 2000 relative à la suppression de la part régionale de la taxe d'habitation par la loi de finances rectificative pour 2000 en est un exemple. Le Conseil constitutionnel considère que, dès lors qu'elle fait l'objet d'une compensation à hauteur égale par le budget de l'État et qu'elle est indexée en fonction du taux d'évolution de la dotation globale de fonctionnement, le fait qu'elle réduise de nouveau la part des recettes fiscales des régions dans l'ensemble de leurs ressources, n'a pour effet ni de restreindre la part de ces recettes ni de diminuer les ressources globales des régions au point d'entraver leur libre administration. La même ligne de conduite amène le Conseil constitutionnel à rejeter dans sa décision du 28 décembre 2000 les arguments des requérants qui contestaient la compensation de l'exonération au profit des personnes physiques de la taxe différentielle sur les véhicules à moteur, dite vignette automobile prévue dans la loi de finances pour 2001.

> Le Conseil constitutionnel est systématiquement sollicité sur la compatibilité des mécanismes de compensations des pertes de recettes fiscales des collectivités territoriales avec le principe de libre administration des collectivités territoriales.

➥ La révision constitutionnelle de 2003 n'a pas mis fin aux revendications en la matière et le Conseil a eu à se prononcer sur la mise en œuvre de l'article 72-2 avant que ne soit adoptée la loi organique de 2004. Dans sa décision en date du 18 décembre 2003, il avait à se prononcer sur la question des modalités de la compensation des charges entraînées par le revenu minimum d'insertion. Le calcul devait se faire, pour 2004, sur les dépenses engendrées par le RMI en 2003. Pour les années suivantes, la compensation allait être ajustée de manière définitive au vu des comptes administratifs des départements pour 2004. Il décide au vu de ces règles que la loi ne méconnaît ni la libre administration des départements ni le principe selon lequel tout transfert de compétences entre l'État et les collectivités territoriales s'accompagne de l'attribution de ressources équivalentes à celles qui étaient consacrées à leur exercice, ni celui selon lequel toute création de compétences est accompagnée de ressources déterminées par la loi.

C LE CONTENU DE LA RÉFORME CONSTITUTIONNELLE DE 2003 : L'ARTICLE 72-2

L'article 72 de la Constitution de 1958 réaffirme, dans son alinéa 2, devenu alinéa 3 suite à la révision constitutionnelle, que les collectivités territoriales « s'administrent librement par des conseils élus ». La dimension financière de la décentralisation est devenue cependant décisive du fait de l'amplification du processus lui-même et des transferts de compétence y afférant.

La dimension financière de la décentralisation est devenue cependant décisive du fait de l'amplification du processus lui-même et des transferts de compétence y afférant.

Le nouvel article 72-2 inséré par la révision constitutionnelle apporte un prolongement à ce principe de libre administration des collectivités territoriales dans les domaines budgétaire et financier en traitant sous ses différents aspects la question des ressources de ces collectivités.

➥ l'alinéa 1 de cet article pose un principe général de libre disposition de ressources par les collectivités territoriales ;

➥ l'alinéa 2 leur ouvre la possibilité d'être autorisées par la loi à fixer l'assiette et le taux des impositions de toutes natures qu'elles reçoivent ;

➥ l'alinéa 4 pose un principe d'équivalence des ressources au regard des transferts de compétence entre l'État et les collectivités territoriales ;

➥ l'alinéa 5 renvoie à la loi le traitement de la question de l'égalité entre les collectivités territoriales par la mise en place de dispositifs de péréquation de leurs ressources.

Mais c'est bien l'alinéa 3 de cet article qui constitue le point focal du nouveau cadre financier constitutionnel des collectivités territoriales en raison des règles relatives à la mesure de leur autonomie financière qu'il contient. Il y est posé que « les recettes fiscales et les autres ressources propres des collectivités territoriales représentent, pour chaque catégorie de collectivités, une part déterminante de l'ensemble de leurs ressources ». La loi organique du 29 juillet 2004 est intervenue pour en fixer les conditions de mise en œuvre.

L'autonomie financière est donc une déclinaison du principe de libre administration des collectivités territoriales dans le domaine des finances publiques locales.

L'autonomie financière est donc une déclinaison du principe de libre administration des collectivités territoriales dans le domaine des finances publiques locales.

2 LA RECONNAISSANCE D'UNE AUTONOMIE FINANCIÈRE DES COLLECTIVITÉS TERRITORIALES

L'expression d'autonomie financière, mot-clé de la réforme constitutionnelle de 2003 et cœur du nouveau dispositif constitutionnel comme en témoigne la loi organique du 29 juillet 2004, peut revêtir une signification plus ou moins large. Elle peut en effet s'appréhender *lato sensu* comme rendant compte de la problématique générale de l'article 72-2 tendant à la formulation d'un cadre constitutionnel des finances publiques locales. Elle peut s'entendre également *stricto sensu* si l'on s'en tient à l'intitulé de la loi organique du 29 juillet 2004, laquelle est prise en application du seul alinéa 3 de l'article 72-2 de la Constitution.

Les cinq alinéas du nouvel article 72-2 sont autant de facettes que présente la question des ressources des collectivités territoriales. Mais si les trois premiers tendent à dessiner par touches successives les contours de cette notion, les deux derniers complètent le dispositif en envisageant la question du lien entre ressources et transferts de compétences et en ancrant pour finir l'ensemble de l'autonomie financière dans un principe de solidarité territoriale par l'affirmation d'un principe de péréquation des ressources.

Les cinq alinéas du nouvel article 72-2 sont autant de facettes que présente la question des ressources des collectivités territoriales.

A LA NOTION DE RESSOURCES DES COLLECTIVITÉS TERRITORIALES

1 • L'article 72-2 alinéa 1er : la libre disposition de ressources

L'alinéa premier est généraliste : « Les collectivités territoriales bénéficient de ressources dont elles peuvent disposer librement dans des conditions fixées par la loi. » Cet alinéa s'inscrit dans le prolongement du contenu de l'article 34 qui donne au Parlement le pouvoir de déterminer « les principes fondamentaux [...] de la libre administration des collectivités territoriales, de leurs compétences et de leurs ressources ». Deux éléments fondamentaux sont à retenir. La formulation retenue réitère le principe de légalité financière et fiscale des ressources locales. En conséquence, ni les assemblées délibérantes des collectivités territoriales ni *a fortiori* les exécutifs locaux n'ont le pouvoir de créer une recette fiscale propre sans autorisation législative préalable. De la même manière, les autres sources de financement doivent être affectées aux collectivités territoriales par les lois de finances. Mais l'accent est également mis en second lieu sur la libre disposition par les collectivités territoriales de ces ressources.

2 • L'article 72-2 alinéa 2 : la reconnaissance d'un pouvoir fiscal résiduel

L'alinéa 2 précise l'alinéa précédent en fondant l'existence d'une fiscalité locale : « elles peuvent recevoir tout ou partie du produit des impositions de toute nature. La loi peut les autoriser à en fixer l'assiette et le taux dans les limites qu'elle détermine. » Cet alinéa reconnaît un pouvoir fiscal résiduel aux collectivités territoriales. Ce pouvoir s'inscrit nécessairement dans le cadre de la compétence de principe de la représentation nationale mais les collectivités ont désormais le pouvoir de moduler leur fiscalité d'une double manière.

L'article 72-2 alinéa 2 fonde le principe de l'existence d'une fiscalité locale.

➡ La première modulation consiste dans le vote des taux. Ce principe est acquis depuis la loi du 10 janvier 1980 qui est une étape décisive dans l'évolution du système fiscal local. Elle instaure le vote direct par les assemblées locales des taux d'imposition des quatre grands impôts directs locaux. Pour autant, le pouvoir de voter directement ces taux reste néanmoins encadré par le législateur de manière étroite. Afin d'éviter une trop grande disparité de taux et donc un manque d'homogénéité de la pression fiscale sur le territoire, la loi institue au sein d'une zone géographique déterminée un taux-plafond de référence au-delà duquel la collectivité ne peut aller. En outre, la variation des taux est strictement encadrée par la loi pour maintenir un certain équilibre dans l'incidence des impôts directs sur les ménages et les entreprises.

➡ La deuxième modulation résulte de la révision constitutionnelle de 2003. Les collectivités territoriales peuvent désormais fixer l'assiette de leurs impôts dans le cadre fixé par la loi.

3 • L'article 72-2 alinéa 3 : ressources propres et part déterminante

L'alinéa 3 dispose que « les recettes fiscales et autres ressources propres des collectivités territoriales représentent, pour chaque catégorie de collectivités, une part

déterminante de l'ensemble de leurs ressources. La loi organique fixe les conditions dans lesquelles cette règle est mise en œuvre ». De manière très didactique, l'alinéa 3 reprend les acquis des deux précédents pour formuler une distinction au sein de l'ensemble des ressources des collectivités territoriales entre les ressources propres et, *a contrario*, celles qui ne le sont pas. La notion de ressources propres contient aux termes de cet alinéa les recettes fiscales et les autres ressources propres.
Le législateur établit ensuite sur cette base un ratio entre les deux types de ressources des collectivités territoriales : les ressources propres doivent représenter une part déterminante de l'ensemble des ressources. La définition de ces deux notions est bien entendu délicate. Les dotations de l'État ont ainsi par exemple figuré dans le texte initial parmi les composantes de ces ressources dont la part doit être déterminante. La commission des finances les en a cependant exclues. De par sa technicité et le caractère délicat de sa mise en œuvre, cet alinéa a nécessité l'adoption d'une loi organique adoptée le 29 juillet 2004.

➥ La notion de ressources propres

La définition retenue laisse cependant planer des interrogations. L'évaluation se fera par catégorie de collectivités territoriales et non pas de manière globale, toutes collectivités confondues. Les établissements publics de coopération intercommunale, bien que n'étant pas des collectivités territoriales, mais au rôle désormais majeur, bénéficient également des garanties constitutionnelles nouvellement posées en ajoutant leurs recettes à celles de la catégorie constituée par les communes.
La loi organique donne une définition des recettes propres sous la forme d'une liste limitative. En premier lieu, « les ressources propres des collectivités territoriales sont constituées du produit des impositions de toutes nature dont la loi autorise à fixer l'assiette, le taux ou le tarif, ou dont elle détermine, par collectivité, le taux ou une part d'assiette locale ». Ce sera le cas de la TIPP ainsi que de la taxe spéciale sur les conventions d'assurance transférées pour partie respectivement aux régions et aux départements par la loi de finances pour 2005.
Ce sont également « des redevances pour service rendus, des produits du domaine, des participations d'urbanisme, des produits financiers, des dons et legs ».

> La loi organique donne une définition des recettes propres sous la forme d'une liste :
> – les ressources des collectivités territoriales ;
> – les redevances.

Malgré des apparences de précision, nombre des termes employés sont susceptibles de donner matière à interprétation. La question de la qualification des dotations compensatrices de pertes de recettes fiscales versées par l'État au regard de la notion d'impositions de toutes nature n'est pas la moindre.

> Malgré des apparences de précision, nombre des termes employés sont susceptible de donner matière à interprétation.

➥ La notion de part déterminante

Le degré d'autonomie devra être en outre mesuré au regard de la notion de part déterminante. Le Conseil constitutionnel avait souhaité que soit fixé un seuil minimal de ressources propres (décision 29 décembre 2003). Le législateur organique a préféré à la précision quantitative la fixation d'un plancher de référence au dessous duquel il ne faudra pas descendre : la part des ressources propres ne peut être inférieure au niveau atteint en 2003.

> La part des ressources propres ne peut être inférieure au niveau atteint en 2003.

Un mécanisme de suivi du ratio et de correction en cas de baisse a été prévu. L'article 4 impose au Gouvernement de déposer un rapport annuel au Parlement « au plus tard le 1er juin de la deuxième année qui suit celle qui est concernée » (le premier portera sur 2003 qui sera l'année de référence). Si le chiffre du ratio descend au-dessous du seuil organique, « les dispositions nécessaires sont arrêtées » au plus tard par une loi de finances pour la deuxième année suivant celle où le constat a été fait (article 5). Le délai ainsi laissé donne une souplesse de réaction à l'État pour corriger ce déficit en ressources propres.
La mise en place de ce dispositif risque de générer un certain nombre de difficultés techniques : comment concilier les transferts de compétence et leur compensation intégrale ou encore la péréquation avec la notion de part déterminante de ressources propres ?

B LES PRINCIPES COMPLÉMENTAIRES

1 • Le principe de compensation intégrale

La loi de décentralisation du 2 mars 1982 et celle organisant le transfert des compétences du 7 janvier 1983 posait déjà ce principe en voulant lui donner une portée conséquente puisqu'il s'agissait bien d'une « compensation intégrale des charges transférées. Cette règle a été codifiée à l'article L. 1614-1 du Code général des collectivités territoriales : « Tout accroissement net de charges résultant des transferts de compétences effectués entre l'État et les collectivités territoriales est accompagné du transfert concomitant par l'État aux communes, aux départements et aux régions des ressources nécessaires à l'exercice normal de ces compétences. Ces ressources sont équivalentes aux dépenses effectuées, à la date du transfert, par l'État au titre des compétences transférées et évoluent chaque année dès la première année comme la dotation globale de fonctionnement. Elles assurent la compensation intégrale des charges transférées. »

L'alinéa 4 constitutionnalise ce principe d'équivalence des ressources et des charges transférées : « Tout transfert de compétence entre l'État et les collectivités territoriales s'accompagne de l'attribution de ressources équivalentes à celles qui étaient consacrées à leur exercice. Toute création ou extension de compétence ayant pour objet d'augmenter les dépenses des collectivités est accompagnée de ressources déterminées par la loi. » Là résidait l'un des points les plus attendus de la question de l'autonomie financière, décisif pour le devenir du contenu de la décentralisation.

Sur le plan symbolique, l'ancrage de la France dans la logique d'une organisation administrative décentralisée était souhaitable. Pour autant, la mise en œuvre des nouveaux principes constitutionnels laisse non résolus de très nombreux problèmes quant aux modalités de cette autonomie. La question de la compensation financière des transferts des compétences est ainsi loin de s'être épuisée dans la formulation du principe constitutionnel d'équivalence des ressources correspondantes et sa mise en œuvre continue de se révéler plus que polémique.

> La mise en œuvre des nouveaux principes constitutionnels laisse non résolus de très nombreux problèmes quant aux modalités de cette autonomie.

Le financement du revenu minimum d'insertion est un exemple particulièrement discuté par les élus des départements. Au titre de l'année 2004, le Gouvernement avait ainsi du accepter un abondement exceptionnel de 457 millions d'euros pour combler l'écart qui s'était creusé entre la charge financière pour les départements et la compensation versée par l'État. Ce décalage était estimé par l'Association des départements de France (ADF) à 1 milliard d'euros pour 2005.

La crainte est forte auprès d'une partie des élus locaux de dérives financières multiples susceptibles de se produire au fil des réformes des minima sociaux ou de la protection de l'enfance par exemple ou pouvant résulter de la mise en place de nouvelles prestations telle la prestation de compensation du handicap (PCH) au 1er janvier 2006 dont le coût n'est pas entièrement prévisible au jour de son entrée en vigueur. En effet, comme pour nombre de ces prestations, le nombre des bénéficiaires est indépendant de la volonté des élus locaux tout comme la détermination du montant de ces prestations et allocations sociales transférées. Y compris les exemples précités, la charge financière des transferts aux départements de l'allocation personnalisée à l'autonomie (APA), des personnels TOS des collèges, des routes d'intérêt local, des personnels de l'équipement est évaluée à 8 milliards d'euros pour 2005.

> La crainte est forte auprès d'une partie des élus locaux de dérives financières multiples susceptibles de se produire au fil des réformes.

La situation est dès lors paradoxale. À un moment où la France a franchi constitutionnellement le seuil de la décentralisation, nombreux sont les élus locaux, toutes tendances confondues, qui demandent un ralentissement des transferts de compétences en raison de la charge financière qu'ils représentent.

2 • La constitutionnalisation du principe de péréquation

L'idée d'une péréquation n'est pas nouvelle. Le Conseil constitutionnel avait d'ailleurs déjà eu à se prononcer dans sa décision en date du 6 mai 1991 relative à la loi instituant la dotation de solidarité urbaine et un fonds de solidarité des communes d'Île-de-France sur la question de la péréquation. Les requérants estimaient que l'institution d'un prélèvement opéré sur les ressources fiscales des collectivités favorisées à destination des collectivités les moins riches était constitutive d'une atteinte au principe de libre administration locale. Le juge constitutionnel avait alors rappelé le nécessaire respect « des dispositions de la Constitution qui fondent la compétence du législateur » ; celui-ci a donc le pouvoir de décider que « le produit d'une imposition perçue au profit d'une catégorie de collectivités pourra, dans des conditions respectant le principe de libre administration, être affecté pour partie à une ou plusieurs autres collectivités ».

Le juge constitutionnel a le pouvoir de décider que le produit d'une imposition perçue au profit d'une catégorie de collectivités pourra, dans des conditions respectant le principe de libre administration être affecté pour partie à une ou plusieurs autres collectivités.

Ici encore, la mise en œuvre des nouveaux principes constitutionnels suscite nombre d'interrogations, à commencer par l'articulation de l'exigence de la part déterminante de ressources propres au regard de l'organisation des mécanismes de péréquation.

L'existence d'un pouvoir fiscal reconnu aux collectivités territoriales est une chose, leur reconnaître une autonomie financière en est une autre. À cet égard, la prudence est de mise. L'autonomie financière dans l'État décentralisé qu'est devenu la France s'entend d'une libre disposition par les collectivités territoriales de leurs ressources et de la possibilité de moduler assiette et taux des impositions de toutes natures qui leurs sont affectées. Pour autant, dans un État unitaire, le pouvoir fiscal local ne peut être que résiduel. Il est limité par la dépendance organisationnelle des collectivités territoriales vis-à-vis de l'État, à commencer par le principe d'unité de caisse, article 26-2 de la loi organique relative aux lois de finances (LOLF). Il en résulte la garantie pour celles-ci de percevoir le montant intégral des impôts votés en laissant à la charge de l'État le montant des impôts non recouvrés. Le paradoxe est le suivant : le caractère quelque peu artificiel et dépendant de la fiscalité des collectivités territoriales vis-à-vis de l'État apparaît comme une des garanties de leur autonomie financière.

Dans un État unitaire, le pouvoir fiscal local ne peut être que résiduel.

SUJET DE DISSERTATION

L'HÉRITAGE DE LA MONARCHIE ABSOLUE

Introduction rédigée :

L'héritage de la monarchie absolue pèse encore sur les relations entre l'État et les collectivités locales. Depuis le XIXe siècle, les tentatives se multiplient pour revenir sur cette hypercentralisation héritée de l'Ancien Régime.
Ce sont incontestablement les actes I du mouvement de décentralisation qui ont marqué un progrès notable des relations entre collectivités territoriales et État, en affirmant le principe de l'autonomie des collectivités territoriales et le faisant inscrire à l'article 72-2 de la Constitution.
Pourtant, les relations entre l'État et les collectivités territoriales sont restées complexes et tout particulièrement dans le domaine financier.
La révision du 28 mars 2003 a modifié l'article 7-2 alinéa 3 en disposant que tout transfert de compétence doit être accompagné de moyens financiers. La loi organique du 29 juillet 2004 a proclamé l'autonomie financière des collectivités territoriales. Pour le professeur G. Orsoni, ce n'est que depuis cette date que la France est « officiellement une République décentralisée ».
Pourtant l'État reste le premier bailleur de fond des collectivités territoriales avec près de 65 milliards d'euros investis en 2006 contre 39 milliards en 1998.

Plan :

I. La consécration par la Constitution de l'autonomie financière des collectivités locales
- A. L'absence de pouvoir de création des recettes fiscales
- B. Une contrepartie logique à la décentralisation

II. La pérennisation de l'origine majoritairement étatique des ressources des collectivités territoriales
- A. L'État, premier contributeur des finances locales
- B. La liberté relative d'emploi des revenus de transferts

DANS L'AIR DU TEMPS

- Les collectivités locales sont-elles autonomes financièrement ?
- Le principe de libre administration se double-t-il d'une autonomie financière ?
- L'État, premier contribuable local ?

EN PRATIQUE

QRC

- Les ressources des collectivités territoriales.
- Le financement de l'intercommunalité.
- La révision de l'article 72-2 de la Constitution de 1958.
- La notion de ressource propre.

QCM

1. La recentralisation financière :
   - A. enlève aux collectivités locales la charge de certaines dépenses
   - B. a pour effet d'entraîner la modification de l'assiette de certains impôts locaux
   - C. a eu pour effet de supprimer les parts régionales et départementales de la taxe foncière sur les propriétés non bâties
   - D. permet aux collectivités locales de supprimer certains impôts locaux

2. La réduction des ressources des collectivités territoriales :
   - A. est compensée par des mécanismes de dotations
   - B. nécessite le recours à l'emprunt
   - C. n'a entraîné aucune contrepartie pour les collectivités locales
   - D. est un mouvement inéluctable des finances publiques locales

3. L'autonomie financière :
   - A. est le pendant du principe de libre administration
   - B. a été posé par l'acte I des lois de décentralisation
   - C. est réclamée par les collectivités locales sans succès
   - D. est prévue par l'article 72-2

4. Les ressources propres :
   - A. sont exclusivement les recettes fiscales des collectivités locales
   - B. doivent représenter une part déterminante de l'ensemble des ressources
   - C. sont des dotations de l'État
   - D. ne peuvent être inférieures au niveau atteint en 2003

5. Le principe de compensation intégrale :
   - A. est le pendant du principe de péréquation
   - B. compense les accroissements de charges générés par les transferts de compétence
   - C. compense la perte de recettes fiscales par les collectivités locales
   - D. est codifié dans le Code général des collectivités territoriales

6. Depuis la révision constitutionnelle de 2003 :
   - A. les collectivités locales ont un pouvoir fiscal propre
   - B. s'administrent financièrement librement
   - C. ont un pouvoir fiscal local résiduel
   - D. ont des ressources propres

LES RESSOURCES ET LES CHARGES DES COLLECTIVITÉS TERRITORIALES

10 CHAPITRE

Depuis les lois de décentralisation de 1982 et celles qui ont suivi, le visage de l'organisation décentralisée de la République s'est radicalement transformé, diversifié, complexifié. La question des ressources et des dépenses des collectivités territoriales est centrale à cet égard.
Le chiffrage exact des données des finances des collectivités territoriales est toujours très long car ce ne sont pas moins de deux cent mille comptabilités locales dont la direction générale des collectivités territoriales doit faire la synthèse. La DGCT publie et actualise sur son site une très abondante documentation, notamment « les collectivités locales en chiffres 2008 » (à jour de mi-février 2008). Ceci explique le décalage dans le temps des résultats, chiffres définitifs pouvant être donnés.

1 LES DÉPENSES

L'article 72-2 de la Constitution pose le principe de libre disposition des ressources : « Les collectivités territoriales bénéficient de ressources dont elles peuvent disposer librement dans les conditions fixées par la loi. » La loi peut donc se montrer le cas échéant restrictive de cette liberté. Par ailleurs, l'article L. 1611-1 CGCT fixe un cadre législatif très rigoureux aux dépenses des collectivités territoriales : « Aucune dépense à la charge de l'État ou d'un établissement public à caractère national ne peut être imposée directement ou indirectement aux collectivités territoriales ou à leurs groupements qu'en vertu de la loi. » À l'intérieur du cadre législatif propre à un état unitaire, les collectivités décentralisées bénéficient donc d'une liberté d'action.
Trois types de dépenses sont ainsi distingués selon qu'elles sont obligatoires, facultatives ou interdites. Leur augmentation est ininterrompue depuis les lois de décentralisation (8 % du PIB en 1980 ; 11 % du PIB en 2005).

Trois types de dépenses sont ainsi distingués selon qu'elles sont obligatoires, facultatives ou interdites.

A LES DÉPENSES OBLIGATOIRES, INTERDITES ET FACULTATIVES

1 • Les dépenses obligatoires

L'enjeu de la qualification de certaines dépenses des collectivités territoriales d'« obligatoires » n'est rien moins que celui de leur marge de manœuvre budgétaire et donc de l'effectivité de la liberté posée en principe de disposer librement de leurs ressources. L'article L. 1612-15 CGCT prévoit deux cas de figure de telles dépenses : « Ne sont obligatoires pour les collectivités territoriales que les dépenses nécessaires à l'acquittement des dettes exigibles et les dépenses pour lesquelles la loi l'a expressément décidé. »
La loi du 19 février 2007 relative à la fonction publique territoriale est la dernière en date à avoir modifié les listes de dépenses obligatoires des communes, départements et régions.
Trente-deux catégories sont énumérées par l'article L. 2321-2 CGCT en ce qui concerne les communes, 21 catégories sont prévues par l'article L. 3321-1 s'agissant des départements et 9 concernent les régions dans l'article L. 4321-1. Sans exhaustivité, il faut mentionner les dépenses fondamentales des différentes col-

lectivités.

• Les dépenses obligatoires des communes comprennent notamment : l'entretien de l'hôtel de ville ; les frais de bureau et d'impression pour le service de la commune, les frais de conservation des archives communales, les catégories 3 à 6 qui suivent concernent les dépenses de personnel : indemnités de fonction, cotisations au régime général de la Sécurité sociale, cotisations aux régimes de retraites ; la rémunération des agents communaux ; la cotisation au budget du Centre national de la fonction publique territoriale ; les traitements et autres frais du personnel de la police municipale et rurale ; les dépenses de personnel et de matériel relatives au service d'incendie et de secours ; les pensions à la charge de la commune.

Une liste exhaustive des dépenses obligatoires des collectivités territoriales est impossible à réaliser.

Suit toute une série de dépenses liées aux différents services publics : les dépenses dont la commune a la charge en matière d'Éducation nationale ; les dépenses des services communaux de désinfection et des services communaux d'hygiène et de santé ; les frais de livrets de famille ; la gestion des cimetières, la démoustication ; les dépenses relatives au système d'assainissement collectif ; ou encore l'entretien des voies communales ; les dépenses occasionnées par l'application de la loi du 5 juillet 2000 relative à l'accueil et à l'habitat des gens du voyage.

Suivent enfin des dépenses obligatoire de nature financière : le financement des dotations aux amortissements et aux provisions pour les communes ou les groupements de communes dont la population est égale ou supérieure à 3 500 habitants et pour leurs établissements publics ; les intérêts de la dette et les dépenses de remboursement de la dette en capital ; l'acquittement des dettes exigibles.

• Les dépenses obligatoires du département sont, sur bien des points, similaires à celles de la commune, notamment les premières catégories. Plus spécifiquement, il faut citer les dépenses de fonctionnement des collèges ; la participation du département aux dépenses de fonctionnement des IUFM ; les dépenses liées à l'organisation des transports scolaires ; les dépenses relatives à l'action sociale, à la santé et à l'insertion, notamment l'allocation personnalisée d'autonomie ; les frais du service départemental des épizooties ; la participation au service départemental d'incendie et de secours ; les dépenses de construction et grosses réparations des collèges ; d'entretien et construction des ports maritimes de commerce et de pêche ; d'entretien et construction de la voirie départementale.

Et de la même manière que pour les communes : les dépenses de remboursement de la dette en capital ; les dotations aux amortissements ; les dotations aux provisions ainsi que les dettes exigibles.

• La même remarque est valable pour les régions, même si la liste contenue dans l'article L. 4321-1 est beaucoup plus courte : les dépenses de fonctionnement et de personnels obligatoires sont les mêmes, *idem* pour les intérêts de la dette et le remboursement de la dette en capital, et les dettes exigibles. La seule spécificité dans les dépenses obligatoires de la région concerne les dépenses dont elle a la charge en matière d'Éducation nationale, à savoir les lycées.

La contestation des dépenses obligatoires fournit ainsi aux chambres régionales des comptes la majeure partie de son activité de contrôle budgétaire.

Deux remarques s'imposent à l'issue d'une description certes quelque peu laborieuse mais très significative des dépenses obligatoires des collectivités territoriales. Tout d'abord, les matières considérées comme donnant lieu à de telles dépenses contraignantes (rappelons-le pour les collectivités territoriales) couvrent un champ extrêmement vaste. Par ailleurs, le degré de détail ne permet pas l'exhaustivité et le renvoi à d'autres textes oblige à l'interprétation et suscite des contentieux en la matière. La contestation des dépenses obligatoires fournit ainsi aux chambres régionales des comptes la majeure partie de son activité de contrôle budgétaire.

Ces listes ne sont pas exhaustives car il faut y ajouter toutes les dépenses d'intervention liées aux transferts de compétences par l'État n'y figurant pas toujours. Pour la région ce sont notamment toutes les dépenses liées à la formation professionnelle et au développement économique sous la forme d'aides directes et indirectes aux entreprises. Pour les départements, qui ont un rôle premier en matière sociale, il s'agit non seulement de la gestion de l'APA (allocation personnalisée d'autonomie), mais aussi, entre autres, des dispositifs de revenu minimum d'insertion (RMI) et revenu minimum d'activité (RMA).

2 • Les dépenses interdites et facultatives

• Les dépenses effectuées dans un but privé et non dans l'intérêt général encourent la censure du juge administratif. De même celles qui sont effectuées en dehors du champ de compétences traditionnel des « affaires locales ». Une subvention accordée à des grévistes même justifiée par la défense de l'emploi est illégale (20 novembre 1985, commune d'Aigues-Mortes).

La question du financement des cultes par les communes a toujours été matière à polémique. La loi du 9 juillet 1905 sur la séparation de l'Église et de l'État interdit par principe toute subvention. Cependant la frontière avec les dépenses autorisées est difficile à tracer. L'entretien ou la restauration d'édifices religieux peut figurer au budget local car cela relève de la gestion du domaine. Par ailleurs, il existe depuis le 30 novembre 1886 la loi sur l'enseignement primaire des écoles liées par contrat à l'État. Dans ce cadre, ces écoles privées religieuses doivent être financées pour partie par les budgets locaux, il s'agit même alors de dépenses obligatoires liées aux transferts de compétences (CE 12 février 1982, commune d'Aurillac).

> Les dépenses sont celles effectuées dans un but privé et non dans l'intérêt général et celles effectuées en dehors du champ de compétence traditionnel des « affaires locales ».

• Les dépenses facultatives correspondent à l'exercice de la clause de compétence générale dont bénéficient les communes, départements et régions à raison de leur statut de collectivités territoriales. Elles interviennent dans des domaines très variés (voir la question des services publics industriels et commerciaux).

> Les dépenses facultatives correspondent à l'exercice de la clause de compétence générale dont bénéficient les communes, départements et régions. Elles interviennent dans des domaines très variés.

B LE POIDS DES DÉPENSES LOCALES

Les transferts de compétences qui se sont succédés depuis la loi du 2 mars 1982 relative aux droits et libertés des communes, départements et régions ont engendré un accroissement considérable de leurs dépenses. De 56,4 milliards d'euros en 1982, elles sont estimées pour 2007 à 167,06 milliards d'euros.

> Les transferts de compétences ont engendré un accroissement considérable de leurs dépenses.

➥ Les dépenses de fonctionnement et d'investissement

Les dépenses de fonctionnement sont quantitativement les plus importantes : elles sont évaluées pour 2006 à 111,08 milliards d'euros soit 66,5 % de l'ensemble des dépenses :
- dépenses de personnel : 36,76 milliards d'euros = 22 % des dépenses ;
- intérêts de la dette : 2,98 milliards d'euros = 1,8 % des dépenses ;
- autres dépenses d'entretien et de fourniture et frais de fonctionnement divers.

Les dépenses d'investissement, dites dépenses en capital, sont évaluées pour 2006 à 55,98 milliards d'euros. Elles correspondent :
- au remboursement des emprunts : 12,14 milliards d'euros = 7,3 % des dépenses totales ;
- aux travaux d'équipement (dont on sait l'importance, par exemple, en matière de politique des transports publics conforme aux préconisations en matière de développement durable) ;
- acquisitions immobilières et mobilières (notamment dans le cadre de la politique de la ville).

➥ La répartition de la dépense entre les niveaux de collectivités

La répartition de la dépense entre les niveaux de collectivités fait apparaître la prédominance de la commune. Les estimations pour 2005 sont les suivantes :

- pour les dépenses communales : 84,2 milliards d'euros ;
- pour les dépenses départementales : 53,72 milliards d'euros. Il faut mentionner ici le transfert au 1er janvier 2005 des personnels non-enseignants des collèges (TOS : techniciens, ouvriers de service) ;
- pour les dépenses régionales : 19,34 milliards d'euros. Leurs dépenses se sont considérablement accrues du fait du transfert au 1er janvier 2005 des TOS des lycées.

Il faut ajouter à cela les dépenses des groupements intercommunaux à fiscalité propre qui s'élevaient en 2004 à 47,49 milliards d'euros.

La section de fonctionnement est financée par les quatre impôts directs locaux que sont la taxe professionnelle, la taxe d'habitation, la taxe foncière sur les propriétés non bâties et la taxe sur les propriétés bâties.

2 LES RESSOURCES

A LES RECETTES DES SECTIONS DE FONCTIONNEMENT ET D'INVESTISSEMENT

La section de fonctionnement est financée par les quatre impôts directs locaux que sont la taxe professionnelle, la taxe d'habitation, la taxe foncière sur les propriétés non bâties et la taxe sur les propriétés bâties. De très nombreux autres prélèvements fiscaux tels la taxe d'enlèvement des ordures ménagères (TEOM), l'impôt sur les spectacles, l'imposition forfaitaire sur les pylônes, la taxe de séjour ou encore les droits de licence des débitants de boisson viennent compléter les ressources de la section de fonctionnement ainsi de les nombreuses recettes non fiscales que sont les produits du domaine, de l'exploitation des services publics industriels et commerciaux ainsi que les dotations de l'État (DGF).

Part des impôts locaux dans les recettes de fonctionnement des collectivités territoriales et de leurs groupements à fiscalité propre en 2004

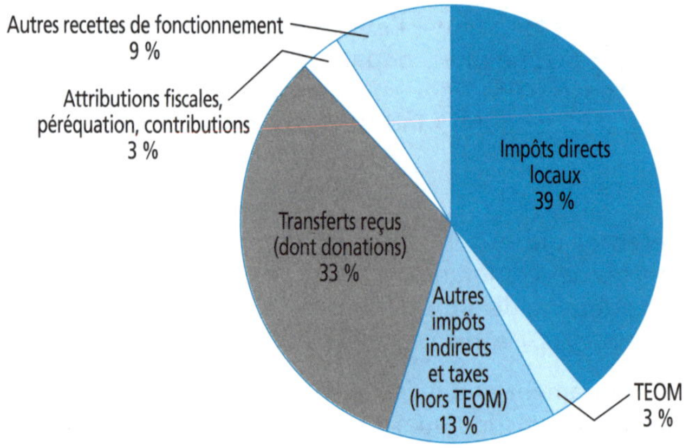

Source : site de la Direction générale des collectivités territoriales.

TLE : Taxe locale d'équipement.

DGE : Dotation globale d'équipement.

La section d'investissement pour sa part est financée de manière moindre par des recettes fiscales (taxe locale d'équipement (TLE) et taxe d'usage des abattoirs publics). Elle reçoit aussi la dotation globale d'équipement (DGE), le produit du fonds de compensation de la TVA (FCTVA), les fonds de concours, les emprunts, les produits de cessions d'immobilisations (aliénation d'éléments du patrimoine immobilier). Elle accueille enfin le versement de l'excédent de la section de fonctionnement (résultat disponible).

Les ressources issues du domaine peuvent s'avérer tout à fait importantes pour les collectivités territoriales. Le domaine privé des communes rurales donnera lieu à perception de droits de chasse ou d'exploitation des bois et forêts.

B LES RESSOURCES NON FISCALES

➡ Les ressources tirées de l'exploitation du domaine, de l'exploitation des services publics et les fonds de concours

• Les ressources issues du domaine peuvent s'avérer tout à fait importantes pour les collectivités territoriales. Le domaine privé des communes rurales donnera lieu à perception de droits de chasse ou d'exploitation des bois et forêts par exemple. Pour les villes, ce seront les recettes produites par la location de leur patrimoine immobilier. Le domaine public génèrera également des ressources par le paiement de diverses redevances (autorisations de stationnement de taxis, permission de voirie pour les kiosques, concession du domaine public pour les halles et marchés ou pour les abattoirs).

• Les services publics industriels et commerciaux fournissent également des recettes puisqu'ils donnent lieu par définition au paiement d'une redevance par l'usager. Le principe de proportionnalité entre le coût du service et le montant dû par l'usager pose le problème de la tarification des services publics. L'exemple type est donné par l'enlèvement des ordures ménagères pour lequel le CGCT donne aux communes le choix entre une taxe, donc de la fiscalité financée par le contribuable local sans lien de proportionnalité du coût par rapport au service rendu (la TEOM), et une redevance, proportionnée (la REOM), financée par l'usager. Par-delà ces questions se jouent les choix entre les modes de gestion plus ou moins intégrés ou délégués des services publics.

• Il faut ajouter à cela les fonds de concours et les dons et legs que les administrés font à leur commune.

➥ Les emprunts

Contrairement à ce qu'il en est pour l'État où l'emprunt est conçu traditionnellement comme une ressource de trésorerie, l'emprunt local est une recette budgétaire destinée à financer la section d'investissement.

Jusqu'aux lois de décentralisation, les modalités des emprunts locaux obéissaient à des contraintes particulières mais bénéficiaient aussi de taux préférentiels. Ainsi le passage obligé par les établissements du « circuit privilégié », à savoir notamment la Caisse des dépôts et consignations (CDC), mais aussi d'autres établissements prêteurs tels le Crédit Agricole ou le Crédit Mutuel, garantissait aux collectivités des prêts à taux préférentiels.

Depuis 1982 une triple évaluation s'est faite :

– d'une part a été instauré en 1984, en lieu et place d'un système de prêts spécifiques, un régime de globalisation des prêts ;

– d'autre part à partir des années 1985 le régime juridique de l'emprunt public s'est aligné sur les conditions concurrentielles du marché de l'argent ;

– enfin, la gestion active de la dette est devenue une composante majeure de la nouvelle gestion publique. En recourant à la diversité des produits offerts sur le marché (notamment les *swaps*, c'est-à-dire les échanges de taux ou le choix de taux variables), les gestionnaires locaux cherchent à réduire l'encours de la dette, c'est-à-dire l'endettement global ainsi que les charges liées aux intérêts.

Le domaine public génèrera également des ressources par le paiement de diverses redevances (autorisations de stationnement de taxis, permission de voirie pour les kiosques).

L'emprunt local est une recette budgétaire destinée à financer la section d'investissement.

Les gestionnaires locaux cherchent à réduire l'encours de la dette, c'est-à-dire l'endettement global ainsi que les charges liées aux intérêts.

3 LES DOTATIONS DE L'ÉTAT

TABLEAU D'ENSEMBLE DES CONCOURS FINANCIERS DE L'ÉTAT AUX COLLECTIVITÉS LOCALES (EN MILLIONS D'EUROS)

	2007 LFI	2006/2007
1. Dotations et subventions de fonctionnement		
– Dotation globale de fonctionnement totale	39 322	+ 2,8 %
– DGF avant ajustements et après régularisation négative de la DGF 2005	39 209	+ 2,5 %
– ajustement DSU, DSR et DNP (1)		
– majoration exceptionnelle de la dotation d'aménagement	71 (8)	
– abondement pérenne de la dotation forfaitaire des communes au titre de la dotation « parcs nationaux » (10)	3	
– majoration pérenne de la DGF des départements	38,57 (9)	
– Dotation spéciale instituteurs	88	– 35,0 %
– Dotation élu local	62	+ 2,5 %
– Subventions de divers ministères (7)		
Compensation des pertes de bases et redevances des mines	164	+ 0,0 %
Fonds d'aide pour le relogement d'urgence (FARU)		
Fonds de mobilisation départementale pour l'insertion	500	+ 400,0 %
Total	**40 248**	+ 3,9 %

	2007 LFI	2006/ 2007
2. Dotations et subventions d'équipement (autorisations de programme)		
– Dotation globale d'équipement	691	– 10,3 %
– Dotation de développement rural	128	+ 2,9 %
– Fonds de compensation de la TVA	4 711	+ 16,9 %
– Prélèvement au titre des amendes forfaitaires de la circulation	680	+ 9,7 %
– Subventions de divers ministères	1 767	+ 0,0 %
(investissement + fonctionnement) (7)	0	
– Comptes spéciaux du Trésor (5)	**7 977**	+ 9,1 %
Total		
3. Financement des transferts de compétences		
– Dotation générale de décentralisation (2)	1 112	+ 7,8 %
– Dotation relative à la formation professionnelle	1 651	+ 2,5 %
– Dotation régionale et départementale d'équipement scolaire et des collèges	1 001	+ 4,5 %
– Dotation générale de décentralisation Corse	271	+ 2,4 %
Total	**4 036**	+ 4,4 %
(pour mémoire : fiscalité transférée)	17 252	
4. Compensations d'exonérations et de dégrèvements législatifs		
– Dotation de compensation de la TP (hors RE et hors ajustement Pantin)	986	– 11,0 %
– Réduction pour embauche et investissement	78	– 0,1 %
– Majoration exceptionnelle au titre du règlement de Pantin pour la fraction de 16 %	8	+ 0,0 %
– Contrepartie de l'exonération de la taxe sur le foncier bâti et non bâti		
– Compensation des exonérations relatives à la fiscalité locale	2 763	+ 2,4 %
– Contrepartie de divers dégrèvements législatifs	11 490	+ 7,2 %
– Compensation de la suppression d'impôts locaux depuis 1999 (2) suppression de la part salaires des bases de TP (3)	119	+ 2,3 %
Total (hors suppressions d'impôts compensées par la DGD)	**14 338**	– 2,6 %

Source : *DGCL* « Les collectivités locales en chiffres 2007 ».

➥ Les dotations de fonctionnement apparaissent en section de fonctionnement. La plus importante est la dotation globale de fonctionnement. Elle a absorbé en 2004 les compensations versées par l'État pour pertes de recettes fiscales (au moment, par exemple de la suppression de la part salariale de la taxe professionnelle). Les autres dotations sont sans commune mesure : dotation spéciale instituteur (DSI), en voie de disparition en raison de la création du corps des professeurs des écoles, dotation élu local. La DGF des communes et groupements comprend une dotation forfaitaire et une dotation d'aménagement qui regroupe les dotations de péréquation communales et la DGF des EPCI.

Les dotations d'équipement comprennent la dotation globale d'équipement (DGE) venue avec les lois de décentralisation, en remplacement des décisions au cas par cas de subventions d'équipements.

➥ Les dotations d'équipement comprennent la dotation globale d'équipement (DGE) venue avec les lois de décentralisation, en remplacement des décisions au cas par cas de subventions d'équipements.
Le fonds de compensation de la TVA (FCTVA) occupe une place à part parmi ces dotations ; il permet pour sa part aux collectivités d'obtenir le remboursement de cet impôt. En effet, les collectivités paient comme tout un chacun la TVA sur leurs travaux d'équipement sans pouvoir faire cependant jouer de droit à déduction. L'État restitue les sommes versées, avec un décalage de deux ans, *via* le FCTVA. En 2007, la dotation de compensation de la taxe professionnelle versée par l'État s'établissait à 986 millions d'euros.
Il faut enfin citer le produit des amendes de police relatives à la sécurité routière.

➥ Le financement des transferts de compétences
Les transferts qui se sont déroulés par vagues depuis la loi du 2 mars 1982 lançant le mouvement de décentralisation ont nécessité le transfert de ressources adé-

quates. La loi du 7 janvier 1983 relative à la répartition des compétences entre les communes, départements et régions posait déjà le principe d'une association de compétences transférées et de ressources financières associées, que ce soient des concours financiers de l'État (dotation globale de décentralisation) ou des transferts d'impôts comme la vignette ou certains droits de mutation. Il est d'ailleurs remarquable que ces mêmes impôts qui accompagnaient les transferts de compétences sont ceux qui ont fait, moins de dix ans plus tard, l'objet des compensations fiscales évoquées ci-dessus ! La dernière en date, la loi du 13 août 2004 relative aux libertés et responsabilités locales, a également procédé à de nombreux transferts. Entre temps, l'article 72-2 issu de la révision constitutionnelle de 2003 a posé un principe d'équivalence financière pour tout transfert de compétences entre l'État et les collectivités territoriales, lequel doit donc s'accompagner de l'attribution de ressources équivalentes à celles qui étaient consacrées à leur exercice.

Tout transfert de compétences entre l'État et les collectivités territoriales doit s'accompagner de l'attribution de ressources équivalentes à celles qui étaient consacrées à leur exercice.

Le financement des transferts de compétences se fait par la dotation générale de décentralisation (DGD) pour plus d'un milliard d'euros. La loi de finances pour 2004 a cependant fait basculer cette dotation dans la dotation globale de fonctionnement (DGF). Il faut en outre mentionner la dotation générale de décentralisation de formation professionnelle (271 millions d'euros) et la DGD Corse (1 651 euros). Se rajoutent à cela la dotation régionale d'équipement scolaire (DRES) et la dotation départementale d'équipement des collèges (DDREC).

➡ Les transferts de fiscalité peuvent revêtir deux formes.

– Il peut s'agir en premier lieu d'impôts d'État qui deviennent des impôts locaux, tels la taxe différentielle sur les véhicules à moteur dite vignette devenue départementale, ou les droits d'enregistrement et de publicité foncière sur les mutations immobilières, ou encore s'agissant de la région, la taxe sur les cartes grises.

Mais il peut s'agir également d'un partage d'impôts qui restent de la fiscalité d'État dont l'évaluation figure en loi de finances. Les collectivités n'ont alors en principe aucun pouvoir de voter les taux ou de moduler l'assiette de ce qu'on appelle la fiscalité partagée.

TIPP : Taxe intérieur sur les produits pétroliers.

La taxe intérieure sur les produits pétroliers (TIPP), dont le produit pour 2007 est évalué à 18 milliards d'euros, se répartit pour partie entre les régions et les départements. Depuis le 1er janvier 2006, un certain pouvoir a été donné aux régions sur cette fiscalité. Elles sont autorisées à moduler à la hausse comme à la baisse et dans certaines limites la part régionale de l'assiette. En outre, à compter de 2007, elles peuvent en moduler l'assiette.

De même, une fraction de la taxe sur les conventions d'assurance (TSCA), qui s'est substituée à la taxe différentielle sur les véhicules à moteurs (la vignette), est pour partie affectée aux départements (loi de finances pour 2006).

– Les transferts de compensation correspondent aux pertes de recettes fiscales locales consenties par l'État au titre de ses politiques publiques étatiques et d'autre part aux multiples transferts de compétences auxquels ont procédé les lois de décentralisation qui se sont succédé. La révision constitutionnelle de 2003 est venue donner un coup d'arrêt à ce phénomène dit de « recentralisation fiscale ». En effet, l'État est intervenu à plusieurs reprises pour accorder des allègements ou des suppressions d'impositions locales : le manque à gagner pour les collectivités fait l'objet de compensations étatiques. Cette prise en charge de pans entiers de la fiscalité locale par l'État fait dire qu'il est « le premier contribuable local » (50 % environ de la taxe professionnelle, un tiers de la taxe d'habitation, 30 % de la taxe foncière sur les propriétés non bâties, la vignette pour sa quasi-totalité). Les diverses exonérations et dégrèvements législatifs accordés par l'État atteignent pour 2007 le montant de 14,5 milliards.

Cette prise en charge de pans entiers de la fiscalité locale par l'État fait dire qu'il est « le premier contribuable local ».

2 • Les ressources fiscales directes

En 2006, les collectivités territoriales ont prélevé 60,2 milliards d'euros *via* les quatre impôts directs locaux.

En 2006, les collectivités territoriales ont prélevé 60,2 milliards d'euros *via* les quatre impôts directs locaux (taxe foncière sur les propriétés non bâties (TFPNB), taxe foncière sur les propriétés bâties (TFPB), taxe d'habitation et taxe professionnelle. Si l'on ajoute le produit de la taxe d'enlèvement des ordures ménagères (TEOM) pour les communes, le montant s'élève à 64,9 milliards d'euros. L'augmentation des taux par rapport à l'année précédente a été en moyenne de 2,7 %. Les différences entre collectivités sont fortes :

– pour le secteur communal : + 1,4 % d'évolution moyenne des taux à savoir pour les communes + 0,3 % et pour les groupements + 4,5 %.

– pour les départements : + 5 %

– pour les régions : + 7,4 % (en baisse par rapport à 2005 où l'augmentation avait été de + 21 % en moyenne).

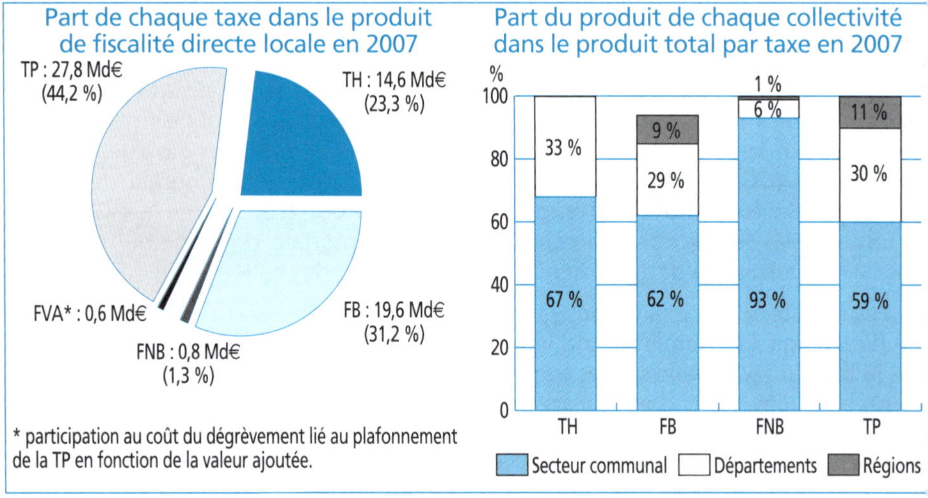

Source : site de la Direction générale des collectivités locales, mise en ligne mars 2008

L'origine de ces impôts locaux remonte à l'époque postrévolutionnaire où les deux contributions foncières, la contribution personnelle et la patente, posaient les bases du nouveau système fiscal de l'État. Ce n'est qu'au XXe siècle que ces impôts deviendront des impôts locaux perçus au profit des collectivités territoriales, communes et EPCI, départements et régions.

➡ L'élément commun de l'assiette des quatre taxes : la valeur locative cadastrale

La valeur locative cadastrale de l'immeuble constitue l'élément de base de ces quatre impositions. Elle correspond au loyer annuel théorique que produirait l'immeuble ou le terrain s'il était loué dans les conditions normales du marché à la date de référence de son évaluation.

La valeur locative cadastrale de l'immeuble constitue l'élément de base de ces quatre impositions. Elle correspond au loyer annuel théorique que produirait l'immeuble ou le terrain s'il était loué.

La question de l'évaluation des valeurs cadastrales est une des questions les plus complexes de la fiscalité locale. En effet, il s'agit d'une valeur théorique sans liens avec les prix du marché, mais construite à partir de divers éléments d'appréciation (confort d'un immeuble, affectation d'un terrain…). Les impôts actuels reposent en effet sur des valeurs déterminées à la date de référence de la dernière révision au 1er janvier 1961 pour les propriétés bâties, au 1er janvier 1970 pour les propriétés non bâties ! La loi du 30 juillet 1990 relative à la révision des évaluations des immeubles retenus pour la détermination des bases des impôts directs locaux avait bien engendré une remise à plat de ces évaluations. Toutefois les résultats de cette révision n'ont pas été intégrés dans les rôles d'imposition.

Il s'agit d'une valeur théorique sans liens avec les prix du marché mais construite à partir de divers éléments d'appréciation.

Les valeurs locatives font donc l'objet de revalorisations forfaitaires annuelles mais elles ne sont pas révisées. La distorsion avec les bases du marché locatif réel est devenue criante. C'est cela précisément qui fait obstacle car cela entraînerait une répartition totalement différente de la richesse fiscale des collectivités territoriales, suivant en cela les phénomènes de recomposition des territoires (dé-

Les valeurs locatives font l'objet de revalorisations forfaitaires annuelles mais elles ne sont pas révisées.

peuplement des zones rurales, appauvrissement de certaines parties du territoire en déshérence d'industries, revalorisation considérable d'autres secteurs tels les centres villes des grandes villes). La question est aussi politique qu'explosive, et les conséquences à attendre d'une révision aussi importantes que complexes. La révision constitutionnelle de 2003 et la reconnaissance de l'autonomie financière des collectivités territoriales ont d'ailleurs laissé de côté la question de la réforme de la fiscalité locale.

La révision constitutionnelle de 2003 et la reconnaissance de l'autonomie financière des collectivités territoriales ont d'ailleurs laissé de côté la question de la réforme de la fiscalité locale.

➥ Les taxes foncières

Elles sont dues pour toute l'année par le propriétaire ou l'usufruitier d'un immeuble au 1er janvier. Elles sont calculées par le service du cadastre selon un processus assez complexe qui doit tenir compte du classement de l'immeuble ou du terrain par catégorie en fonction d'un immeuble de référence. La valeur locative cadastrale est retenue pour une fraction de son montant (80 % pour le non bâti, 50 % sur le bâti).

Les taxes foncières sont dues pour toute l'année par le propriétaire ou l'usufruitier d'un immeuble au 1er janvier.

Même si elle continue à être importante en milieu rural, la taxe foncière sur les propriétés non bâties (TFPNB) occupe une place résiduelle dans la fiscalité locale directe.

La taxe sur les propriétés bâties (TFPB) est en revanche le deuxième impôt local. Elle est calculée sur la base d'une déclaration que le propriétaire a souscrite lors de la révision des évaluations des propriétés bâties. En outre, l'article 1406 du CGI oblige à porter connaissance de l'Administration au moyen de déclarations spéciales produites dans les quatre-vingt-dix jours suivant leur réalisation définitive, les constructions nouvelles, les changements d'affectation des propriétés bâties et non bâties.

La taxe d'enlèvement des ordures ménagères (TEOM) est perçue sur les mêmes bases que la TFPB.

➥ La taxe d'habitation (TH)

Elle doit être payée intégralement par l'occupant du logement au 1er janvier. Il peut s'agir du propriétaire, du locataire ou même d'un simple occupant à titre gratuit. Il est tenu compte de ses charges de famille au 1er janvier de l'année d'imposition.

La valeur locative de base est retenue sous réserve de correctifs. Pour la résidence principale, trois abattements peuvent intervenir, le cas échéant de manière cumulative :

- L'abattement obligatoire pour charge de famille (chacune des deux premières personnes à charge donne droit à un montant d'abattement équivalent à 10 % du montant moyen à la base. Les personnes suivantes donnent droit à 15 %. Ces pourcentages peuvent faire l'objet d'une modulation par délibération de l'assemblée locale.
- L'abattement spécial à la base est effectué en faveur des personnes de condition modeste. Les collectivités en ont la libre initiative dans la limite de 15 %.
- L'abattement général à la base : ici encore les collectivités en ont l'initiative.

En outre, des dégrèvements d'office (titulaires du RMI par exemple) sont prononcés par l'administration. Enfin il faut souligner la mesure de plafonnement de la TH concernant les contribuables dont le montant des revenus de l'année précédente n'excède pas une certaine limite fixée en fonction de la situation de famille de l'intéressé.

La valeur locative qui sert d'assiette à la TH est indépendante du loyer réel et des revenus de l'occupant malgré une tentative de réforme avortée dans les années 1990 visant à instaurer une taxe départementale sur les revenus (TDR). En revanche les mécanismes d'abattements, de dégrèvements et surtout de plafonnement introduisent une personnalisation de l'impôt, et notamment une certaine prise en compte des revenus. En 2000, la part régionale de la TH a été supprimée et compensée par l'État.

Les mécanismes d'abattements et de plafonnement introduisent une personnalisation de l'impôt, et notamment une certaine prise en compte des revenus.

➡ La taxe professionnelle (TP)

La TP est le principal impôt local ; il porte sur l'activité économique. À ce titre il a, dès son origine, fait l'objet de critiques et de réformes récurrentes. Sa disparition maintes fois annoncée n'a jamais abouti. La période de référence, pour déterminer les bases de la TP, est l'avant-dernière précédant celle de l'imposition. Il y a donc un décalage de deux ans entre l'activité économique et le paiement de l'impôt.

La valeur locative cadastrale sert de base à cette imposition, mais l'assiette de la TP est complétée par d'autres éléments. Plusieurs réformes sont intervenues pour réformer l'assiette de la TP très critiquée quant à son impact économique.

Les bases initiales de la TP lors de sa création en 1975 se composaient de deux parties :

– la valeur locative des immobilisations corporelles, c'est-à-dire les terrains, constructions, installations techniques, matériels et outillages appartenant à l'entreprise ;

– la masse salariale.

La loi de finances pour 1999 a prévu la suppression progressive de la part salariale de la taxe professionnelle décide le manque à gagner pour les collectivités étant compensé par l'État. La suppression s'est faite progressivement jusqu'à être définitive en 2003 (depuis 2004 cette compensation a été intégrée à la DGF). Cette réforme était une réponse apportée à la critique selon laquelle cet impôt, dès lors qu'il portait partiellement sur la masse salariale, faisait obstacle à la création d'emplois.

La loi de finances pour 1999 a prévu la suppression progressive de la part salariale de la taxe professionnelle.

En janvier 2004, le président Chirac décide, de manière quelque peu inattendue, le dégrèvement de TP pendant dix-huit mois à compter du 1er janvier 2004, pour les investissements nouveaux productifs. D'aucuns y ont vu la mort annoncée de la TP. Ce ne fut pas le cas.

La taxe professionnelle a fait l'objet d'une autre réforme pour 2007. Elle pérennise le dispositif de dégrèvement des investissements nouveaux (DIN) et généralise le plafonnement de la cotisation de TP, ce qui tend à proportionner la taxe à la capacité contributive des entreprises.

Le plafonnement de la taxe se fait en fonction d'un pourcentage de la valeur ajoutée produite par l'entreprise au cours de l'année d'imposition. Ce plafonnement est accordé sur réclamation du contribuable adressée au service des impôts qui reçoit la déclaration annuelle des résultats. À compter de 2007, le taux de plafonnement est de 3,5 % de la valeur ajoutée produite par les entreprises.

EPCI :
Établissements publiques de coopération intercommunale.

➡ La taxe professionnelle unique (TPU)

Les établissements publics de coopération intercommunale (EPCI) à fiscalité propre, à savoir les communautés de communes, d'agglomérations et urbaines, voient reposer leur financement de manière essentielle sur la TPU. L'EPCI se substitue alors aux communes pour la gestion et la perception du produit de la TP sur l'ensemble de son périmètre. La réforme du plafonnement de la TP en fonction de la valeur ajoutée des entreprises a d'ailleurs suscité quelques inquiétudes chez les gestionnaires des structures intercommunales se voyant amputées pour partie de leur ressource première.

Les établissements publics de coopération intercommunale voient reposer leur financement de manière essentielle sur la TPU.

Les EPCI peuvent également percevoir une fiscalité mixte, c'est-à-dire additionnelle sur les trois autres taxes.

3 • Les ressources fiscales indirectes

La fiscalité indirecte des collectivités territoriales comprend une multitude d'impôts et taxes très éclectiques, mais elle n'occupe qu'une place secondaire dans la fiscalité locale. Peuvent être cités :

– au profit des communes : l'impôt sur les spectacles, la surtaxe sur les eaux minérales, la taxe locale d'équipement (TLE), la taxe d'usage des abattoirs publics, taxe sur les emplacements publicitaires fixes, taxe de séjour ou encore la taxe de trottoir et de pavage…

– au profit des départements : la taxe de publicité foncière, la taxe départementale sur les espaces naturels sensibles (TDENS)... Il s'y ajoute la fiscalité partagée depuis la loi de finances pour 2004 qui attribue au département une part de la taxe intérieure sur les produits pétroliers (TIPP) ainsi qu'une partie de la taxe sur les conventions d'assurance (TSCA) ;
– au profit des régions : outre cette fiscalité partagée (part de la TIPP avec possibilité pour la région d'en moduler le tarif à compter du 1er janvier 2006), la taxe sur les permis de conduire...

La réforme du système fiscal est indispensable compte tenu de l'archaïsme de ses fondements. Tout au plus peut-on pointer les évolutions récentes tendant à réajuster les bases de liquidation de ces impôts. Si la valeur locative cadastrale reste toujours la référence, elle s'accompagne désormais d'autres éléments qui tendent à personnaliser ces impositions. Ainsi la TP prend en compte la valeur ajoutée. De même, la TH est plafonnée au regard des revenus du contribuable. Ces transformations partielles reconfigurent le visage de la fiscalité locale sans pour autant semble-t-il pouvoir épuiser la question de son adaptation aux exigences démultipliées de l'action décentralisée. Le rapport du conseil économique et social « Fiscalité et finances publiques locales » de novembre 2006 et celui de Pierre Richard, président du directoire de Dexia, sur la maîtrise de la dépense locale ouvrent en la matière de nombreuses pistes de travail. Dans son rapport, Pierre Richard constate que les dépenses des collectivités locales croissent beaucoup plus vite que celles de l'État. La fonction publique locale compte 1,8 million d'agents. Les collectivités locales occupent 70 % des investissements, elles sont devenues le premier investisseur public. Ces évolutions expliquent cet accroissement.
Il relève enfin le dynamisme des dépenses des collectivités territoriales. En effet, ces dernières sont bien moins endettées que l'État : leur dette ne représente que 10 % de l'endettement public, elle a même diminué entre 1996 et 2002. Pierre Richard attire toutefois l'attention sur la nécessité de clarifier les relations entre les collectivités territoriales et l'État et de diminuer l'enchevêtrement des compétences entre acteurs publics locaux (communes, établissements intercommunaux).

> La réforme du système fiscal est indispensable compte tenu de l'archaïsme de ses fondements.

4 • La réforme annoncée de la fiscalité locale

La Conférence nationale des exécutifs (CNE), lieu de concertation entre le Gouvernement et les exécutifs des collectivités territoriales, qui s'est tenue le 10 juillet 2008, a fait l'état des lieux de la fiscalité locale. Elle n'a pu que confirmer le constat fait de longue date d'un système fiscal local complexe, obsolète et inadapté aux besoins locaux. La nécessité de mener une réflexion d'ensemble est incontestable et s'articule autour de trois grands problèmes fiscaux : la modernisation des valeurs locatives, la question de la taxe professionnelle et la réforme des impôts locaux. La ministre de l'Économie et des Finances, Christine Lagarde a ainsi annoncé, en septembre 2008, une relance de la réforme de la fiscalité locale. Sur cette base, plusieurs voies de réformes ont été envisagées.

> La nécessité de mener une réflexion d'ensemble est incontestable et s'articule autour de trois grands problèmes fiscaux : la modernisation des valeurs locatives, la question de la taxe professionnelle et la réforme des impôts locaux.

➡ Les différents scenarii envisagés

• Premier scénario : la suppression de la fiscalité locale a été évoquée par certains. Seules les dotations de l'État auraient été conservées ou les impôts nationaux auraient été répartis entre l'État et les collectivités. Cette solution n'est pas concevable en France en raison des principes constitutionnellement consacrés de libre administration et d'autonomie financière des collectivités territoriales.
• Deuxième scénario : c'est celui du maintien de l'architecture d'ensemble de la fiscalité locale, adaptée et modernisée. Le problème le plus explicite est celui de la révision des valeurs locatives servant actuellement de base de calcul aux quatre impôts directs locaux. Compte tenu de l'enjeu et de la complexité d'une telle réforme, plusieurs hypothèses de travail sont avancées.

La première piste explorée consisterait à faire disparaître la notion de « valeur locative cadastrale » et à lui substituer celle de « valeur vénale des biens taxables ». La révision d'ensemble de la fiscalité directe locale qui en résulterait aurait le mérite d'être radicale mais risquerait de provoquer des réajustements de fiscalité liés à la réévaluation ou à la dévaluation de quartiers entiers tout aussi brutaux.
La deuxième piste garderait comme base la valeur locative cadastrale, mais en accordant aux élus locaux un pouvoir accru de chiffrage des biens immobiliers situés sur le territoire de leur collectivité. La révision des bases des impôts locaux se ferait ainsi davantage en fonction du choix des élus locaux. La complexité de l'opération, notamment de la détermination de coefficients, reste entière. Le rapport Mauroy de 2000 proposait en ce sens une « révision d'initiative locale » : chaque collectivité pourrait ainsi avoir le choix de réviser ou non les bases d'imposition. Ce qui serait une réponse à l'épineux problème de l'obsolescence des bases d'imposition.
Par ailleurs, afin de tenir compte davantage de la capacité contributive des contribuables, le revenu pourrait être pris en compte dans l'assiette de la taxe d'habitation et celle de la taxe professionnelle étendue à l'ensemble de la valeur ajoutée. Dans ces deux premiers cas de figure, des changements assez lourds seraient prévisibles pour les contribuables locaux.
La troisième piste serait plus de l'ordre de l'ajustement des valeurs locatives pour les rapprocher progressivement des valeurs du marché de 2008 ou 2009.

Le troisième scénario consiste dans la refonte de l'architecture d'ensemble de la fiscalité locale :
– soit en adoptant le principe de spécialisation des impôts locaux par niveau de collectivité ;
– soit en substituant de nouveaux impôts aux impôts locaux actuels.
C'est ce dernier scénario qui semble avoir la préférence du Gouvernement actuellement s'agissant de la taxe professionnelle.

- Le troisième scénario consiste dans la refonte de l'architecture d'ensemble de la fiscalité locale :

– soit en adoptant le principe de spécialisation des impôts locaux par niveau de collectivité. Cette proposition a été formulée dès 1976 dans le rapport « Vivre ensemble », puis reprise par le rapport Mauroy de 2000 et le rapport Valletoux du Conseil économique et social de 2006 ;
– soit en substituant de nouveaux impôts aux impôts locaux actuels. Cela pourrait se faire sous la forme de taxes additionnelles aux impôts nationaux ou encore avec la création de nouveaux impôts locaux.
C'est ce dernier scénario qui semble avoir la préférence du Gouvernement actuellement s'agissant de la taxe professionnelle. En effet, au cœur de la réforme, la substitution d'un nouvel impôt à la taxe professionnelle focalise l'attention depuis l'intervention en date du 5 février 2009, du président Nicolas Sarkozy. Celui-ci a annoncé la suppression de la taxe professionnelle sur la totalité des investissements productifs à partir de 2010. Qualifié « d'impôt anti-économique, n'existant nulle part ailleurs en Europe », « il nuit à notre compétitivité et pèse sur notre croissance parce qu'il pénalise l'investissement dans l'outil de production », c'est-à-dire l'achat de machines et la construction d'usines. Sa suppression doit permettre de « garder nos usines en France et permettre à nos industriels de se battre à armes égales avec leurs concurrents étrangers ». La suppression de la taxe professionnelle sur les investissements productifs représente un allégement net de 8 milliards d'euros pour les entreprises, ce qui va augmenter leur capacité d'autofinancement et donc leurs investissements.

« Verdir la fiscalité » consisterait à remplacer les impôts existants par de nouveaux prélèvements susceptibles de remplir la fonction classique de la fiscalité – à savoir procurer des recettes suffisantes au budget de l'État –, mais aurait aussi une fonction incitative pour les contribuables, à savoir faire des choix de consommation protecteur de l'environnement.

➥ L'état d'avancement des travaux gouvernementaux et parlementaires

Le recours à la fiscalité environnementale par la mise en place d'une « taxe carbone », bien que prônée par le président de la République, reste très difficile à mettre en place. « Verdir la fiscalité » consisterait à remplacer les impôts existants par de nouveaux prélèvements susceptibles de remplir la fonction classique de la fiscalité – à savoir procurer des recettes suffisantes au budget de l'État –, mais aurait aussi une fonction incitative pour les contribuables, à savoir faire des choix de consommation protecteur de l'environnement. Bien que séduisante, l'idée semble s'essouffler. Ainsi, la commission des finances du Sénat estime-t-elle que le remplacement de la taxe professionnelle par une telle contribution peut sembler inadapté à une transposition au niveau local.

Dernier état des lieux de la réflexion gouvernementale en date, lors d'une réunion qui s'est tenue au ministère de l'Intérieur le 8 juillet 2009, les ministres de l'Économie et de l'Intérieur ont présenté aux associations d'élus de nouvelles hypothèses quant au remplacement de la part « équipements et biens mobiliers » de la taxe professionnelle.

La commission des finances de l'Assemblée nationale se prononce en faveur :
– d'une cotisation assise sur la valeur ajoutée, indépendante de celle relative à la part foncière ;
– d'une minoration des bases d'imposition (partie foncière) des établissements industriels. Ceux-ci doivent être les principaux bénéficiaires de la réforme ;
– d'un abaissement du seuil de chiffre d'affaires pour l'application de la cotisation sur la valeur ajoutée, avec application de taux progressifs ;
– d'une compensation aux départements et aux régions par d'autres ressources que la TIPP ;
– et de la réduction du montant des compensations par des dotations budgétaires (4,8 milliards, au lieu de 7 milliards).
Toutefois, le produit du nouvel impôt assis sur la valeur ajoutée (10,5 milliards d'euros) reste encore inférieur à celui souhaité par les associations d'élus et la commission des finances de l'Assemblée nationale (environ 12,5 milliards d'euros).

➥ Les garanties nécessaires et les interrogations en suspens
Des garanties doivent cependant être accordées aux collectivités locales, lesquelles font preuve de la plus grande vigilance :
– quant à la compensation intégrale, globalement et individuellement, de la part de l'actuelle TP supprimée ;
– quant au respect du principe constitutionnel d'autonomie financière ;
– quant au maintien d'un lien entre les territoires et les entreprises ;
– quant à la clarification des responsabilités en matière fiscale.
Les associations d'élus demandent en outre que :
– le bloc communes-communautés perçoive également une part de la contribution sur la valeur ajoutée, répartie en fonction de critères à déterminer ;
– les départements bénéficient d'une fraction de la CSG ;
– les dotations compensatrices soient remplacées par des impôts modernes et pérennes ;
– soit mise en place, au niveau national, une véritable péréquation horizontale.
Les travaux sont loin d'être achevés, mais tous s'accordent sur le fait que la réforme de la taxe professionnelle doit être la première étape d'une réforme d'ensemble et y voient une « occasion, unique et historique » de repenser une fiscalité locale qui trouve ses fondements aux temps de l'abolition des impôts d'Ancien Régime en…1789.

Des garanties doivent cependant être accordées aux collectivités locales :
– quant à la compensation intégrale, globalement et individuellement, de la part de l'actuelle TP supprimée ;
– quant au respect du principe constitutionnel d'autonomie financière ;
– quant au maintien d'un lien entre les territoires et les entreprises ;
– quant à la clarification des responsabilités en matière fiscale.

EN PRATIQUE

SUJET DE DISSERTATION

LES DÉPENSES DES COLLECTIVITÉS TERRITORIALES

Introduction rédigée :

Les dépenses des collectivités territoriales n'ont cessé de croître depuis l'acte I de la décentralisation. Les dépenses d'investissement et de personnels sont en augmentation constante. Cette augmentation pourrait être le signe d'une mauvaise gestion des finances locales. Pourtant, dans son rapport sur les dépenses des collectivités locales, le président de la banque DEXIA, P. Richard, relève que les collectivités locales sont bien moins endettées que l'État. Enfin, les collectivités territoriales, par leurs dépenses, sont le premier investisseur local.

Plan :

I. L'augmentation constante des dépenses des collectivités territoriales
- A. Une croissance plus importante que les dépenses de l'État
- B. Des transferts de compétences importants

II. Le dynamisme des dépenses des collectivités territoriales
- A. Des dépenses tournées vers l'investissement
- B. Un endettement mieux maîtrisé que celui de l'État

DANS L'AIR DU TEMPS

- La réforme des finances locales est-elle impossible ?
- L'augmentation des dépenses des collectivités territoriales est-elle inquiétante ?

EN PRATIQUE

QRC

- Les ressources des collectivités territoriales.
- Les réformes de la taxe professionnelle.
- L'augmentation des collectivités territoriales.
- Les dépenses obligatoires.

QCM

1. Les recettes de la section de fonctionnement est abondée :

- A. par une part prélevée sur la TVA
- B. par quatre impôts directs locaux
- C. par la taxe d'enlèvement sur les ordures ménagères
- D. par une partie de l'impôt sur le revenu

2. Les dotations de fonctionnement :

- A. sont des impôts locaux
- B. sont des dotations de l'État
- C. apparaissent en section d'investissement
- D. apparaissent en section de fonctionnement

3. Les dépenses locales en 2007 sont estimées à :

- A. 167 milliards d'euros
- B. 56 milliards d'euros
- C. 215 millions d'euros
- D. 268 milliards d'euros

4. L'emprunt local :

- A. est une opération de trésorerie
- B. est une recette budgétaire
- C. finance la section de fonctionnement
- D. n'est pas comptabilisée dans le budget

5. Les dépenses obligatoires sont :

- A. les dépenses nécessaires à l'acquittement des dettes exigibles
- B. les dépenses expressément prévues par la loi
- C. les dépenses décidées comme telles par les collectivités territoriales
- D. énumérées dans la LOLF

6. Le rapport Richard :

- A. émane du rapporteur général de la commission des finances
- B. fait le point sur la dette de l'État et des collectivités territoriales
- C. met en évidence le dynamisme des dépenses locales
- D. préconise une recentralisation des dépenses locales

CHAPITRE 11

LA PROCÉDURE BUDGÉTAIRE LOCALE ET LES CONTRÔLES SUR L'EXÉCUTION DES BUDGETS

La compréhension de la procédure budgétaire locale est fondamentale à plusieurs titres. En termes de démocratie locale tout d'abord, car la complexité relevée s'agissant de la loi de finances se retrouve, à leur mesure, pour les budgets locaux. Ils sont la traduction des choix politiques des gestionnaires locaux et, tout comme le budget de l'État, ils constituent des actes d'autorisation et de prévision des recettes et des dépenses. En termes de gestion publique d'autre part, la connaissance des budgets locaux est un préalable à toute démarche d'analyse et de pilotage financiers des collectivités territoriales.
La loi organique relative aux lois de finances, comme son nom l'indique, ne concerne pas directement la procédure d'adoption des budgets locaux. Toutefois, la décentralisation a fourni un terrain en bien des points expérimental aux réformes budgétaires de l'État : l'instauration du débat d'orientation budgétaire (DOB) et la réforme de la M14 en sont deux exemples topiques.

1 LE CADRE BUDGÉTAIRE ET COMPTABLE

A LES PRINCIPAUX DOCUMENTS BUDGÉTAIRES ET COMPTABLES

DOCUMENTS BUDGÉTAIRES ET COMPTABLES :
BP : budget primitif
BS : budget supplémentaire
DM : décision modificative
BA : budget annexe

1 • Les documents de prévision et d'autorisation

➥ Le budget primitif (BP) est, sur le modèle étatique de la loi de finances, un acte de prévision et d'autorisation. Il est composé d'un budget principal et de budgets annexes.

➥ Le budget supplémentaire (BS) est une décision modificative. Il permet d'ajuster, comme une DM ordinaire, les crédits budgétaires en dépense et en recette. Il permet aussi d'intégrer en cours d'exercice les excédents, les déficits et les restes à réaliser qui apparaissent lors du vote du compte administratif (avant le 30 juin de l'année suivant l'exercice clôturé).

➥ Les décisions modificatives (DM) interviennent, sur le modèle étatique des lois de finances rectificatives, pour modifier le BP en cas de nouvelles recettes et dépenses ou de nouvelles décisions. Ces modifications ne peuvent cependant intervenir qu'en respectant le principe d'équilibre réel. Seules les assemblées délibérantes sont compétentes en la matière. Il peut y avoir une seule DM (en fin d'année) ou plusieurs tout au long de l'année (DM1, DM2...). Elles peuvent intervenir jusqu'au 21 janvier de l'année qui suit l'exercice budgétaire achevé. Tous ces documents budgétaires font l'objet d'une transmission au préfet.

➥ Les budgets annexes (BA) permettent de gérer des services publics industriels et commerciaux dans des conditions proches de celles d'une entreprise privée. Ils doivent être gérés de manière autonome sans qu'il puisse y avoir de confusion entre le budget général (recettes émanant du contribuable) et le budget du service (recettes émanant de l'usager). Le problème de la tarification de ces services porte matière à contentieux, les hausses du prix de l'eau étant par exemple suspectées de servir au financement de charges générales qui devraient incomber au budget général. Ils peuvent être obligatoires notamment s'il s'agit de SPIC non dotés de la personnalité juridique tels l'eau et l'assainissement.

2 • Les documents retraçant l'exécution

➡ Le compte de gestion (CG) retrace l'exécution des comptes. Son élaboration *a posteriori* incombe au comptable. Il doit transmettre ce compte à la collectivité avant le 1er juin.

➡ Le compte administratif (CA) est établi par l'ordonnateur. Il retrace également *a posteriori* de manière synthétique les résultats d'exécution d'une année budgétaire. Ce document sert d'appui à l'analyse financière pour comparer d'une année sur l'autre les résultats et pour les confronter aux prévisions du BP. Le vote du compte d'administration fait suite à la transmission par le comptable du compte de gestion. Il doit être approuvé par l'organe délibérant avant le 30 juin de l'année qui suit l'exercice clos. À cette occasion, les résultats de ces deux comptes vont pouvoir être confrontés.
Il faut enfin mentionner les états fiscaux. Ils contiennent les éléments nécessaires au vote du budget et des taux des impôts locaux.

B LA COMPTABILITÉ DES COLLECTIVITÉS TERRITORIALES

1 • La longue gestation de la réforme de la M14

Les premières nomenclatures des collectivités territoriales procédaient d'une approche fonctionnelle de la dépense, c'est-à-dire sa destination (le social, le culturel…). La M11 pour les plus petites communes, la M12 pour les autres, la M51 pour les départements et les régions. Cette organisation thématique n'était pas adaptée aux normes nationales et rendait ainsi difficile les comparaisons. Par ailleurs, l'approche patrimoniale était insuffisamment prise en compte dans la comptabilité locale.

> La réforme M14 s'inspire du plan comptable général (PCG) applicable aux entreprises privées et adapte en ce sens la comptabilité des communes. La nouvelle nomenclature reproduit ainsi l'architecture du PCG.

La réforme va d'abord concerner les communes avant de s'étendre aux autres collectivités territoriales. Il faut mentionner l'existence de la M4 applicable aux services publics industriels et commerciaux qui déjà avait rapproché la comptabilité applicable à ces activités de la comptabilité d'une entreprise privée. L'instruction M14 s'inspire du plan comptable général (PCG) applicable aux entreprises privées et adapte en ce sens la comptabilité des communes. La nouvelle nomenclature M14 reproduit ainsi l'architecture du PCG. La M14 a commencé à être expérimentée à partir de janvier 1993 dans les petites communes puis en 1994 dans les grandes communes. Cela a donné lieu à la loi du 22 juin 1994 qui généralise cette nouvelle nomenclature au 1er janvier 1997.
La réforme a été étendue aux départements sous la forme de la M52 applicable au 1er janvier 2004 puis aux régions à compter de 2007 sous le nom de M71.

2 • Les points forts de la réforme

La réforme de la comptabilité publique locale a entraîné une évolution du vocabulaire : les recettes et les dépenses font place aux ressources et aux charges, notions plus larges et englobant notamment une dimension patrimoniale. Les collectivités publient désormais des bilans sur le modèle des entreprises privées.
L'accent est mis sur les informations en matière patrimoniale. C'est donc une nécessité de suivre dans les comptes de la collectivité les biens de leur entrée (achat, don) à leur sortie (vente ou destruction).
Enfin, dorénavant la nouvelle comptabilité locale introduit la démarche d'amortissement des biens renouvelables et les techniques de provisionnement.

> Les collectivités publient des bilans sur le modèle des entreprises privées. L'accent est mis désormais sur les informations en matière patrimoniale.

2 L'ÉLABORATION ET L'EXÉCUTION DES BUDGETS LOCAUX

A LES PRINCIPES BUDGÉTAIRES

Les principes budgétaires applicables aux budgets locaux sont directement issus des principes étatiques. Seuls seront ici mentionnés les aménagements spécifiques qui leurs sont apportés au regard des contraintes locales.

Le vote du budget doit intervenir au plus tard le 31 mars de l'exercice budgétaire concerné. Ce délai est porté au 15 avril pour les années de renouvellement des assemblées délibérantes locales.

➡ L'annualité s'applique dans son principe, mais ses modalités ont été repensées pour tenir compte des délais nécessaires de transmission par l'État des données concernant les collectivités territoriales issues du vote de la loi de finances de l'année.
Ainsi le vote du budget doit intervenir au plus tard le 31 mars de l'exercice budgétaire concerné. Ce délai est porté au 15 avril pour les années de renouvellement des assemblées délibérantes locales. Entre-temps, la loi permet d'engager les crédits de fonctionnement dans la limite des crédits de l'année précédente et d'ouvrir par délibération un quart des crédits d'investissement. Pour autant les grandes communes tendent à respecter pleinement le principe d'antériorité pour pouvoir disposer pleinement de leurs budgets ; elles votent ainsi leur budget avant le 31 décembre. Ces délais ne sont pas applicables quand le défaut d'adoption résulte de l'absence de communication à l'organe délibérant d'informations indispensables à l'établissement du budget avant le 15 mars. La liste de ces informations est fixée par décret. Dans ce cas, l'organe délibérant dispose de quinze jours à compter de cette communication pour arrêter le budget. La technique des autorisations de programmes et crédits de paiement (AP/CP) se retrouve au niveau local pour permettre d'engager des crédits de manière pluriannuelle.

➡ Le principe d'unité s'applique lui aussi et supporte plusieurs atténuations. Les budgets annexes, les établissements publics locaux, le recours à la délégation des compétences aux structures intercommunales, les délégations de services publics à des entreprises privées sont autant de formes dérogatoires.
Le principe d'équilibre mérite, s'agissant des collectivités territoriales, d'être mentionné à part entière. Il s'agit en effet d'un équilibre réel et non comme pour l'État d'un équilibre déterminé par la loi de finances qui doit comporter un minimum d'autofinancement du remboursement de la dette annuelle de chaque collectivité. Enfin, l'évaluation des recettes et des dépenses doit obéir au principe de sincérité.

Article L. 1612-4 du CGCT :
« Le budget de la collectivité territoriale est en équilibre réel lorsque la section de fonctionnement et la section d'investissement sont respectivement votées en équilibre, les recettes et les dépenses ayant été évaluées de façon sincère, et lorsque le prélèvement sur les recettes de la section de fonctionnement au profit de la section d'investissement, ajouté aux recettes propres de cette section, à l'exclusion du produit des emprunts, et éventuellement aux dotations des comptes d'amortissements et de provisions, fournit des ressources suffisantes pour couvrir le remboursement en capital des annuités d'emprunt à échoir au cours de l'exercice. »

Depuis l'ordonnance du 26 août 2005 relative à la simplification et à l'amélioration des règles budgétaires et comptables applicables aux collectivités territoriales, à leurs groupements et aux établissements publics locaux rattachés, les articles relatifs aux budgets des communes, départements et régions ont été remaniés.

B LE FORMALISME DES BUDGETS LOCAUX

Depuis l'ordonnance du 26 août 2005 relative à la simplification et à l'amélioration des règles budgétaires et comptables applicables aux collectivités territoriales, à leurs groupements et aux établissements publics locaux rattachés, les articles relatifs aux budgets des communes, départements et régions ont été remaniés (entrée en vigueur au 1er janvier 2006).
L'article L. 2311-1 du CGCT dispose de manière très claire les principes formels d'élaboration et de contenu budgétaires devant être suivis par les communes. L'article L. 3311-1 consacré au budget départemental est pour ainsi dire calqué sur ce dernier et l'article 4311-1, non remanié par l'ordonnance de 2005, en est très proche.

Alinéa 1 : « Le budget de la commune est l'acte par lequel sont prévues et autorisées les recettes et les dépenses annuelles de la commune. »

➡ Alinéa 1 : « Le budget de la commune est l'acte par lequel sont prévues et autorisées les recettes et les dépenses annuelles de la commune. »
Cette phrase, ajoutée par l'ordonnance, donne au budget local sa pleine dimension démocratique sur le modèle de la loi de finances.

➥ Alinéa 2 : « Le budget de la commune est établi en section de fonctionnement et section d'investissement, tant en recettes qu'en dépenses ». La section de fonctionnement était appelée section ordinaire par opposition à la section extraordinaire qu'était la section d'investissement.
La première comporte des recettes et des dépenses renouvelables chaque année car nécessaires au fonctionnement courant de la collectivité.
La section d'investissement comprend des recettes et des dépenses dites non renouvelables, c'est-à-dire aux termes de l'instruction M14 qui « se traduisent par une modification de la consistance ou de la valeur du patrimoine de la collectivité ». Cela correspond aux dépenses d'équipement (aménagement de bâtiments, voirie, réseaux), d'acquisition de matériels durables ou d'immeubles ainsi qu'au remboursement de la dette en capital (amortissement de la dette).

> Alinéa 2 : « Le budget de la commune est établi en section de fonctionnement et section d'investissement, tant en recettes qu'en dépenses ».

➥ Alinéa 3 : « Le budget de la commune est divisé en chapitres et articles dans les conditions qui sont déterminées par décret. »

> Alinéa 3 : « Le budget de la commune est divisé en chapitres et articles dans les conditions qui sont déterminées par décret ».

➥ Alinéa 4 : « Le budget primitif de la collectivité territoriale est transmis au représentant de l'État dans le département au plus tard quinze jours après le délai limite fixé pour son adoption [...] ». Le dernier alinéa pose les limites étatiques de la libre administration des collectivités territoriales dans un État unitaire décentralisé. Le budget fait partie des actes soumis à l'obligation de transmission au préfet. À défaut d'adoption ou de transmission dans les délais, la procédure de contrôle budgétaire à laquelle concourent les chambres régionales des comptes sera déclenchée.

> Alinéa 4 : « Le budget primitif de la collectivité territoriale est transmis au représentant de l'État dans le département au plus tard quinze jours après le délai limite fixé pour son adoption [...] ».

C LE VOTE DU BUDGET

➥ Le débat d'orientation budgétaire

Dans le délai de deux mois précédant l'examen du budget local, un débat a lieu dans chacune des assemblées délibérantes (conseil municipal, conseil général, conseil régional) sur les orientations générales du budget de l'exercice ainsi que sur les engagements pluriannuels envisagés. Il s'agit d'une obligation substantielle à peine de nullité de la procédure budgétaire qui s'impose aux communes de 3 500 habitants et plus (article L. 2312-1), aux départements (article L. 3312-1). Pour les régions, le délai est légèrement moindre (dix semaines).

➥ Les rôles respectifs de l'exécutif local et de l'assemblée délibérante

- Le budget de la commune est proposé par le maire et voté par le conseil municipal (art L. 2312-1).
- L'article L. 3312-1 dispose que « le projet de budget du département est préparé et présenté par le président du conseil général qui est tenu de le communiquer aux membres du conseil général avec les rapports correspondants, douze jours au moins avant l'ouverture de la première réunion consacrée à l'examen dudit budget » et qu'en outre « le budget primitif, le budget supplémentaire et les décisions modificatives sont votés par le conseil général ».
- Enfin le projet de budget de la région est préparé et présenté par le président du conseil régional qui est tenu de le communiquer aux membres du conseil régional avec les rapports correspondants, douze jours au moins avant l'ouverture de la première réunion consacrée à l'examen dudit budget (L. 4311-1), il est voté par le conseil régional.

➥ Les modalités de vote

Le pouvoir d'amendement du projet de budget, c'est-à-dire de proposer des modifications du projet de budget, ne fait pas l'objet de limitations, à l'image de ce qui est pour la loi de finances.

– Les crédits sont votés par chapitres (L. 2312-2 pour les communes, L. 3312-3 pour les départements, L. 4311-1 pour les régions) et si l'assemblée délibérante le décide par articles.

> Le pouvoir d'amendement du projet de budget, c'est-à-dire de proposer des modifications du projet de budget, ne fait pas l'objet de limitations.

Les seules limites fixées au pouvoir des collectivités territoriales sont, en dépenses, l'inscription des dépenses obligatoires, et, en recettes, le respect de la limitation des taux des impositions locales.

• En cas de vote par chapitre, l'exécutif local (maire, président du conseil général, président du conseil régional) pourra effectuer par décision expresse des virements d'article à article à l'intérieur d'un même chapitre. En cas de vote par article, les virements d'article à article à l'intérieur du même chapitre ne pourront se faire qu'à l'exclusion des articles dont les crédits sont spécialisés.

• Le budget des communes de 10 000 habitants et plus est voté soit par nature, soit par fonction. S'il est voté par nature, il comporte une présentation fonctionnelle ; s'il est voté par fonction, il comporte une présentation par nature.

Le budget des communes de moins de 10 000 habitants est voté par nature. Il comporte pour les communes de 3 500 habitants et plus une présentation fonctionnelle.

La nomenclature par nature et la nomenclature par fonction ainsi que la présentation des documents budgétaires sont fixées par voie réglementaire (article L. 2312-3 CGCT).

➥ Les limites du pouvoir budgétaire et fiscal des collectivités territoriales

Les seules limites fixées au pouvoir des collectivités territoriales sont, en dépenses, l'inscription des dépenses obligatoires, et, en recettes, le respect de la limitation des taux des impositions locales. Les collectivités territoriales votent librement les taux de leurs impositions directes locales (taxes foncières, taxe d'habitation, taxe professionnelle). Elles peuvent donc décider de faire peser la charge sur une taxe plutôt que sur une autre, sur les impôts dits « ménage » ou sur la taxe professionnelle à la charge des entreprises. Leur liberté est cependant encadrée et les taux sont plafonnés par la loi. Les taux sont plafonnés au double du taux moyen national pour la taxe professionnelle, à deux fois et demi le taux moyen départemental (ou national s'il est plus élevé) pour les trois autres taxes. Ce premier plafonnement que l'on peut dire vertical se complète d'une interdépendance que l'on pourrait qualifier d'horizontale, entre les taxes d'une même collectivité.

Le taux de TP des collectivités et des EPCI ne peut augmenter que dans la limite d'une fois et demie de l'augmentation du taux de la taxe d'habitation ou de celle du taux moyen pondéré des trois autres taxes si elle est moins élevée. L'idée est de ne pas laisser se créer de déséquilibres entre les impôts portant sur les ménages et sur les entreprises.

3 LE CONTRÔLE DES BUDGETS LOCAUX : LES CHAMBRES RÉGIONALES DES COMPTES (CRC)

Tout comme la Cour des comptes, les chambres régionales des comptes se sont vues confier au-delà de leur statut de juridiction une grande variété de contrôles.

Tout comme la Cour des comptes, les chambres régionales des comptes se sont vues confier au-delà de leur statut de juridiction une grande variété de contrôles. Leurs missions sont au nombre de trois. Deux sont calquées sur les missions de la Cour des comptes : le jugement des comptes des comptables publics des collectivités locales et de leurs établissements publics ainsi que l'examen de leur gestion et de celle des organismes recevant ou dépendant des fonds publics. La troisième est formulée de manière exclusive et originale, à savoir le contrôle budgétaire. La nature juridique de ces contrôles est elle aussi très diversifiée : juridictionnelle, y compris répressive (gestion de fait), mais aussi administrative et budgétaire.

Le Code des juridictions financières (CJF) définit les compétences de ces nouvelles juridictions spécialisées qui ont pris place dans l'ordre juridictionnel administratif.

Leur rôle est devenu central dans la décentralisation, même si par certains aspects le contrôle de gestion pose le problème de la légitimité et de l'impartialité de certaines chambres.

En 2006, le rapport d'activité des chambres régionales des comptes fait apparaître qu'elles ont :

– rendu 11 798 jugements ;
– émis 825 avis de contrôle budgétaire ;
– produit 713 rapports d'observations définitives.

A PRÉSENTATION DES CRC, « FILLES DE LA DÉCENTRALISATION »

1 • Logique de décentralisation et création des CRC

La logique de décentralisation est contenue dans l'article 72 de la Constitution du 4 octobre 1958 qui dans son alinéa 3 pose le principe de libre administration des collectivités territoriales. L'alinéa 4 du même article en pose les limites : « dans les collectivités territoriales de la République, le représentant de l'État, représentant de chacun des membres du gouvernement, a la charge des intérêts nationaux, du contrôle administratif et du respect des lois ». Le rôle de représentant de l'État dans le cadre du principe de libre administration des collectivités territoriales est en conséquence fondamental ; ce trait va se retrouver tout particulièrement en matière budgétaire.

Les formes prises par la décentralisation dans ce cadre constitutionnel ont considérablement évolué. Jusqu'en 1982, il fallait une approbation préalable des actes budgétaires et financiers des collectivités territoriales par le préfet. Ce système avait évolué suite à la loi du 31 décembre 1970 en un dispositif d'approbation tacite. La tutelle financière devenait ainsi une contrainte modérée pour les collectivités. Il ne restait que quelques cas de figure spécifiques, comme le déficit du compte administratif du dernier exercice dans lequel le système de l'approbation préalable perdurait encore. Les délibérations des conseils municipaux en général et en matière budgétaire en particulier étaient exécutoires de plein droit quinze jours après le dépôt en préfecture.

La loi du 2 mars 1982 relative aux droits et libertés des communes, départements et régions est venue transformer radicalement la philosophie générale de l'organisation territoriale décentralisée et l'ancrer dans la volonté de développer la démocratie locale. La suppression des tutelles *a priori* de l'État sur les collectivités territoriales était un incontournable de cette réforme tant en matière administrative qu'en matière budgétaire et financière. La création, dans chaque région, d'une chambre régionale des comptes correspondait à cette logique.

> La création, dans chaque région, d'une chambre régionale des comptes correspondait à cette logique de suppression de la tutelle préfectorale.

2 • L'organisation des CRC

Elle est prévue par la loi du 10 juillet 1982, modifiée par la loi du 21 décembre 2001, et le décret du 23 août 1995. Vingt-trois chambres régionales des comptes fonctionnent ainsi en métropole et trois « chambres territoriales » sont en place en outre-mer (Guadeloupe, Guyane et Martinique ; Réunion, Nouvelle-Calédonie et Polynésie).

> L'organisation des CRC est prévue par la loi du 10 juillet 1982, modifiée par la loi du 21 décembre 2001, et le décret du 23 août 1995. Vingt-trois chambres régionales des comptes fonctionnent ainsi en métropole et trois « chambres territoriales » sont en place en outre-mer.

➡ Les membres des CRC

Les effectifs globaux des chambres régionales étaient au 31 octobre 2006, de 1 131 personnes, dont 331 magistrats. Ces derniers prêtent serment et forment un corps distinct de celui des magistrats à la Cour des comptes (331 magistrats). Leur recrutement se fait par la voie du concours de l'ENA et de manière complémentaire par le tour extérieur ou encore par des recrutements ponctuels exceptionnels. Leur statut leur garantit l'inamovibilité et assure leur indépendance en posant des incompatibilités (avec tout mandat parlementaire et avec la présidence de conseils généraux ou régionaux).

Les rapports organiques entre les deux types de juridictions sont étroits (mission d'inspection des CRC par la Cour des comptes, présidence de chambre par un magistrat appartenant au corps de magistrats de la Cour...).

Les CRC ont à leur tête un président nommé sur proposition du président de la Cour par le président de la République. Chacune d'entre elles s'organise en chambres pouvant elles-mêmes être divisées en sections (de une à sept dans la CRC d'Île-de-France) comprenant au moins un président et deux conseillers qui délibèrent de manière collégiale. En leur sein, un ou plusieurs commissaires du Gouvernement exercent les fonctions de ministère public et sont les correspondants du procureur général près la Cour des comptes.

➥ Le champ de compétences

• Elles ont des compétences obligatoires. C'est ainsi que toutes les collectivités du ressort (régions, départements, communes) entrent dans leur champ de contrôle. Mais aussi leurs établissements publics (hôpitaux, collèges et lycées, OPHLM et établissements de coopération intercommunale : EPCI...).

• Elles ont en outre un certain nombre de compétences facultatives en ce qu'elles peuvent vérifier les comptes des autres organismes recevant des fonds publics, quel que soit leur statut juridique dès lors qu'ils bénéficient d'un concours financier supérieur à 1500 euros de la part des collectivités territoriales ou de leurs établissements publics ou dans lesquels ces collectivités détiennent plus de la moitié du capital ou des voix dans les organes délibérants ou enfin exercent un pouvoir prépondérant de décision ou de gestion (SEM, associations subventionnées) (article L. 211-4 du CJF).

• Elles ont des compétences par délégation de la Cour des comptes. Pour des raisons de proximité évidentes, elles assurent le contrôle de certains établissements publics nationaux comme par exemple les universités ou les chambres d'agriculture.

• Enfin, depuis la loi relative à l'administration territoriale de la République (ATR) du 6 février 1992, elles participent au contrôle de la légalité des conventions de marché public ou de délégation de service. Le préfet peut les transmettre à la CRC qui émet un avis dans un délai d'un mois, il est alors transmis au préfet et à la collectivité concernée.

L'intervention des CRC ne doit pas faire oublier que les préfets, comme d'ailleurs les personnes justifiant d'un intérêt d'ailleurs, peuvent susciter un contrôle de la légalité des actes des collectivités territoriales, dont font partie les actes budgétaires.

L'intervention des CRC ne doit toutefois pas faire oublier que les préfets, comme d'ailleurs les personnes justifiant d'un intérêt d'ailleurs, peuvent susciter un contrôle de la légalité des actes des collectivités territoriales, dont font partie les actes budgétaires. Les administrés, par le recours pour excès de pouvoir (REP), et surtout le représentant de l'État dans le cadre du déféré préfectoral, peuvent saisir le tribunal administratif des actes qu'ils estiment contraires à la légalité dans un délai de deux mois à compter de leur transmission à la préfecture.

En matière budgétaire, le juge administratif pourra être saisi de conclusions portant sur la régularité du vote de l'assemblée délibérante, la réalité de l'intérêt local des dépenses, l'institution régulière de taxes ou d'impositions nouvelles ou autres ressources fiscales, les inscriptions et la présentation budgétaire au regard des prescriptions législatives et réglementaires. Il pourra également être saisi des questions de régularité de la procédure de contrôle budgétaire elle-même et des décisions prises dans ce cadre : la légalité d'un arrêté préfectoral ou la légalité d'un avis d'une CRC mettant fin à la procédure enclenchée par le préfet peuvent ainsi être soumises au contrôle du juge administratif.

B LE CONTRÔLE JURIDICTIONNEL DE LA RÉGULARITÉ DES COMPTES PUBLICS LOCAUX

Le code des juridictions financières dans son article L. 211-1 dispose que « la chambre régionale des comptes juge, dans son ressort, l'ensemble des comptes des comptables publics ainsi que les comptes des personnes qu'elle a déclarées comptables de fait ».

Le code des juridictions financières dans son article L. 211-1 dispose que « la chambre régionale des comptes juge, dans son ressort, l'ensemble des comptes des comptables publics ainsi que les comptes des personnes qu'elle a déclarées comptables de fait ».

1 • Nature et garanties du contrôle de la régularité des comptes

La juridiction financière locale procède en la matière comme la Cour des Comptes avec les mêmes finalités : le contrôle de la régularité des comptes des comptables publics et le même enjeu à savoir l'engagement de la responsabilité personnelle pécuniaire de ces derniers. Cette mission s'effectue sous le contrôle en appel de la Cour des Comptes et en cassation du Conseil d'Etat.

La procédure est inquisitoriale, conduite donc par le juge et écrite. Elle était en outre dite objective, ce qui expliquait que les audiences ne soient pas publiques.

En effet la procédure porte sur les éventuelles irrégularités objectives des comptes et non sur les comptables publics eux-mêmes dont il faudrait apprécier le comportement éventuellement fautif. Le décret du 23 août 1995 a cependant introduit la nécessité d'une audience publique pour la condamnation des comptables à l'amende, la loi du 21 décembre 2001 l'a réaffirmé. Afin de mieux répondre aux exigences de la Convention européenne de sauvegarde des droits de l'Homme et des libertés fondamentales, cette procédure a été adaptée par la loi du 28 octobre 2008 applicable tant à la Cour des comptes qu'aux juridictions financières. Le caractère contradictoire de la procédure est renforcé et les audiences publiques sont généralisées. L'obligation est ainsi posée d'une audience publique avant toute mise en débet.

Le respect du principe du contradictoire était assuré comme devant la Cour des comptes par la règle du double jugement. Lorsqu'une irrégularité était constatée et qu'une charge pesait sur le comptable, la chambre prononçait un jugement provisoire. Le comptable était mis à même d'apporter ses observations. Suivait alors le jugement définitif, soit de décharge ou le cas échéant de quitus, soit de débet mettant la responsabilité pécuniaire personnelle du comptable en jeu. Cette règle est supprimée afin de simplifier la procédure et de raccourcir les délais.

> Le respect du principe du contradictoire était assuré comme devant la Cour des comptes par la règle du double jugement. Cette règle est supprimée afin de simplifier la procédure et de raccourcir les délais.

La CRC se prononce également dans le cadre de la gestion de fait c'est-à-dire le maniement irrégulier des fonds publics par une personne n'ayant pas la qualité de comptable public. Il est à remarquer que la décentralisation à ses débuts a suscité une multiplication des cas de gestion de fait le plus souvent dûs à l'inexpérience des élus face au maniement de budgets locaux n'ayant plus aucune commune mesure avec ce qu'ils avaient pu être auparavant tant en degré de complexité qu'en masse financière.

Elle prononce enfin des jugements de condamnation à l'amende pour sanctionner précisément une gestion de fait, pour retard dans la production des comptes ou dans la réponse à un jugement provisoire. La loi d'octobre 2008 renforce les prérogatives du juge des comptes en supprimant le pouvoir de remise gracieuse reconnu au ministre du Budget en matière d'amende.

2 • La procédure d'apurement administratif

Dans le but de soulager les CRC de la charge quantitativement très lourde du contrôle juridictionnel, la loi du 21 décembre 2001 (article L. 211-2 CJF) a créé une procédure d'apurement administratif des comptes par les comptables supérieurs du Trésor dans trois cas de figure. Sont concernés tout d'abord les comptes des communes dont la population n'excède pas 3 500 habitants et dont le montant des recettes ordinaires figurant au dernier compte administratif est inférieur à 750 000 euros ainsi que les comptes de leurs établissements publics. Sont concernés ensuite les comptes des EPCI regroupant une population inférieure à 3 500 habitants. Bénéficient enfin de cette procédure les comptes des associations syndicales autorisées et des associations de remembrement.

> Dans le but de soulager les CRC de la charge quantitativement très lourde du contrôle juridictionnel on a créé une procédure d'apurement administratif des comptes par les comptables supérieurs du Trésor.

Les décisions d'apurement sont transmises par le comptable supérieur du Trésor à la CRC qui, non seulement dispose d'un pouvoir d'évocation mais est seule compétente pour prononcer une mise en débet (L. 231-7 CJF).

C LE CONTRÔLE ADMINISTRATIF DES GESTIONS PUBLIQUES LOCALES

1 • Du contrôle du « bon emploi » des fonds publics au contrôle de leur « emploi régulier »

C'est un contrôle qui s'exerce a posteriori sur la gestion des ordonnateurs locaux. Il s'agit de véritables audits portant sur le bon emploi des fonds publics qui sont ici encore dans la directe ligne des contrôles de ce type effectués par la Cour des comptes.

La loi du 2 mars 1982 organise ce contrôle d'un nouveau type appliqué aux collectivités territoriales ; il n'a pas trouvé immédiatement son régime de croisière. En effet, les lettres d'observations auxquelles il donne lieu ont suscité de vives controverses de la part des élus sur la frontière à respecter entre bon emploi des fonds publics et opportunité politique des choix d'utilisation des deniers publics. D'autant que les pouvoirs d'investigation des CRC en la matière sont quasiment illimités. L'expression de contrôle de « l'emploi régulier » est d'ailleurs venue remplacer celle initiale de « bon emploi » des fonds publics (loi du 5 janvier 1988) pour marquer davantage le cadre de ce contrôle.
La loi du 21 décembre 2001 précise la nature et le contenu de ce contrôle : « l'examen de la gestion porte sur la régularité des actes de gestion, sur l'économie des moyens mis en œuvre et sur l'évaluation des résultats atteints par rapport aux objectifs fixés par l'assemblée délibérante ou par l'organe délibérant. L'opportunité de ces objectifs ne peut pas faire d'observations ». L'initiative du contrôle appartient à la CRC, mais depuis la loi du 6 février 1992, le préfet ou l'exécutif local lui-même peuvent le demander.

2 • Les garanties du contrôle des gestions publiques locales

Bien qu'il s'agisse d'un contrôle de nature administrative, il est imprégné des garanties offertes par la procédure administrative contentieuse.
Le caractère contradictoire se traduit par la rédaction d'observations provisoires puis d'observations définitives, par la possibilité pour les personnes mises nominativement en cause dans les observations provisoires à être entendues et par celle de répondre dans un délai de deux mois par écrit.
La loi du 21 décembre 2001 a accentué le caractère contradictoire de la procédure du contrôle de gestion par deux types de dispositions :
– Les premières posent des délais en donnant aux personnes destinataires du rapport deux mois pour répondre aux observations provisoires et un mois en ce qui concerne les observations définitives et rendent obligatoire la publication de ces réponses.
– Les secondes organisent la publicité des résultats de ce contrôle en interdisant la publication ou la communication de la lettre d'observation à ses destinataires ou à des tiers dans les trois mois qui précèdent les élections pour la collectivité concernée et jusqu'au lendemain du tour de scrutin où l'élection est acquise. Il s'agit ainsi de limiter l'interférence par trop directe que pourrait avoir le rapport de la CRC sur la vie politique locale.
Après des hésitations sur le degré de publicité à donner à ces lettres d'observation dont l'impact peut être très fort en termes d'enjeux locaux, la loi du 15 janvier 1990 précise qu'elles doivent être communiquées par l'exécutif à l'assemblée délibérante dès sa plus proche réunion afin qu'un débat puisse se dérouler. La loi de 2001 ajoute que le rapport d'observations est joint à la convocation adressée à chacun des membres de l'assemblée.
Les observations sont communiquées à la Cour des comptes qui alimente ainsi son rapport public dans la partie consacrée aux collectivités territoriales.

> Le contrôle des budgets exercé par le préfet et la CRC est défini au CGCT aux articles L. 1612-1 à L. 1612-19. Quatre cas de figure sont a distinguer :
> – le contrôle de l'annualité budgétaire ;
> – le respect du principe d'équilibre ;
> – les problèmes tenant au CA ;
> – le défaut d'inscription budgétaire d'une dépense obligatoire.

D LE CONTRÔLE BUDGÉTAIRE

Aux termes de l'article L. 211-7 CJF, « les chambres régionales des comptes concourent au contrôle budgétaire des collectivités territoriales qui relève de la responsabilité du préfet ». Il s'agit là d'une procédure inédite mise en place dans le cadre de la décentralisation qui allie cette nouvelle logique au maintien du pouvoir de contrôle de l'État à travers son représentant. Puissance publique et juges financiers travaillent ainsi de concert.
Il faut rappeler que le budget voté devient exécutoire de plein droit dès lors qu'il est transmis au préfet ; cette transmission doit se faire dans les quinze jours suivant son adoption. La logique de suppression de la tutelle *a priori* de l'État trouve ce-

pendant ses limites dans le pouvoir de substitution d'office *in fine* que conserve le préfet en la matière. Il s'articule avec l'intervention des CRC, mais leur intervention est essentiellement consultative.

Il s'agit du contrôle des budgets (budgets primitifs, supplémentaires et comptes administratifs) exercé par le préfet et la CRC. Il est limitativement défini au CGCT aux articles L. 1612-1 à L. 1612-19, mais tend d'une manière générale au respect des grands principes budgétaires. Quatre cas de figure sont à distinguer :

1 • Le contrôle de l'annualité budgétaire (L. 1612-2 du CGCT)

➡ Vote tardif ou non adoption du budget primitif

L'article L. 1612-2 dispose que si le budget n'est pas adopté avant le 1er mars de l'exercice auquel il s'applique ou avant le 15 avril de l'année du renouvellement des organes délibérants, le représentant de l'État dans le département saisit sans délai la CRC qui, dans le mois, et par un avis public, formule des propositions pour le règlement du budget. Lorsqu'elle concourt au contrôle budgétaire, la CRC n'exerce donc qu'une compétence consultative auprès du préfet. En effet, il revient au représentant de l'État de régler le budget et de le rendre exécutoire. Si le représentant de l'État s'écarte des propositions de la CRC, il doit assortir sa décision d'une motivation explicite. Les mesures prises par le représentant de l'État au titre de l'art L. 1612-2 peuvent faire l'objet d'un recours pour excès de pouvoir.

➡ Défaut de transmission du budget primitif

Aux termes de l'article L. 1612-8 CGCT, le budget primitif est transmis au représentant de l'État dans le département au plus tard 15 jours après le délai limite fixé pour son adoption, à savoir le 31 mars ou le 15 avril. Dans l'hypothèse d'un défaut de transmission, cet article renvoie à la procédure de l'article L. 1612-2. Le préfet saisit ainsi la CRC et la procédure décrite précédemment trouve application.

Rappelons que comme tous les actes soumis à transmission, le budget primitif d'une collectivité territoriale devient exécutoire dès lors qu'il a été transmis au représentant de l'État (date de réception en préfecture).

> Comme tous les actes soumis à transmission, le budget primitif d'une collectivité territoriale devient exécutoire dès lors qu'il a été transmis au représentant de l'État (date de réception en préfecture).

2 • Le respect du principe d'équilibre

Ce cas de figure est détaillé aux articles L. 1612-4 CGCT, qui précise ce en quoi doit consister le vote du budget en équilibre réel, et L. 1612-5, qui organise la procédure en cas de manquement à cette obligation :

> « Lorsque le budget d'une collectivité territoriale n'est pas voté en équilibre réel, la chambre régionale des comptes, saisie par le représentant de l'État dans un délai de 30 jours à compter de la transmission prévue (...), le constate et propose à la collectivité territoriale, dans un délai de 30 jours à compter de la saisine, les mesures nécessaires au rétablissement de l'équilibre budgétaire et demande à l'organe délibérant une nouvelle délibération.
>
> La nouvelle délibération rectifiant le budget initial doit intervenir dans un délai d'un mois à partir de la communication des propositions de la chambre régionale des comptes.
>
> Si l'organe délibérant ne s'est pas prononcé dans le délai prescrit, ou si la délibération prise ne comporte pas de mesures de redressement jugées suffisantes par la chambre régionale des comptes, qui se prononce sur ce point dans un délai de 15 jours à partir de la transmission de la nouvelle délibération, le budget est réglé et rendu exécutoire par le représentant de l'État dans le département. Si celui-ci s'écarte des propositions formulées par la chambre régionale des comptes, il assortit sa décision d'une motivation explicite. »

> « Lorsque le budget d'une collectivité territoriale n'est pas voté en équilibre réel, la chambre régionale des comptes, saisie par le représentant de l'État dans un délai de 30 jours à compter de la transmission prévue (...), le constate et propose à la collectivité territoriale, dans un délai de 30 jours à compter de la saisine, les mesures nécessaires au rétablissement de l'équilibre budgétaire et demande à l'organe délibérant une nouvelle délibération [...].

> Lorsqu'une CRC est saisie d'un budget qu'elle ne parvient pas à rééquilibrer en raison de l'importance du déficit, elle peut présenter un plan de redressement.

Lorsqu'une CRC est saisie d'un budget qu'elle ne parvient pas à rééquilibrer en raison de l'importance du déficit, elle peut présenter un plan de redressement s'étendant sur plusieurs années et demander ainsi que le budget primitif suivant intègre le déficit prévisionnel, elle peut aussi être amenée à inviter la collectivité à titre exceptionnel à rechercher par un emprunt la couverture du déséquilibre de la section d'investissement en plus d'une importante augmentation d'impôts.

Il est à noter cependant que lorsque la CRC conclut à l'existence d'un équilibre réel, le préfet est tenu par cette constatation et ne peut plus conduire la procédure de l'article L. 1612-5 jusqu'à son terme.

3 • Les problèmes tenant au compte administratif (articles L. 1612-12 et L. 1612-14)

➥ Le rejet du compte administratif par l'assemblée délibérante

Lorsque le compte administratif fait l'objet d'un rejet par l'assemblée délibérante, le préfet saisit sans délai la CRC du projet de budget présenté par l'exécutif local, celle-ci qui rend un avis sous un mois. Elle se prononce sur la conformité entre le projet de compte administratif présenté par l'exécutif de la collectivité et le compte de gestion établi par le comptable.

➥ La date du vote du compte administratif

Le compte administratif est transmis au représentant de l'État dans le département au plus tard 15 jours après le délai limite fixé pour son adoption (article L. 1612-13). À défaut, le préfet saisit la CRC, selon la procédure de l'article L. 1615-5, du plus proche budget voté par la collectivité territoriale. Il s'agira le plus souvent du budget supplémentaire ou de l'ensemble des décisions budgétaires de l'exercice concerné. Ce ne peut pas être en revanche le plus proche budget primitif voté antérieurement puisque le compte administratif aurait dû précisément permettre le vote de l'arrêté des comptes de la collectivité.

➥ Problème tenant à l'équilibre du compte administratif

L'article L. 1612-14 organise la procédure lorsque apparaît un déficit d'exécution supérieur à un certain seuil.

> « Lorsque l'arrêté des comptes des collectivités territoriales fait apparaître dans l'exécution du budget, après vérification de la sincérité des inscriptions de recettes et de dépenses, un déficit égal ou supérieur à 10 % des recettes de la section de fonctionnement pour les communes de moins de 20 000 habitants et à 5 % pour les autres, la CRC saisie par le représentant de l'État propose à la collectivité territoriale les mesures nécessaires au rétablissement de l'équilibre de l'exercice budgétaire, dans le délai d'un mois à compter de cette saisine. »

Lorsque le budget d'une collectivité a fait l'objet de mesures de redressement prévues à l'alinéa précédent, le représentant de l'État dans le département transmet automatiquement à la CRC le budget primitif afférent à l'exercice suivant.

Si lors de l'examen de ce budget primitif, la CRC constate que la collectivité territoriale n'a pas pris de mesures suffisantes pour résorber ce déficit, elle propose les mesures nécessaires au préfet dans le délai d'un mois pour la mise en équilibre du budget ou la résorption de son déficit. Si la collectivité refuse de prendre les mesures nécessaires, le préfet règle le budget et le rend exécutoire. S'il écarte les propositions formulées par la CRC, il assortit sa décision d'une motivation explicite.

> La qualification d'une dépense donnée en dépense obligatoire et donc son inscription au budget peuvent donner lieu à des divergences d'appréciation et nécessite la mise en œuvre d'une procédure de contrôle destinée.

> La procédure se différencie des cas envisagés précédemment en ce que la CRC peut être saisie non seulement par le préfet, mais aussi par le comptable public concerné ou encore par toute personne y ayant intérêt.

4 • Le défaut d'inscription budgétaire d'une dépense obligatoire (L. 1612-15)

Les articles L. 1612-15, L. 1612-16 et L. 1612-17 apportent un cadre et une procédure au règlement de cet épineux problème qui oppose très souvent les élus au préfet à savoir celui de l'inscription budgétaire obligatoire de certains crédits. Il faut être conscient que la dépense obligatoire représente une contrainte budgétaire de nature à réduire les marges de manœuvre des élus locaux.

La qualification d'une dépense donnée en dépense obligatoire et donc son inscription au budget peuvent donner lieu à des divergences d'appréciation et nécessite la mise en œuvre d'une procédure de contrôle destinée à identifier la nature de la dépense et le cas échéant à obliger la collectivité à la faire figurer à son budget.

➥ La spécificité de la procédure

La procédure se différencie des cas envisagés précédemment en ce que la CRC peut être saisie non seulement par le préfet mais aussi par le comptable public concerné ou encore par toute personne y ayant intérêt (un fournisseur ou un prestataire qui s'efforcerait d'obtenir le règlement d'une créance, par exemple). Dès lors qu'ils estiment qu'une dépense obligatoire n'a pas été inscrite au budget ou l'a été pour une somme insuffisante, ils sont recevables à saisir la CRC.

Celle-ci se prononce sur le caractère obligatoire de la dépense dans le délai d'un mois à partir de sa saisine. De deux choses l'une :

- Soit elle rejette la demande en refusant de reconnaître cette qualification, le préfet ne pourra procéder à l'inscription d'office. Sa décision met fin à la procédure, elle sera cependant susceptible en tant que décision administrative de faire l'objet d'un recours pour excès de pouvoir devant le tribunal administratif.
- Soit, au contraire, elle opère cette constatation et adresse une mise en demeure à la collectivité concernée. Si dans un délai d'un mois cette mise en demeure n'est pas suivie d'effet, la CRC demande au préfet d'inscrire cette dépense au budget.

Elle propose, s'il y a lieu, au regard du principe d'équilibre budgétaire, la création de ressources ou la diminution de dépenses facultatives destinées à couvrir la dépense obligatoire.

➥ L'inscription d'office

Il restera au préfet à régler et rendre exécutoire « le budget rectifié en conséquence », c'est-à-dire après inscription d'office de la dépense et mise en application si nécessaire des réajustements budgétaires rendus ainsi indispensables. S'il s'écarte des propositions formulées par la CRC, sa décision doit être assortie d'une motivation explicite. Le préfet dispose donc d'un pouvoir discrétionnaire d'inscrire ou non une dépense qualifiée d'obligatoire par la CRC. Il engage cependant la responsabilité de l'État pour faute lourde.

À défaut de mandatement de cette dépense en vue de son paiement effectif, le préfet met en demeure l'ordonnateur de la collectivité (maire, président du conseil général, président du conseil régional) d'y procéder. Sans effet durant un mois, le préfet procédera au mandatement d'office (article L. 1612-16 du CGCT).

> Le préfet dispose donc d'un pouvoir discrétionnaire d'inscrire ou non une dépense qualifiée d'obligatoire par la CRC. Il engage cependant la responsabilité de l'État pour faute lourde.

L'année 2007 était celle de la célébration du bicentenaire de la Cour des comptes (1807) et le vingt-cinquième anniversaire des chambres régionales des comptes.

E LA RÉFORME ANNONCÉE DES CHAMBRES RÉGIONALES DE COMPTES

Lors de l'audience solennelle de la Cour des comptes le 5 novembre 2007, le président de la République, N. Sarkozy, demandait au premier président de la Cour Philippe Séguin, de lui faire des propositions dans un délai de trois mois sur la réorganisation des juridictions financières. Celui-ci a remis son projet de réforme le mercredi 6 février 2008, lors de la remise du rapport annuel, suscitant une vive inquiétude dans les chambres régionales des comptes. Depuis, la loi du 28 octobre 2008 portant réforme des procédures juridictionnelles devant la Cour des comptes et les CRTC et ses décrets d'applications du 19 décembre ont été adoptés. Cette loi a pour objet de réformer les règles applicables au jugement des comptes soumis aux juridictions financières, afin de les mettre en conformité avec l'article 6, §1, de la convention européenne de sauvegarde des droits de l'Homme et des libertés fondamentales. Les critiques formulées par la Cour européenne des droits de l'Homme portaient sur les procédures de jugement des comptes et de condamnation à l'amende des comptables publics comme des comptables de fait. La Cour remettait en cause leur caractère équitable pour le justiciable et critiquait leur longueur excessive.

Les procédures seront désormais plus courtes et distingueront les fonctions d'instruction, de poursuite et de jugement des comptables.

Le pouvoir de sanction du juge des comptes voit sa crédibilité renforcée.

Les magistrats des chambres régionales des comptes s'élèvent contre ces projets de réforme des juridictions financières. Certains y voient la mort annoncée des chambres régionales des comptes en tant que juridictions indépendantes. Celles-ci deviendraient des organes déconcentrés de la Cour des comptes et perdraient l'autonomie à laquelle elles sont profondément attachées.

– Aux termes de la loi, les procédures seront désormais plus courtes et distingueront les fonctions d'instruction, de poursuite et de jugement des comptables.
– Une procédure contentieuse ne pourra être ouverte que par un réquisitoire du ministère public et la publicité des débats sera garantie.
– La règle de la double décision (provisoire puis définitive) sera supprimée, la juridiction statuant par un unique arrêt ou jugement.
– Le pouvoir de sanction du juge des comptes voit sa crédibilité renforcée, mettant fin à ce que d'aucuns considéraient comme une survivance de la théorie du « ministre juge », à savoir la possibilité de remise gracieuse d'amendes par le ministre des Finances en vertu de son pouvoir hiérarchique sur les comptables publics. Son pouvoir gracieux est en revanche maintenu lorsqu'il s'agit des débets.

Il ne s'agit pourtant là que de premières mesures annonciatrices d'une réforme d'ampleur de l'organisation et des missions des juridictions financières actuellement en préparation. À l'occasion de la séance solennelle de rentrée, le 27 janvier 2009, Philippe Séguin a rappelé la nécessité de réformer la Cour des comptes : « Nous devons nous mettre en état de répondre à nos nouvelles obligations constitutionnelles, notamment en matière de contribution à l'évaluation des politiques publiques », et a confirmé le remplacement des chambres régionales des comptes par quatre à cinq chambres interrégionales travaillant de manière coordonnée avec les sept sections de la Cour. « Aujourd'hui, pour réussir dans l'évaluation, (...) la Cour et les CRC doivent s'unir. Il n'est plus possible de superposer les procédures des unes et des autres. Il n'est plus possible d'accepter que les enquêtes communes se fondent sur le volontariat de chacune. Non. La condition minimale de notre efficacité est de mettre en place une programmation unique, des méthodes homogènes et des procédures unifiées. »

Les magistrats des chambres régionales des comptes s'élèvent contre ces projets de réforme des juridictions financières pilotés par le premier président de la Cour des comptes, Philippe Séguin. Certains y voient la mort annoncée des chambres régionales des comptes en tant que juridictions indépendantes. Celles-ci deviendraient des organes déconcentrés de la Cour des comptes et perdraient l'autonomie à laquelle elles sont profondément attachées. Marc Chabert, président du syndicat des juridictions financières, l'analyse comme un affaiblissement du contrôle local des finances publiques :

> « Les relations de proximité, la capillarité que nous entretenons avec le milieu territorial, élus, fonctionnaires territoriaux, services préfectoraux nous donnent aujourd'hui une connaissance immédiate, directe du territoire sur lequel nous intervenons. Avec une gestion centralisée, nous perdrions cette proximité et nous ne serions plus en capacité de répondre aux enjeux. Nous devons être là où se trouvent les risques, l'éloignement aurait des conséquences très dommageables. »

Beaucoup y voient également une volonté manifeste d'affaiblir les chambres régionales des comptes et leur champ d'intervention. En effet, la mission de contrôle de gestion qu'effectuent les CRC serait également reformulée. L'idée selon laquelle la gestion des collectivités locales s'est beaucoup améliorée au cours des dernières années et que les contrôles semblent moins nécessaires est vivement rejetée, notamment par le syndicat des juridictions financières :

> « Les chambres régionales des comptes ont une vocation pérenne, elles n'ont pas vocation à n'avoir été que les tuteurs des débuts de la décentralisation. Certes, les grandes collectivités ont beaucoup amélioré leur gestion financière depuis le premier acte de la décentralisation, mais les petites collectivités ont encore des efforts à accomplir. Surtout, de nouveaux risques apparaissent avec

l'externalisation en direction du secteur parapublic, associations subventionnées qui exercent des missions de service public pour le compte des collectivités, délégataires de service... Nous observons des manquements parfois très graves dans ces organismes parapublics. Nous sommes vigilants sur cette externalisation des risques. L'argument qui consiste à dire que les CRC ont bien fait leur métier et que leur mission est terminée n'est pas recevable. Cela fait deux siècles que la Cour des comptes fait bien son métier, faut-il pour autant la supprimer parce qu'il n'y a plus besoin de contrôler l'État ? »

L'incertitude entourant les perspectives réelles de réforme, menée sans concertation, suscitent une vive inquiétude et un désenchantement certain des magistrats des CRC.

EN PRATIQUE

SUJET DE DISSERTATION

L'ÉVOLUTION DU CONTRÔLE DES CHAMBRES RÉGIONALES DES COMPTES

Introduction rédigée :

La loi du 2 mars 1982, tout en initiant le mouvement de décentralisation, a mis en œuvre des contrôles spécifiques sur les finances locales.
Ce sont les chambres régionales des comptes qui en ont la charge. Elles contrôlent les comptes des comptables publics des collectivités locales et de leurs établissements. L'examen de la gestion des budgets locaux n'est pas sans poser des questions quant à sa limite, ce contrôle ne va-t-il pas trop loin dans l'appréciation que les CRC peuvent faire ?

Plan :

I. Un contrôle externe nécessité par l'émancipation financière des collectivités locales
- A. La nécessité de contrôler les budgets locaux
- B. Des CRC sur le modèle de la cour des comptes

II. La variété des contrôles mis en œuvre par les CRC
- A. L'hétérogénéité des contrôles juridiques des CRC
- B. Le problème de l'impartialité du contrôle de gestion

DANS L'AIR DU TEMPS

- Le contrôle de gestion.
- L'apport de la réforme de la comptabilité publique locale.
- Le contrôle des budgets locaux.

EN PRATIQUE

QRC

- Les limites du contrôle des Chambres régionales des comptes.
- Les améliorations de la comptabilité publique locales.
- Le respect du principe d'unité dans les finances publiques locales.

QCM

1. Le budget primitif :

- ◯ A. précède le budget secondaire
- ◯ B. est un acte d'autorisation et de prévision
- ◯ C. est établi sur le modèle de la loi de finances
- ◯ D. s'apparente aux lois de finances rectificatives

2. Les décisions modificatives :

- ◯ A. peuvent modifier la liste des dépenses obligatoires
- ◯ B. s'apparentent à des lois de finances rectificatives
- ◯ C. permettent de modifier des recettes
- ◯ D. peuvent intervenir tout au long de l'exercice budgétaire

3. L'ordonnateur :

- ◯ A. établit un compte administratif
- ◯ B. établit un compte de gestion
- ◯ C. établit la liste des dépenses obligatoires
- ◯ D. retrace *a posteriori* l'exécution d'une année budgétaire

4. Les chambres régionales des comptes :

- ◯ A. ne sont pas des juridictions à l'image de la Cour des comptes
- ◯ B. ont en charge le contrôle de gestion des collectivités territoriales
- ◯ C. procèdent à l'examen des comptes des ordonnateurs locaux
- ◯ D. jugent les comptes des comptables publics locaux

5. Le contrôle juridictionnel de la régularité des comptes locaux :

- ◯ A. est soumis à une procédure inquisitoriale
- ◯ B. échappe au respect du contradictoire
- ◯ C. peut aboutir à la mise en cause de la responsabilité personnelle et pécuniaire du comptable
- ◯ D. est effectué par la Cour des comptes

6. Le contrôle administratif de la gestion :

- ◯ A. est un contrôle de l'emploi régulier des deniers publics
- ◯ B. peut aboutir à la mise en débat du comptable
- ◯ C. peut aboutir à la mise en cause de la responsabilité politique des ordonnateurs
- ◯ D. peut aboutir à la mise en cause de la responsabilité personnelle des ordonnateurs

AUGMENTATION DU BUDGET COMMUNAUTAIRE ET PROGRESSION DES POUVOIRS DU PARLEMENT EN MATIÈRE BUDGÉTAIRE

12 CHAPITRE

Le traité CECA sur le charbon et l'acier marque les prémices du budget communautaire. Progressivement, le budget européen s'émancipe de la tutelle des États membres et finance des politiques communautaires.
C'est dans une parfaite ignorance que s'est développé le budget européen les premières années. Sa taille et sa portée, extrêmement limitées, l'ont cantonné à la gestion quotidienne des institutions communautaires naissantes.
Dès les premières années de constitution des institutions communautaires, un droit budgétaire s'est développé empreint d'une grande modernité.
Le rôle du Parlement a sans cesse été revalorisé dans la procédure budgétaire. La répartition entre DO (dépenses obligatoires) et DNO (dépenses non obligatoires) indique le degré d'implication du Parlement dans les grands choix budgétaires.
Des ressources dites propres abondent le budget communautaire et assurent le financement de ces grandes politiques. Ce sont des ressources classiques (prélèvement agricole) ou modernes (le prélèvement RNB).
La politique agricole commune (PAC), monopolise une partie importante du budget communautaire. Les fonds structurels se sont développés postérieurement, assurant une intervention communautaire dans les domaines de l'insertion professionnelle comme de l'aide régionale.
Chacun des États membres calcule quel bénéfice il retire du budget communautaire. La France n'échappe pas à cette pratique, mesurant le bénéfice retiré de la PAC mais aussi des fonds structurels au regard du prélèvement sur recettes opéré sur la loi de finances au profit du budget communautaire.

Les fonds structurels se sont développés postérieurement, assurant une intervention communautaire dans les domaines de l'insertion professionnelle comme de l'aide régionale.

1 L'ÉMERGENCE D'UN BUDGET COMMUNAUTAIRE

A LES PRÉMICES BUDGÉTAIRES DE LA CECA

L'article 49 instituant la Communauté européenne du charbon et de l'acier (CECA), signé à Paris le 18 avril 1951, énumérait les ressources de la Communauté : « la Haute autorité est habilitée à se procurer les fonds nécessaires à l'accomplissement de sa mission en établissant des prélèvements sur la production de charbon et d'acier et en contractant des emprunts. » C'est un véritable impôt communautaire que fixait la Haute autorité sous la forme d'un prélèvement sur la production du charbon et de l'acier.
L'organisation de la CECA marque l'émergence de règles financières très proches de celles des États. La mise en place d'un impôt alimentant son budget, permet de noter l'avancement de sa constitution budgétaire.
Les deux traités : CEE (Communauté économique européenne) et CEEA ou EURATOM (Communauté européenne de l'énergie atomique) (1957) reposent sur une organisation financière plus proche de celle des organisations internationales. Ce sont en effet les États membres qui contribuent au budget communautaire. Ces contributions sont établies en fonction de la richesse des États membres.
Modeste les premières années, le budget communautaire assurait essentiellement le fonctionnement des institutions communautaires. Il était également alimenté

PAC :
Politique agricole commune

Le droit budgétaire communautaire s'est développé en parallèle de celui des États membres. Il conserve toutefois ses spécificités par rapport aux budgets nationaux. Il n'a pas été lié à la montée en puissance des Parlements nationaux, son histoire est plus brève.

Le traité de Bruxelles du 22 juillet 1975 accorde au Parlement le pouvoir de décharge du budget communautaire. Le pouvoir budgétaire est partagé entre le Conseil et le Parlement européen, la Commission quant à elle exécute le budget.

Les perspectives financières ont pour avantage d'appréhender le budget sur plusieurs années et de plafonner les dépenses.

Article 182 alinéa 1 du traité
Un programme-cadre pluriannuel, dans lequel est repris l'ensemble des actions de l'Union, est arrêté par le Parlement européen et le Conseil, statuant conformément à la procédure législative ordinaire, après consultation du Comité économique et social.
Le programme-cadre :
– fixe les objectifs scientifiques et technologiques à réaliser par les actions envisagées à l'article 180 et les priorités qui s'y attachent ;
– indique les grandes lignes de ces actions ;
– fixe le montant global maximum et les modalités de la participation financière de l'Union au programme-cadre, ainsi que les quotes-parts respectives de chacune des actions envisagées.

par les contributions versées par les États membres. Le budget communautaire était essentiellement composé de dépenses de fonctionnement, peu attractives pour les États. En cela, il se rapprochait du budget d'une organisation internationale.
Le droit budgétaire communautaire s'est développé en parallèle de celui des États membres. Il conserve toutefois ses spécificités par rapport aux budgets nationaux.

B LE DÉVELOPPEMENT DES POLITIQUES COMMUNAUTAIRES ET LA NÉCESSITÉ D'EN ASSURER LEUR FINANCEMENT

Les années soixante sont propices au développement des politiques communautaires et de « dépenses d'intervention ». Ces dépenses concrétisent la mise en œuvre des politiques de l'Union. Elles sont conditionnées au respect des objectifs qu'elles contiennent, elles permettent d'axer les efforts budgétaires communautaires.
Toutefois une crise majeure naît entre la Commission désireuse de renforcer les pouvoirs budgétaires du Parlement européen et la France. En représailles, la France ne siégeait plus au Conseil. C'est le compromis de Luxembourg le 30 janvier 1966 qui met fin à la politique de la « chaise vide » inaugurée par la France, il prévoit également que le budget communautaire sera financé par des ressources propres.

La décision du Conseil du 21 avril 1970 a consacré le système des ressources propres. Ses ressources assurent l'indépendance du budget communautaire par rapport aux contributions des États membres. Les chefs de l'État et de Gouvernement décident au sommet de La Haye les 1er et 2 décembre 1969 du passage aux ressources propres. Le Conseil adopte quelques mois plus tard la décision du 21 avril 1970 qui attribue pour la première fois aux communautés de véritables ressources destinées à couvrir toutes leurs dépenses. La mise à disposition de ressources propres a conféré dans un premier temps une autonomie budgétaire aux Communautés par rapport aux États membres.
Le traité de Bruxelles du 22 juillet 1975 accorde au Parlement le pouvoir de décharge du budget communautaire. Le pouvoir budgétaire est partagé entre le Conseil et le Parlement européen, la Commission quant à elle exécute le budget.

C UN CADRE FINANCIER PLURIANNUEL

À la recherche d'une modernisation du système, Jacques Delors, ancien président de la Commission européenne, est à l'origine d'accords interinstitutionnels pluriannuels, appelés « perspectives financières ». Elles ont pour avantage d'appréhender le budget sur plusieurs années et de plafonner les dépenses.
Les premières perspectives ont été établies pour une période de 5 ans (1983-1992) c'est que l'on appelle le « paquet Delors I ». Le paquet « Delors II », établi sur une période de sept années, prévoit également un plafonnement des ressources propres.
Les perspectives financières résultent d'un accord au sein du Conseil européen à l'unanimité et, dans un second temps, d'un accord entre la Commission, le Parlement européen et le Conseil. Ce consensus pend la forme d'un accord interinstitutionnel.
Les perspectives financières, adoptées à Berlin en mars 1999 et modifiées lors du Conseil européen de Copenhague en décembre 2002, couvrent la période 2000-2006. Elles ont été modifiées dans la perspective des premières années de l'élargissement (2004-2006) et en 2006 pour la période 2007-2013.
Les perspectives financières ont laissé la place à un cadre financier pluriannuel dont l'importance à été renforcée par le traité de Lisbonne entré en vigueur le 1er décembre 2009 (traité sur le fonctionnement de l'Union européenne, TFUE). Le traité rend désormais obligatoire l'établissement d'un cadre financier pluriannuel. Ce cadre est convenu entre le Parlement européen, le Conseil et la Commission, au sein d'un accord interinstitutionnel. Il fixe les montants maximaux appelés « plafonds » pour chaque catégorie de défenses dénommées « rubriques ».

Le cadre financier pluriannuel est établi pour une durée de 5 ans (article 312 du traité de Lisbonne), il couvre actuellement la période 2007-2013.

D) LE BUDGET COMMUNAUTAIRE EN QUELQUES CHIFFRES

En trente ans, le budget communautaire a été multiplié par dix :
- 10 milliards d'écus en 1969 ;
- 50 milliards d'écus en 1986 ;
- 100 milliards d'euros en 2004.

Le budget communautaire pour 2006 s'élevait à 112 milliards d'euros en crédits de paiement (dépenses qui sont prévues mais non encore payées) 121 milliards d'euros en crédits d'engagement (montant que l'UE s'engage à verser). Ce budget a été établi dans le cadre de la perspective financière 2000-2006 fixée au sommet de Berlin en 1999. Il était en augmentation de 5,9 % par rapport au budget 2005. Ce montant représente 1 % du revenu national brut communautaire (le « RNB » est une mesure statistique proche de celle du PIB). Ce dernier chiffre est parfois utilisé pour faire valoir l'insignifiance du budget communautaire.

Le budget communautaire s'élevait en 2008 à 129,1 milliards d'euros (en augmentation de 2,2 % par rapport à 2007). Le cadre financier 2007-2013, défini les 15 et 16 décembre 2005 à Bruxelles, prévoyait un budget s'élevant à 862,3 milliards d'euros. Mais les parlementaires réclamaient une augmentation plus importante du budget. Le 4 avril 2006, un compromis a été finalement trouvé. Le budget s'élèvera à 925,294 milliards pour la période 2007-2013 mais la crise financière l'a quelque peu remodelé. Ce budget était empreint de la volonté de faire la démonstration d'une rigueur budgétaire.

Le cadre financier 2007-2013 définit 4 objectifs :
- la compétitivité et la cohésion ;
- le développement durable ;
- la citoyenneté européenne ;
- l'action extérieure de l'UE.

Le budget 2010, arrêté le 17 décembre 2009 (séance plénière du Parlement), s'élève à 141,5 milliards d'euros (en crédits d'engagement). 64,3 milliards ont été alloués à l'emploi, les infrastructures et la compétitivité. Il est en hausse de 3,3 % par rapport à 2009.

En avril 2009, sous la pression de la crise économique et financière, Parlement européen, Conseil et Commission ont convenu de mobiliser 5 milliards d'euros supplémentaires ; 2 milliards ont été ajoutés au budget 2010 pour soutenir cet effort exceptionnel.

2) LES RESSOURCES COMMUNAUTAIRES

A) L'ÉQUIVOQUE DE L'EXPRESSION « RESSOURCES PROPRES »

L'adoption du système des ressources propres marque l'avènement du pouvoir budgétaire du Parlement européen.

L'article 311 du traité de Lisbonne (ex art. 269 TCE) prévoit que « le budget est, sans préjudice des autres recettes, intégralement financé par des ressources propres ».

Le financement du budget communautaire a longtemps été régi par la décision « ressources propres » du Conseil du 29 septembre 2000, à laquelle se sustituera la nouvelle décision aux ressources propres adoptée le 7 juin 2007 et entrée en vigueur le 1er mars 2009 avec effet rétroactif au 1er janvier 2007. Le terme de « ressources propres » laisse à penser qu'il existe de véritables impôts européens. Or il n'en est rien, les « ressources propres » sont des contributions au budget communautaire qui sont assurées par les États membres. Il faut donc se garder de donner trop de sens au terme de « ressources propres » et immédiatement relever que derrière ce terme se cachent des contributions nationales déguisées. Le montant des ressources propres de l'UE est plafonné à 1,24 % du revenu national brut (RNB) de l'UE ; en 2010, cela représente 235 euros par habitant (soit 1 % de la richesse nationale de l'Europe).

Il faut se garder de donner trop de sens au terme de « ressources propres » et relever que derrière ce terme se cachent des contributions nationales déguisées.

B LA CLASSIFICATION ENTRE RESSOURCES PROPRES « CLASSIQUES » ET « MODERNES »

Les droits de douane sont perçus aux frontières de l'Europe par les États membres dans le cadre des échanges avec les pays tiers.

Il existe quatre ressources propres :

1 • Les ressources « traditionnelles »

Ces ressources sont qualifiées de traditionnelles parce qu'elles sont supportées par les opérateurs économiques : personnes physiques ou morales. Elles sont perçues par les États membres pour le compte de l'Union européenne.

➡ Les ressources d'origine agricole : ces prélèvement sont perçus lors d'échanges agricoles avec les pays tiers. Ces taxes prélevées servent à compenser la différence entre les cours mondiaux et les prix plus élevés de l'Union.
La part de cette ressource tend à se marginaliser et sa suppression est sans cesse annoncée. La première raison justifiant sa disparition est son incompatibilité avec les principes de l'OMC qui dominent le commerce mondial. En 2008, elle ne représentait que 1,9 % de la totalité des ressources propres.

➡ Les droits de douane sont perçus aux frontières de l'Europe par les États membres dans le cadre des échanges avec les pays tiers. Ce sont les administrations douanières qui les perçoivent pour le compte de la communauté.

Cette ressource contribue faiblement au budget communautaire :13,6 % des ressources propres en 2008, 12 % en 2010. En effet, la Communauté applique des droits de douane faibles au regard des autres pays de l'OMC.

2 • Les ressources modernes

Ces ressources sont qualifiées de modernes parce qu'elles sont prélevées sur les recettes des États membres pour la période 2007-2013.

➡ La ressource TVA : un taux uniforme de 0,30 % aux bases de TVA est appliqué par chaque État qui reverse une partie de sa TVA au budget.
En application de la décision « ressources propres » de 2007, le taux est fixé à 0,30 % à partir du 1er janvier 2007, sauf pour l'Autriche (0,225 % de 2007 à 2013), l'Allemagne (0,15 %) et les Pays-Bas (0,10 %). La part de la ressource TVA devrait donc être décroissante de manière générale et en particulier pour ces États.Cette ressource a ainsi rapporté 15,9 milliards d'euros en 2006 au budget communautaire. Son taux est en nette diminution : en 2008, il ne représentait plus que 15,9 % des ressources totales, en 2010 11 %.

Les dépenses européennes sont traditionnellement classées en DO et DNO. Cette répartition est issue des traités de Luxembourg et de Bruxelles. Elle permet d'évaluer la capacité du Parlement d'influer sur les dépenses communautaires.

➡ La ressource RNB : qualifiée de moderne, cette ressource est supportée par les États membres les plus riches. Elle consiste en un prélèvement sur le RNB (revenu national brut) de chaque État membre. Le pourcentage est fixé annuellement par le budget communautaire. Lors du sommet de Berlin de mars 1999 (décision du 29 septembre 2000) , il a été décidé que la ressource TVA serait réduite progressivement au profit de la contribution RNB. La décision du Conseil de l'Union européenne relative au système des ressources propres des Communautés européennes adoptée le 7 juin 2007 à Luxembourg confirme la volonté d'augmenter la part prise par la ressource RNB dans le budget communautaire.
En 2008, elle assurait 67,4 % au financement du budget en 2010, elle représente 76 % des recettes totales de l'Union. Cette ressource occupe désormais une place déterminante.

Montant de chacune des ressources dans le budget communautaire (chiffres 2010)

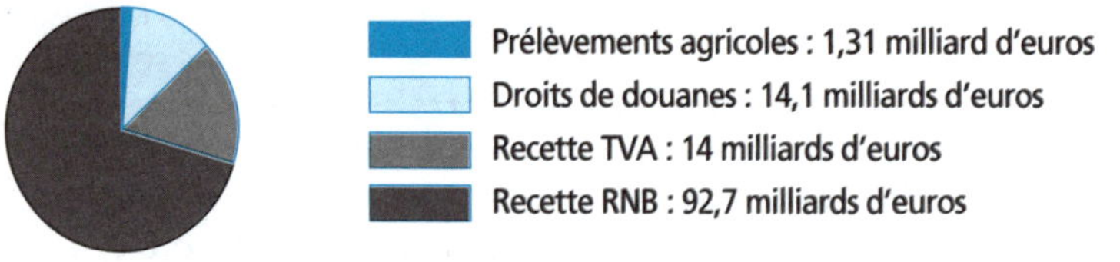

3 LES DÉPENSES D'INTERVENTIONS COMMUNAUTAIRES

Le budget communautaire a la particularité d'être un budget d'interventions et de subventions. Il se distingue ainsi des budgets nationaux qui doivent gérer les dépenses liées à la dette et les dépenses de fonctionnement qui ne représentent que 6 % du budget communautaire.
Les dépenses européennes sont traditionnellement classées en DO (dépenses obligatoires) et DNO (dépenses non-obligatoires). Cette répartition est issue des traités de Luxembourg du 22 avril 1970 et de Bruxelles du 22 juillet 1975 (article 203 TCE § 4). Elle permet d'évaluer la capacité du Parlement d'influer sur les dépenses communautaires. Les dépenses obligatoires prescrites par les traités sont sous la maîtrise du Conseil. Cette répartition a le mérite de mettre en exergue les relations de pouvoir entre le Conseil et le Parlement.

➥ Sont classées en DO :
- l'essentiel de la politique agricole commune ;
- les dépenses résultant d'accords internationaux (comme les accords de pêche conclus par la Communauté) ;
- une partie des dépenses de personnel.

➥ Sont classées en DNO :
- le volet « développement rural » de la politique agricole commune ;
- les actions structurelles (fonds structurels) ;
- les politiques internes (transports, énergie, recherche, etc.) ;
- les aides de préadhésion au bénéfice des pays candidats à l'élargissement, ainsi que le financement des actions extérieures ne découlant pas d'accords internationaux (aide au développement, politique étrangère et de sécurité commune, etc.) ;

Le traité de Lisbonne supprime la distinction en DO et DNO, ce qui est une importante concession faite aux eurodéputés. Dans la nouvelle procédure budgétaire, ils ont un rôle égal à celui du Conseil (art. 314 TFUE).
- les dépenses communautaires se composent de dépenses issues des politiques de la Communauté : les dépenses de la PAC (A), les fonds structurels (B), les politiques internes de la Commission (C).

A LA PAC

La PAC s'organise dès l'origine autour de principes simples qui tendent à favoriser le maintien de l'agriculture commune et le revenu des agriculteurs face à la concurrence (1).
Dès les premières années d'apparition de la PAC, les dépenses agricoles occupent une place prépondérante au sein du budget communautaire (2).
C'est sur l'administration nationale que repose la distribution des aides. Les offices distribuent les aides de la PAC aux agriculteurs (3).

> La PAC repose sur les principes simples que sont :
> - la préférence communautaire ;
> - l'unicité du marché ;
> - la solidarité financière.

1 • Avènement et principes de la PAC

L'avènement de la politique agricole commune en 1962 par le règlement n° 25/62 du 24 avril 1962 (JOCE L n° 30, du 24 avril 1962) illustre la montée en puissance des dépenses d'intervention, tout en marquant le passage à des dépenses plus intégrées finançant totalement des politiques communautaires sans le relais des budgets nationaux.

> OCM :
> Organisations communes de marchés.

Elle repose sur les principes simples que sont :
- La préférence communautaire : les produits agricoles de l'UE bénéficient d'une préférence à l'égard des produits importés. Les prix sont soutenus pour être plus compétitifs par rapport aux pays tiers. En outre, le marché est aussi protégé vis-à-vis des produits importés.
- L'unicité du marché, ce principe implique la libre circulation des produits agricoles sur le territoire des États membres

> L'état de surproduction chronique rend nécessaire la mise en place de freins à la croissance excessive de l'offre agricole.

– Enfin, la solidarité financière nécessite que les dépenses et frais liés à l'application de la PAC soient mis à la charge du budget communautaire.
L'article 39 du traité de Lisbonne codifie les objectifs de la PAC.

Article 39 du traité de Lisbonne
1. La politique agricole commune a pour but :
a) d'accroître la productivité de l'agriculture en développant le progrès technique, en assurant le développement rationnel de la production agricole ainsi qu'un emploi optimal des facteurs de production, notamment de la main-d'œuvre ;
b) d'assurer ainsi un niveau de vie équitable à la population agricole, notamment par le relèvement du revenu individuel de ceux qui travaillent dans l'agriculture ;
c) de stabiliser les marchés ;
d) de garantir la sécurité des approvisionnements ;
e) d'assurer des prix raisonnables dans les livraisons aux consommateurs.
2. Dans l'élaboration de la politique agricole commune et des méthodes spéciales qu'elle peut impliquer, il sera tenu compte :
a) du caractère particulier de l'activité agricole, découlant de la structure sociale de l'agriculture et des disparités structurelles et naturelles entre les diverses régions agricoles ;
b) de la nécessité d'opérer graduellement les ajustements opportuns ;
c) du fait que, dans les États membres, l'agriculture constitue un secteur intimement lié à l'ensemble de l'économie.

Le financement de la politique agricole commune est assuré depuis le 1er janvier 2007 par le Fonds européen agricole de garantie (FEAGA) et le Fonds européen agricole pour le développement rural (FEADER).
En 1964, il est divisé en deux sections : la « section orientation » axée à partir de cette date sur le développement rural, qui appartient désormais aux fonds à finalité structurelle ; la « section garantie » finance toutes les aides de l'organisation des marchés agricoles. Ces aides ont été structurées en 1962, autour d'organisation communes de marchés (OMC). Elles se définissent comme des décisions communautaires qui s'imposent et réglementent les divers domaines de la production et du commerce de produits agricoles. Elles permettent ainsi la fixation de prix communs et confèrent des soutiens aux producteurs dans le secteur dans lequel elles interviennent. Après plusieurs réformes, il a été finalement décidé en 2007 de créer une OMC unique, des OMC sectorielles subsistent néanmoins.

ACCT :
Agence Comptable Centrale du Trésor.

ACOFA :
Agence Centrale des Organismes d'Intervention dans le Secteur Agricole.

AUP :
Agence unique de paiement.

FORMA :
Fonds d'orientation et de régulation des marchés agricoles.

Organismes payeurs français :
ONIC :
Office national interprofessionnel des céréales.
OFIVAL :
Office interprofessionnel des viandes et de l'élevage.
ONILAIT :
Office national interprofessionnel du lait.
FIRS :
Fonds d'intervention et de régularisation du marché du sucre.
CNASEA :
Centre national d'aménagement des structures des exploitations agricoles.

2 • Le difficile financement de la PAC

Le financement coûteux de la PAC débute dès les années 1970. La difficile adéquation des aides au soutien des prix avec les principes du GATT et ensuite de l'OMC, mais surtout l'état de surproduction chronique rend nécessaire la mise en place de freins à la croissance excessive de l'offre agricole. Dans les années 1980, la PAC représentait 70 % du budget. L'arrivée de la Grèce, du Portugal et de l'Espagne (entre 1980 et 1986), grands consommateurs de dépenses agricoles au sein de la Communauté, a mis en évidence le manque de recettes pour y faire face.
Les dépenses de la PAC deviennent difficilement maîtrisables, victimes de leurs succès et conduisent à des difficultés de financement du FEOGA section garantie, concourant à laisser le budget en déséquilibre permanent par rapport aux autres dépenses. Les ressources propres sont accaparées en grande partie pour financer la PAC.
Les réformes successives débutent. Celle conduite en 1991 par le responsable de la PAC de l'époque, Ray MacSharry, retiendra l'attention. Il présente à l'époque à la Commission européenne deux documents de réflexion qui conduisent le Conseil à adopter, le 21 mai 1992, la réforme de la PAC dont l'adage pourrait être : baisser le soutien aux prix tout en préservant le revenu agricole.
Les dépenses de la PAC comprennent dès lors les aides de la nouvelle et de l'ancienne PAC. Les premières avaient pour finalité de soutenir les prix agricoles par

rapport aux prix mondiaux. Les nouvelles sont davantage tournées vers le maintien du revenu des agriculteurs. Les aides de l'ancienne PAC étaient destinées à disparaître progressivement. Trop exposées à la fraude, et en trop grande opposition avec les principes de libre concurrence de l'OMC, elles sont, depuis 1992, en nette diminution. Elles représentaient à cette époque 60 % du budget communautaire. Aujourd'hui les dépenses de la PAC représentent en moyenne 42 % du budget communautaire.

Depuis l'entrée en vigueur de traité de Lisbonne, les décisions législatives relatives à la PAC relèvent désormais de la procédure législative ordinaire : la codécision. Le Parlement a désormais un rôle important en matière agricole.

La question du devenir de la PAC après 2013 est pendante.

Les élargissements envisagés vers les pays de l'Est ont contraint la Commission à une nouvelle réforme dans le cadre de l'agenda 2000. La Politique agricole commune telle qu'elle est financée ne pourra être étendue à partir des mêmes principes aux « nouveaux arrivants ». Les négociations se sont clôturées au Conseil de Berlin en mars 1999, elles ont eu pour objectif de poursuivre les réformes entreprises en 1992. En 2003 (accord de Luxembourg du 26 juin 2003), une nouvelle réforme a été adoptée dont l'objectif est de définir les orientations de la PAC jusqu'en 2013. Elle a également mis fin aux liens entre aides et production, orientant les dépenses vers le développement durable. Après 40 ans de politique commune, le FEOGA a été supprimé et remplacé en 2007 par le FEAGA (Fonds européen agricole de garantie). Les dépenses agricoles sont désormais financées par deux fonds : le Fonds européen agricole de garantie (FEAGA) et le Fonds européen de développement rural (FEADER). Le FEAGA est tourné vers le financement des paiements directs aux agriculteurs et les mesures destinées à réguler les marchés agricoles. Le FEADER finance, quant à lui, les programmes de développement rural des États membres.

FEDER :
Fonds européen de développement régional.

En novembre 2007, la Commission a lancé un projet intitulé « Bilan de Santé de la PAC » l'objectif est de vérifier le bon fonctionnement de la PAC afin d'éviter l'ajout d'une nouvelle réforme. En novembre 2008, les différents ministres de l'agriculture se sont accordés sur ces différentes mesures :

FSE :
Fonds social européen.

– la suppression des jachères obligatoires d'ici à 2013 ; une augmentation progressive de 1 % chaque année du quota laitier jusqu'à leur disparition en 2015 ; un financement supplémentaire pour les agriculteurs des 12 États membres de l'UE ; une répartition budgétaire mettant en avant le développement rural ;

– l'après 2013 fait toujours l'objet d'un débat ; en juillet 2010, une conférence sur l'avenir de l'agriculture européenne s'est tenue à Bruxelles. L'objectif de cette conférence est de préparer les réformes à venir à l'automne ; la France et l'Allemagne cherchent pour la première fois de l'histoire de leur partenariat une position commune.

Aujourd'hui, la PAC s'inscrit davantage dans des préoccupations environementales de développement durable et de sécurité alimentaire, s'éloignant ainsi de la quête de productivité qui a marquée ses premières années d'émergence.

3 • L'organisation administrative française de distribution des dépenses de la PAC

Les sommes allouées par le FEAGA prennent la forme d'acomptes versés aux États membres tous les deux mois. La Commission octroie une avance mensuelle à partir des déclarations faites par les États membres En réalité, il s'agit là de remboursements de dépenses effectuées par les offices. Les crédits du FEAGA-garantie sont d'abord déposés sur un compte de dépôt des Communautés, auprès de l'agence centrale comptable du trésor (ACCT). Ce compte est « en quelque sorte « propriété de la CE », l'ACCT (agence comptable centrale du Trésor) joue le rôle « de banquier de la Commission pour la France ».

Dans une deuxième étape, les crédits perdent leur nature communautaire lors de leur dépôt sur un compte de l'ACCT, ils sont ainsi prêts à être employés par les organismes payeurs. Depuis le 1er janvier 2007, par arrêté du 28 décembre 2006, l'Agence unique de paiement (AUP) a été agréée comme organisme de coordination en

matière de financement de la Politique agricole commune. L'AUP a des fonctions de coordination, mais doit également adapter les offices aux évolutions de la PAC. Les dépenses de la PAC sont distribuées aux bénéficiaires finaux par les organismes payeurs. Les fonds transitent par des établissements publics industriels et commerciaux spécialement créés à cet effet. Après cette première phase de regroupement, en 2009, dans le cadre de la Révision générale des politiques publiques, d'autres regroupements ont eu lieu, donnant naissance à l'agence de service et de paiement (ASP) et à la France AgriMer.
Les offices assurent le paiement des crédits de garanties transitant par leurs comptes de dépôts aux bénéficiaires des aides. Ils jouent le rôle d'organismes payeurs. Ils sont eux-mêmes ultérieurement remboursés des sommes qu'ils ont versées par la communauté européenne.

B LES FONDS STRUCTURELS

Les fonds structurels sont devenus au fil du temps une importante politique d'intervention de la Communauté (1). Le nombre des fonds structurels a été diminué et leur organisation simplifiée (2). La gestion des fonds structurels en France a été marquée pendant de longues années par une sous consommation importante (3).

1 • Le développement des politiques structurelles

Postérieurement à l'avènement de la PAC, les politiques structurelles se sont développées, visant à remédier aux disparités entre certains territoires et à accroître la solidarité entre pays de l'Union. Les dépenses structurelles se sont organisées au fur et à mesure du développement du budget communautaire.

Chaque région définit pour le FEDER un programme opérationnel (PO) pour l'utilisation des fonds.

– Le fonds européen de développement régional (FEDER) a été créé en 1975 ; sa mission était de contribuer au développement par une reconversion des régions marquées par un retard de développement, par une reconversion économique ou encore en difficultés structurelles. Il prévoyait le cofinancement avec les États membres d'actions visant à réduire les inégalités entre les régions.
– Le fonds social européen (FSE), prévu dès 1958 par le traité de Rome, avait pour objectif de favoriser la formation professionnelle afin de lutter contre le chômage. Il permettait notamment de participer aux dépenses de formation professionnelle des États membres.
– L'instrument financier d'orientation de la pêche (IFOP) permettait d'accompagner et de soutenir financièrement les évolutions structurelles auxquelles était soumis ce secteur, tel que moderniser les flottes de bateau ou soutenir la commercialisation des produits de la pêche.
– Le fonds européen d'orientation et de garantie agricole (FEOGA section orientation) avait pour objectif de soutenir les zones rurales en retard de développement et d'améliorer l'efficacité des structures de production.

PO :
Programme opérationnel.

2 • La nouvelle architecture des fonds structurels

Les fonds structurels sont soumis au respect de différents principes :
– co-financement : les actions structurelles sont assurées par la réunion de financements communautaires et des financements des États membres. Ce principe vise à éviter que les financements communautaires se substituent aux financements nationaux ;
– programmation pluriannuelle ;
– partenariat ;
– évaluation.

Les programmes du cadre financier 2000-2006 se sont achevés à la fin 2008. Ils laissent place à la nouvelle programmation 2007-2013. Cette nouvelle programmation a pour effet de diminuer le nombre de fonds, qui sont regroupés autours de deux fonds : le fonds européen de développement régional (FEDER) et le fonds européen de développement social (FSE) : 308 millions d'euros.

➥ Les objectifs que poursuivent les fonds sont également réduits

La convergence : cet objectif est financé par les deux fonds. Il vise à favoriser le rattrapage des régions les moins développées de l'Union européenne. Les régions dont le PIB par habitant est inférieur à 75% de la moyenne de l'Union européenne peuvent en bénéficier. Il s'adresse donc essentiellement aux États ayant intégré l'Union européenne après 2004. Un mécanisme de soutien transitoire, dit *phasing-out*, a été mis en place pour éviter que les États membres qui auraient été éligibles à cet objectif, si l'élargissement n'avait pas fait baisser la richesse moyenne, ne s'en trouvent exclus. Cet objectif concentre 283 milliards d'euros, soit 81,4 % des crédits.

L'objectif de compétitivité régionale et d'emploi s'applique à toutes les zones de l'Union européenne qui ne sont pas éligibles à l'objectif de convergence. Contrairement à l'ancien objectif 2 (zones en reconversion économique et sociale), il ne fait pas l'objet d'un zonage, ce qui garantit plus de souplesse et de cohérence. Par l'intermédiaire de programmes de développement régional, il s'agit de renforcer la compétitivité et l'attractivité des régions.

Le FSE est notamment utilisé pour favoriser l'adaptabilité des entreprises et des travailleurs. Il regroupe 55 milliards d'euros soit 15,8 % des crédits.

L'objectif de coopération territoriale européenne complète des deux objectifs précédents en promouvant une approche intégrée des régions et des États membres de l'Union européenne. Il est doté de 8,7 milliards d'euros, soit 2,5 % des crédits, au service des différents types de coopérations : transfrontalière, régionale [...].

➥ De nouveaux principes sont venus compléter les principes classiques, d'additionnalité ou de pluriannualité :

– le principe « un fonds, un programme », dont l'objectif est de susciter une action plus cohérente des fonds ;

– une plus grande confiance est accordée aux systèmes de contrôle des États membres.

L'utilisation des fonds est soumise au double respect : des orientations stratégiques communautaires (OSC) définies au niveau européen et au cadre de référence stratégique national (CRSN), élaboré par la DIACT (ex-DATAR) en concertation notamment avec les régions. Le CRSN a été approuvé par la Commission en juin 2007, il a permis l'émergence d'au moins 36 programmes opérationnels.

Chaque région définit pour le FEDER un programme opérationnel (PO) pour l'utilisation des fonds. Le FSE est géré par un seul PO au niveau national, le ministère de l'Économie, des Finances et de l'Emploi est l'autorité de gestion du FSE, les crédits seront ensuite déconcentrés.

3 • La difficile gestion française des fonds structurels

Le thème de la sous-consommation des crédits est récurrent dès qu'est abordée la question des fonds structurels en France. Cette sous-consommation est reprochée par la Commission européenne. La négociation de la seconde phase des aides structurelles pour le second objectif (aides aux régions confrontées au déclin économique) a été l'occasion pour la Commission de critiquer, à plusieurs reprises, la manière dont la France utilisait les fonds qui lui étaient affectés. Il a en particulier été reproché à la France la sous-consommation des crédits auxquels elle pouvait prétendre.

➥ L'année 1995 a été particulièrement marquante en la matière puisque 1,5 milliard de francs de crédits de paiement du FEDER sont restés inemployés faute de projets suffisamment aboutis. La complexité de la maîtrise des règles régissant les fonds structurels, ajoutée à la multiplicité des administrations en charge de la gestion des fonds expliquent en grande partie cette sous-consommation.

La Commission a souhaité inciter les États à surmonter ces difficultés par le respect de principes stricts au rang desquels on peut citer la règle du dégagement d'office. Cette règle signifie qu'une part de crédits engagés au plan communautaire de l'année N et non justifiée par des dépenses à la date du 31 décembre de l'année N + 2

La Commission a souhaité inciter les États à surmonter ces difficultés par le respect de principes stricts au rang desquels on peut citer : la règle du dégagement d'office. Cette règle signifie qu'une part de crédits engagés au plan communautaire de l'année n et non justifiée par des dépenses à la date du 31 décembre de l'année N + 2 est perdue.

Les États membres utilisent couramment la notion de « retour » afin de mesurer le bénéfice qu'ils retirent du budget communautaire.

La France est encore un « contributeur net » au budget communautaire. Sa contribution et ce qu'elle reçoit du budget communautaire, en font un bénéficiaire privilégié du budget.

est perdue ; elle n'est réallouée ni au programme concerné, ni au pays concerné.
En France de nets progrès ont été faits pour favoriser la consommation des fonds structurels, tout particulièrement depuis 2004. Pour autant, une consommation importante des fonds structurels ne garantit par leur bon emploi.
Le total des fonds structurels sur la période 2007-2013 est de 348 milliards d'euros et le budget alloué à la France est fixé à 12,5 milliards d'euros.

4 LE RETOUR SUR INVESTISSEMENT FRANÇAIS

Si le prélèvement sur recettes nécessite l'autorisation du Parlement, il fait bien souvent l'objet de rectifications.

Les États ont pour habitude d'évaluer le bénéfice qu'ils retirent du budget communautaire à l'aide de la notion de « retour » (A).
La contribution de la France au budget communautaire n'a toujours été clairement identifiée. La loi organique de 2001 a consacré la pratique du prélèvement sur recettes opéré au profit du budget communautaire (B). La France est le deuxième bénéficiaire du budget communautaire (C).

A LA NOTION DE RETOUR

Les États membres parviennent difficilement à considérer le budget européen avec autant d'intérêt que le budget national.
Les États membres utilisent couramment la notion de « retour » afin de mesurer le bénéfice qu'ils retirent du budget communautaire. Ce calcul constitue un solde artificiel, mais continue d'être employé par les États membres. Le concept de « retour » permet ainsi de mettre en évidence avec facilité le gain que retire l'État du budget communautaire.
L'évaluation du bénéfice exact retiré par la France reste une préoccupation constante. La notion de retour n'est pas nécessairement juste d'un point de vue comptable et d'autre part, rend mal compte de l'utilité des dépenses communautaires. Alors que les anciens États membres voient globalement leur solde se dégrader, il en ira différemment pour la France. Pour la période 2007-2013, la contribution de la France est portée à 135,5 milliards d'euros.
La part de sa contribution représente 17,4 % du total du budget communautaire (20 % pour l'Allemagne). En 2006 12,7 % des dépenses réparties entre États membres l'ont été sur le sol français (13,5 milliards d'euros) ; 12 % en 2007 (13,9 milliards d'euros).
La France est un « contributeur net » au budget communautaire depuis 2006. Sa contribution et ce qu'elle reçoit du budget communautaire, en font un bénéficiaire privilégié du budget.

➥ Cette simplification n'est pas sans dangers et ne donne pas un aperçu exact des flux financiers entre la Communauté et les États membres. Si la notion de « retour » est couramment employée, elle n'en reste pas moins contestée. Elle ferait prévaloir une vision comptable sans s'attacher à l'aspect difficilement quantifiable des avantages retirés des politiques communautaires. Le « retour » français devrait diminuer de 2007 à 2013 du fait de l'intégration des dépenses agricoles de la Roumanie et de la Bulgarie. Toutefois, la France devrait encore être un bénéficiaire net de la PAC juqu'en 2013.

B LE PRÉLÈVEMENT SUR RECETTES OPÉRÉ AU PROFIT DU BUDGET COMMUNAUTAIRE

➥ La France verse chaque année des crédits à l'Europe par la voie d'un prélèvement sur recettes. Cette technique réside en l'attribution d'un montant des recettes de l'État au profit des Communautés. L'évaluation faite dans le projet de loi de finances peut être modifiée en fonction des nécessités de la Communauté.

➥ Le prélèvement sur recettes effectué au profit de la Communauté ne facilite pas les contrôles opérés par le Parlement. Il a fallu attendre 1992 pour que le Gouvernement fasse apparaître le prélèvement sur recettes dans le projet de lois de

finance, sans qu'il ait modifié l'ordonnance du 2 octobre 1959.
Il permet au Gouvernement d'inscrire dans le chapitre des recettes, une dépense que l'on peut qualifier de négative au profit des Communautés. Cette technique réside en l'attribution d'un montant des recettes de l'État au profit des Communautés. Depuis cette date, le prélèvement sur recette opéré au profit des Communautés est soumis au contrôle du Parlement.
Malgré l'inscription dans la loi de finances, ce prélèvement se marie difficilement à un contrôle effectif du Parlement.
Si le prélèvement sur recettes nécessite l'autorisation du Parlement, il fait bien souvent l'objet de rectifications. En 2006, par exemple, l'écart était de – 362 millions d'euros. En 2007, il était de – 1 859 millions d'euros. L'évaluation faite dans la loi de finances initiale peut être modifiée en fonction des nécessités de la Communauté. L'article 6 de la loi organique relatives aux lois de finances (LOLF) consacre le mécanisme de prélèvements sur recettes :

« Un montant déterminé de recettes de l'État peut être rétrocédé directement au profit des collectivités territoriales ou des Communautés européennes en vue de couvrir des charges incombant à ces bénéficiaires ou de compenser des exonérations, des réductions ou des plafonnements d'impôts établis au profit des collectivités territoriales. Ces prélèvements sur les recettes de l'État sont, dans leur destination et leur montant, définis et évalués de façon précise et distincte. »

À compter de l'exercice 2010, les ressources propres traditionnelles ne sont plus comptabilisées dans le prélèvement des recettes (soit 1,347 milliards d'euros). Le prélèvement sur recette effectué au titre de la participation de la France au budget communautaire est évalué pour 2010 à 18,153 milliards d'euros.

Dans les années 1980, le Royaume-Uni constate un déséquilibre entre sa contribution au budget communautaire et ce qu'elle perçoit en termes de dépenses de la communauté.

Selon le Sénat, la France demeure le premier contributeur à la correction britannique avec 1,43 milliard d'euros au titre du budget 2006 et un montant prévisionnel de 1,4 milliard d'euros en 2007.

C LA RISTOURNE BRITANNIQUE

Dans les années 1980, le Royaume-Uni constate un déséquilibre entre sa contribution au budget communautaire et ce qu'elle perçoit en termes de dépenses de la communauté. Tirant les conséquences de l'invective de la dame de fer, Margaret Thatcher : « *I want my money back* », une correction au système des ressources propres est adoptée. On déduit annuellement des ressources propres versées annuellement par le Royaume-Uni un montant correspondant aux deux tiers de l'écart constaté entre la contribution britannique de l'année précédente et la dépense de l'Union au profit du Royaume-Uni.
La décision « Ressource propre 2007 » a eu pour effet de modifier la correction accordée au Royaume-Uni. Cette correction est modifiée par l'exclusion progressive de son calcul à compter de 2009, des dépenses d'élargissement, des paiements agricoles directs et des dépenses liées au marché, ainsi que de quelques dépenses relatives au développement rural.
Ce sont les autres États membres qui la financent. L'Allemagne, l'Autriche, la Suède et les Pays-Bas ont obtenu une réduction de leur financement de cette ristourne.
Les perspectives financières 2007-2013 ont permis de redéfinir de nouvelles modalités de calcul de la compensation en faveur du Royaume-Uni. Celui-ci a notamment accepté de réduire le montant de son « chèque » de 10,5 milliards d'euros pour cette période sur les 50 à 55 milliards attendus. La participation du Royaume-Uni sera progressivement accrue jusqu'à ce qu'elle soit pleine entière en 2013.

➡ La correction britannique budgétée en 2008 s'élève à 5,8 milliards d'euros. La France apparaît selon la délégation européenne du Sénat comme le premier contributeur à cette correction : 1,5 milliard d'euros soit 26 % du total.
Les accords de Berlin de mars 1999, qui ont abouti à la mise en place d'un « rabais sur le rabais » au profit de quatre États membres, ont mécaniquement relevé la quote-part de la France dans la correction, qui atteint 26,6 % en 2007 et près de 8 % de la contribution française au budget de l'Union.

EN PRATIQUE

SUJET DE DISSERTATION

LE FINANCEMENT DU BUDGET COMMUNAUTAIRE PAR DES RESSOURCES PROPRES

Introduction rédigée :

Jusqu'à la décision du 21 avril 1970, le budget communautaire était financé essentiellement par des contributions des États membres.
Ce financement exclusivement étatique avait pour inconvénient majeur de faire dépendre la pérennité du budget communautaire de la volonté des États membres.
Les prélèvements agricoles ainsi que les droits de douanes représentent ce que la doctrine qualifie de ressources classiques.
Les ressources TVA et RNB sont venues compléter ce dispositif qui permet aujourd'hui au budget communautaire de financer des politiques communautaires, tels que la PAC ou le FEDER.
Toutefois, de nombreuses critiques émergent faisant valoir que les ressources européennes sont un mythe, les États membres assurant toujours le financement du budget communautaire.

Si les ressources propres ont permis d'asseoir le budget communautaire sur des bases solides (I), elles ne sont pas exemptes de certaines critiques dans la mesure où elles sont encore largement empreintes des finances étatiques (II).

Plan :

I. La pérennisation du financement du budget communautaire par la création des ressources propres
- A. L'apport de la décision « ressources propres »
- B. La classification entre ressources dites classiques et modernes

II. La renationalisation des ressources propres
- A. Une présence étatique encore importante
- B. Le mythe de l'impôt européen

DANS L'AIR DU TEMPS

- Quels sont les différents fonds structurels ?
- Comment peut-on définir la PAC ?
- La PAC a-t-elle un avenir ?

EN PRATIQUE

QRC

- L'accroissement du budget communautaire.
- La notion de retour.
- Le difficile financement de la PAC.
- Les dépenses d'intervention communautaires.

QCM

1. La première ressource proprement communautaire :

- A. est née avec le traité CECA
- B. est née avec le traité EURATOM
- C. est un impôt communautaire
- D. est un prélèvement sur la production du charbon et de l'acier

2. Les politiques communautaires :

- A. se sont développées durant les années 1960
- B. se sont développées durant l'entre-deux-guerres
- C. sont des dépenses d'intervention
- D. sont maîtrisées par les États membres

3. La politique de la chaise vide :

- A. marque le désaccord de la France face à la politique budgétaire de la Commission européenne
- B. marque le désaccord de la Grande-Bretagne face à la politique budgétaire de la Commission européenne
- C. prend fin avec le compromis de Luxembourg
- D. se déroule durant les années 1980

4. Les ressources propres :

- A. sont des contributions des États membres
- B. alimentent le budget des États membres
- C. alimentent le budget communautaire
- D. ont conféré au budget communautaire son autonomie

5. Le budget communautaire est prévu :

- A. par des perspectives financières
- B. pour 5 ans
- C. pour 1 an
- D. par « paquets »

6. Les organismes qui distribuent les dépenses communautaires de la PAC en France sont :

- A. des offices
- B. des établissements industriels et commerciaux (EPIC)
- C. des organismes payants
- D. des EPA

FRAUDE ET CONTRÔLE DES DÉPENSES COMMUNAUTAIRES

13 CHAPITRE

L'accroissement des finances communautaires et la nécessité d'en contrôler l'emploi ont entraîné le développement d'instruments proprement communautaires de contrôle. L'inertie des États membres et l'importance croissante du budget ont contraint la Communauté à développer ses propres contrôles financiers.

L'émancipation budgétaire des Communautés par le passage en 1971 aux ressources propres est une phase importante des finances communautaires. L'existence d'un budget communautaire distinct de celui des États membres s'est accompagnée de la nécessité d'élaborer des instruments communautaires de contrôle. Les contrôles communautaires se sont organisés dès cette époque sous la forme d'un contrôle interne exercé par la Commission, du contrôle externe de la Cour des comptes européenne et du contrôle politique du Parlement.

L'octroi de ressources propres aux Communautés, et non plus seulement de contributions versées par les États, nécessitait un renforcement des contrôles communautaires, notamment du contrôle externe qui a émergé logiquement quelques années plus tard, en 1975. Cette décision marquait la séparation définitive des Communautés avec les traités d'une organisation internationale.

L'accroissement du budget communautaire et des dépenses à destination des États membres a nécessité le développement d'institutions de contrôle semblables à bien des égards à celles des États.

L'étendue de leurs prérogatives diffère cependant bien souvent de celles des institutions de contrôle national. En effet, si le triptyque contrôle interne, externe et politique du Parlement se retrouve aussi dans les finances communautaires, il faut dépasser ces apparences afin de leur reconnaître des traits propres.

L'accroissement du budget communautaire et des dépenses à destination des États membres a nécessité le développement d'institutions de contrôles semblables à bien des égards à celles des États.

1 LES CONTRÔLES FINANCIERS COMMUNAUTAIRES

Les contrôles financiers se révèlent déterminants pour assurer le bon emploi des fonds communautaires.

Leur constitution s'est classiquement ordonnée autour d'un contrôle externe exécuté par le Parlement européen (A) et la Cour des comptes européenne (B) et d'un contrôle interne exercé par la Commission (C).

A LE CONTRÔLE POLITIQUE DU PARLEMENT

Le Parlement exerce un contrôle politique du budget par son pouvoir de donner décharge du budget communautaire. L'article 319 TFUE dispose : le Parlement européen, sur recommandation du Conseil, donne décharge à la Commission sur l'exécution du budget. À cet effet, il examine, à la suite du Conseil, les comptes, le bilan financier et le rapport d'évaluation visé à l'article 318, le rapport annuel de la Cour des comptes accompagné des reponses des institutions contrôlées aux observations de la Cour des comptes, la déclaration d'assurance visée à l'article 287, paragraphe 1, second alinéa, ainsi que les rapports spéciaux pertinents de la Cour des comptes. Le traité de Maastricht a confié le pouvoir de décharge au Parlement,

appuyant ainsi son rôle d'autorité budgétaire. Après avoir pris connaissance du rapport de la Cour des comptes européenne sur le budget, le Parlement donne décharge à la Commission de l'exécution du budget.
Ce pouvoir de décharge est un contrôle politique, à l'issue duquel le Parlement apprécie la politique de la Commission et clôture également les comptes. Avant de donner décharge à la Commission, le Parlement peut demander à entendre la Commission sur l'exécution des dépenses (article 319 TFUE).
Le refus de la décharge ne peut être assimilé à un vote de censure dans la mesure où il ne paralyse pas l'exécution du budget communautaire. Il marque toutefois l'opposition du Parlement et constitue une forme de désaveu à l'adresse de la Commission. Toutefois, l'article 314 TFUE précise que la Commission doit tout mettre en œuvre pour prendre en compte les observations qui accompagnent les décisions de décharge.

B LE CONTRÔLE EXTERNE DE LA COUR DES COMPTES EUROPÉENNE

1 • Une progression liée à celle du Parlement européen

L'émergence d'une Cour des comptes propre à la Communauté a été lente. Son parcours a longtemps été lié à celui du Parlement, un lien qui est traditionnel en Europe. La conquête des pouvoirs des parlements en matière budgétaire s'est logiquement accompagnée d'un développement des contrôles financiers, notamment du contrôle externe. Le Parlement européen ne concevait pas que l'augmentation de ses pouvoirs budgétaires ne soit pas accompagnée de la mise en place d'un contrôle efficace des finances publiques.
Sous l'égide de la CECA, le contrôle externe s'étend progressivement à un contrôle plus poussé qui porte aussi sur la bonne gestion des deniers.

Peu à peu, s'est imposée la nécessité de confier ce contrôle à un organe spécialisé. La faible étendue de ses pouvoirs, l'augmentation et la complexification des moyens financiers de la Communauté rendaient indispensable la création d'une Cour des comptes. Elle devint la pierre manquant à l'édifice du Parlement qui associait l'accroissement de son pouvoir budgétaire à la création d'une cour des comptes européenne.

> L'Institution supérieure de contrôle européenne n'est pas une juridiction.

Une véritable institution supérieure de contrôle des finances européennes en charge du contrôle externe des finances communautaires a émergé en 1975. Elle s'est substituée aux Commissaires aux comptes de la CECA et à la Commission de contrôle. Elle est née de la nécessité de renforcer le contrôle externe des finances communautaires, face à un budget communautaire qui ne cessait de croître.
L'appellation de Cour a pu faire croire un temps à des similitudes avec la Cour des comptes française. Mais l'Institution supérieure de contrôle européenne n'est pas une juridiction.
Le contrôle externe est opéré pour le budget communautaire par la Cour des comptes européenne.

2 • La composition de la Cour

La Cour des comptes européenne est composée d'auditeurs, qui ne sont pas des magistrats inamovibles comme leurs homologues français. En effet, la Cour des comptes française fut une source d'inspiration de courte durée. Elle est aujourd'hui composée d'un national de chaque État membre.

> Le traité de Maastricht a confié à la Cour des comptes la déclaration d'assurance ou la certification conforme des comptes des institutions communautaires venant à l'appui de la décharge octroyée par le Parlement et l'a élevé au rang d'institution.

3 • La consécration en tant qu'institution communautaire

Les traités de Maastricht et Amsterdam (7 février 1992 et 2 octobre 1997) ont parfait les contours de la Cour des comptes européenne. Le principal apport du traité de Maastricht à cet égard est d'avoir confié le pouvoir de décharge au Parlement, appuyant ainsi son rôle d'autorité budgétaire et l'a élevé au rang d'insitution. À l'égard de la Cour des comptes européenne, le traité d'Amsterdam est plus ambivalent : il lui confie la possibilité de saisir la Cour de justice pour sanctionner les irrégularités de gestion des institutions, mais en même temps il démontre, si besoin était, qu'elle n'a pas de pouvoir de sanction propre.

4 • La délivrance de la déclaration d'assurance

La Cour des comptes européenne, depuis le traité de Maastricht, délivre un certificat attestant que les comptes du budget communautaire ont été effectués dans le respect des traités et du droit dérivé.

Le traité de Maastricht lui a également confié la certification des comptes du budget communautaire. La délivrance de la déclaration d'assurance (DAS) est une forme de certification proche de celle mise en œuvre par la Cour française et de celle exigée par la Commission pour les dépenses communautaires. L'appréciation de la Cour porte sur l'ensemble de la gestion du budget des comptes.

> La Cour des comptes européenne, depuis le traité de Maastricht, délivre un certificat attestant que les comptes du budget communautaire ont été effectués dans le respect des traités et du droit dérivé.

5 • La liaison avec les États membres

Dès le projet de création de la Cour des comptes européenne, sa collaboration avec les institutions supérieures de contrôle des finances publiques était prévue. Cette obligation ressort désormais du traité sur l'Union européenne et du Code des juridictions financières. En effet, l'article 287 TFUE relatif à la Cour des comptes européenne dispose : « Le contrôle dans les États membres s'effectue en liaison avec les institutions de contrôle nationales ou, si celles-ci ne disposent pas des compétences nécessaires, avec les services nationaux compétents. » Le Code des juridictions financières prescrit dans son article 111-7 que la Cour des comptes a la possibilité d'exercer « un contrôle sur les organismes qui bénéficient du concours financier de l'État, d'une autre personne soumise à son contrôle ainsi que de la Communauté européenne [...] ». Il ne mentionne toutefois pas la collaboration avec la Cour européenne.

Ce partenariat a été redéfini et précisé par le traité d'Amsterdam qui tente de favoriser un climat de confiance entre ces institutions : « La Cour des comptes et les institutions de contrôle nationales pratiquent une coopération empreinte de confiance et respectueuse de leur indépendance. [...] » (article 287 TFUE).

2 LA FRAUDE AUX INTÉRÊTS FINANCIERS COMMUNAUTAIRES

La fraude aux intérêts financiers de la Communauté a constitué dans les années 1990 une préoccupation majeure pour les institutions européennes. Le chiffre de 10 % de fraude a parfois été avancé, sans jamais pouvoir être véritablement vérifié. Cette estimation diffère de celle de la Commission européenne qui parle plus volontiers de 1,4 % à 2 % maximum de fraude au budget communautaire. Le phénomène de la fraude a contribué à entamer le crédit du budget européen.

Les textes communautaires et la jurisprudence ont défini la notion de fraude (A), ainsi qu'un cadre juridique (B).

> Les dépenses sont vérifiées quant à leur conformité aux règlements en vigueur. Les méthodes divergent ; le contrôleur fait usage de la méthode du contrôle par sondages. Il peut ainsi contrôler son analyse sur un échantillon d'opérations à risque.

A LA DÉFINITION DE LA FRAUDE

La fraude a été définie avec précision par la convention relative à la protection des intérêts financiers des Communautés européennes. Pour être constituée, elle nécessite une violation de la réglementation communautaire qui porte atteinte aux intérêts financiers de la Communauté, que celle-ci se fasse par voie d'action ou d'omission. L'accent est mis sur le caractère intentionnel de cet acte. La notion d'irrégularité définie par le règlement n° 2988/95 relatif à la protection des intérêts financiers de la Communauté européenne se rapproche beaucoup de la définition de la fraude. Il est aussi question de l'atteinte portée aux intérêts du budget communautaire par l'irrégularité, que celle-ci soit volontaire ou non : « Est constitutive d'une irrégularité toute violation d'une disposition du droit communautaire résultant

La fraude a été définie comme une violation de la réglementation communautaire qui porte atteinte aux intérêts financiers de la Communauté, que celle-ci se fasse par voie d'action ou d'omission.

L'OLAF (office de lutte antifraude) a en charge la lutte contre la fraude communautaire.

d'un acte ou d'une omission d'un opérateur économique qui a ou aurait pour effet de porter préjudice au budget général des Communautés ou à des budgets gérés par celles-ci, soit par la diminution ou la suppression de recettes provenant des ressources propres perçues directement pour le compte des Communautés, soit par une dépense indue. »

Les irrégularités ne doivent donc pas se confondre avec la notion de fraude. Cette dernière nécessite la mise en place d'une organisation, d'un réseau. L'irrégularité ne rentre pas dans ce champ d'application, elle est d'une envergure plus modeste et ne concerne souvent que le contrevenant lui même.

L'OLAF (office de lutte antifraude) a en charge la lutte contre la fraude communautaire. Il est indépendant de la Commission.

B LE CADRE JURIDIQUE

L'article 317 du TFUE dispose : la Commission exécute le budget en coopération avec les États membres, conformément aux dispositions des règlements pris en exécution de l'article 322, sous sa responsabilité et dans la limite des crédits alloués, conformément au principe de bonne gestion financière [...]. Elle est aidée dans cette tâche par les pouvoirs de vérification que lui reconnaît l'article 284 : « Pour l'accomplissement des tâches qui lui sont confiées, la Commission peut recueillir toutes les informations et procéder à toutes vérifications nécessaires, dans les limites et conditions fixées par le Conseil en conformité avec les dispositions du présent traité. » L'article 317 TFUE prévoit également : « La Commission exécute le budget, conformément aux dispositions du règlement pris en exécution de l'article 322, sous sa propre responsabilité et dans la limite des crédits alloués, conformément au principe de bonne gestion financière [...]. » Elle prescrit l'exécution du budget par la Commission et l'article 10 prévoit l'obligation pour les États de mettre en œuvre le traité et de remplir leurs obligations sans entraver le fonctionnement de la Communauté.

Un opérateur grec était parvenu à être exempté des droits dus au titre d'importations agricoles de maïs étranger par de fausses déclarations douanières. Le peu d'empressement de la Grèce à condamner cette fraude a conduit la Cour de justice à constater la carence de la Grèce et à rappeler les droits et obligations des États. Ainsi, les termes imprécis de l'article 10 (supprimé par le traité de Lisbonne) ont longtemps posé problème et donné lieu à des interprétations divergentes. En effet, cet article disposait de manière générale que les « États membres prennent toutes mesures générales ou particulières propres à assurer l'exécution des obligations découlant du présent traité ». La Cour a donné un éclairage important sur la portée de cet article et sur l'étendue de la responsabilité des États membres en matière de contrôle des finances communautaires dans un arrêt du 21 septembre 1989 (CJUE 21 septembre 1989).

C L'OBLIGATION POUR LES ÉTATS MEMBRES DE LUTTER CONTRE LA FRAUDE

Les États membres doivent protéger les intérêts financiers de la Communauté avec diligence et punir la fraude avec autant d'efficacité que celle dont ils font preuve à l'égard du budget national.

L'article 325 TFUE prévoit que les États membres doivent poursuivre la fraude au budget communautaire avec la même intensité que la fraude au budget national. Pour se faire, ils doivent édicter des sanctions à l'égard de ces infractions d'une sévérité analogue ou plus forte. Il prévoit aussi expressément la responsabilité des États membres en matière de fraude et la collaboration de la Commission et des États. Les dispositions de lutte contre la fraude établissent clairement la responsabilité des États en la matière.

En cas de non-respect de ces prescriptions, il est possible de déclencher la procédure de manquement édictée par l'article 258 TFUE : « Si la Commission estime qu'un État membre a manqué à une des obligations qui lui incombent en vertu du présent traité, elle émet un avis motivé à ce sujet, après avoir mis cet État en mesure de présenter ses observations. Si l'État en cause ne se conforme pas à cet avis dans le délai déterminé par la Commission, celle-ci peut saisir la Cour de justice » et engager la responsabilité des États membres. « Un État membre est responsable de tout manquement au sens de l'article 169 (actuel article 226), car sinon la pleine efficacité des normes communautaires serait mise en cause et la protection des droits qu'elles reconnaissent serait affaiblie » (CJUE, 19 novembre 1991, « Francovich et Bonifaci c/ Procura di Vicenza et Bassano »).

3 LA RESPONSABILITÉ DES ÉTATS MEMBRES EN MATIÈRE DE CONTRÔLE

La question de la responsabilité financière des dépenses communautaires irrégulièrement employées, est un sujet sensible entre les États membres et la Commission. L'enjeu est de savoir si le budget communautaire doit assumer les conséquences des erreurs ou fraudes commises au détriment des finances communautaires ou si les budgets nationaux doivent en supporter la charge.

La responsabilité des États membres repose sur l'idée qu'avec leurs administrations ils peuvent exercer un contrôle efficace des dépenses communautaires du fait de leur proximité avec les bénéficiaires de ces crédits.

> Les États membres doivent protéger les intérêts financiers de la Communauté avec diligence et punir la fraude avec autant d'efficacité que celle dont ils font preuve à l'égard du budget national.

A LE CADRE JURIDIQUE

➥ La Cour de justice évoque dans un arrêt de la fin des années 1970 l'importance de ce sujet et la nécessité de désigner un niveau responsable : « l'apurement des comptes par la Commission implique ainsi nécessairement l'imputation des charges, soit à la Commission, soit à l'État membre concerné » (CJUE, 7 février 1979, « Gouvernement français contre Commission des communautés européennes »).

➥ En matière de dépenses structurelles, les États apportent leurs concours financiers en complément de l'action européenne. Ce sont là aussi les collectivités territoriales et l'Etat qui élaborent les projets éligibles aux fonds. De même, les dépenses du FEAGA-garantie qui empruntent un autre circuit, via les organismes payeurs, sont mises en œuvre par le système administratif national. Dans ce contexte, les États membres et leurs administrations nationales apparaissent comme les mieux placés pour effectuer les contrôles. De surcroît, les contrôles financiers nationaux déjà structurés autour du budget de l'État offrent une organisation sur laquelle peuvent s'appuyer les institutions communautaires.

B LES OBLIGATIONS DE CERTIFICATION DES COMPTES

➥ La certification des dépenses publiques connaît une montée en puissance depuis quelques années. Le certificat, délivré par une administration ou tout organe présentant des gages d'indépendance, se présente comme une assurance que la gestion et les contrôles ont été effectués conformément aux normes en vigueur.

➥ Pour le FEAGA-garantie, la Commission exige des États qu'ils lui délivrent l'assurance que les dépenses communautaires ont été gérées et contrôlées dans le respect de la réglementation européenne. La délivrance de ce certificat est précédée de la mise en place de toutes les contraintes en matière de piste d'audit qui s'imposent aux administrations nationales. Les États membres engagent leur responsabilité au travers de la certification.

> La question de la responsabilité financière des dépenses communautaires irrégulièrement employées est un sujet sensible entre les États membres et la Commission. L'enjeu est de savoir si le budget communautaire doit assumer les conséquences des erreurs ou fraudes commises au détriment des finances communautaires ou si les budgets nationaux doivent en supporter la charge.

➥ En France, elle n'est pas délivrée par les mêmes autorités pour les fonds structurels et pour les dépenses du FEAGA-garantie :
La Commission de certification des comptes des organismes payeurs financés par le FEAGA-garantie (CCCOP) a la charge de la certification des comptes des organismes payeurs. Elle a été un temps associée à la Cour des comptes. Depuis 2005, cette commission est indépendante de la Cour et se compose de membres des corps d'inspection des ministères de l'Agriculture et des Finances.

➥ En matière de fonds structurels, le Gouvernement a choisi de reconduire le modèle de gestion et de contrôle de la programmation 2000-2006. Le préfet de région est érigé en autorité de gestion des fonds structurels favorisant l'association des différentes collectivités territoriales, mais aussi des différentes autorités déconcentrées. Il certifie aussi les dépenses des fonds structurels.
À titre d'expérimentation, pour les dépenses du FEDER relatives à la reconversion des zones en difficultés, en 2003, le conseil régional d'Alsace a été désigné comme autorité de gestion. D'autres collectivités territoriales (conseils régionaux, conseils généraux) ont marqué leur volonté de devenir également autorités de gestion.
La loi du 12 août 2004 relative aux libertés et responsabilités locales a donné une base légale à ces initiatives, et les a promues au rang de « transferts expérimentaux de compétences », sur le fondement de l'article 37-1 de la Constitution.
Pour le FSE, le ministère de l'Emploi, ou le préfet de région au niveau déconcentré, sont désignés comme autorités de gestion.
La Commission interministérielle de coordination des contrôles portant sur les actions financées par des fonds structurels européens (CICC) est composée d'inspecteurs généraux des trois ministères, dont celui des Affaires sociales et de personnalités qualifiées. Cette instance indépendante élabore des plans de contrôle qu'elle met en place avec les gestionnaires ou les responsables des vérifications. La CICC valide les pistes d'audit présentées par les SGAR en effectuant des tournées dans les différentes régions.

> Le certificat, délivré par une administration ou tout organe présentant des gages d'indépendance, se présente comme une assurance que la gestion et les contrôles ont été effectués conformément aux normes en vigueur.

C LES SANCTIONS FINANCIÈRES IMPOSÉES PAR LA COMMISSION EN CAS DE MAUVAIS CONTRÔLES PAR LES ÉTATS MEMBRES

➥ L'argument le plus convaincant dont dispose la Commission afin de contraindre les États membres à mieux contrôler les fonds communautaires est la correction financière. Lorsque la Commission détecte des faiblesses dans les contrôles effectués par les administrations nationales, elle sanctionne financièrement l'État membre.
Ainsi, l'apurement pour le FEAGA-garantie, les notes de débit pour les fonds structurels, amputent les budgets nationaux des crédits communautaires escomptés.
Les opérations d'apurement se présentent sous la forme de corrections financières appliquées par la Commission. Elle soustrait aux remboursements qu'elle doit effectuer auprès des États membres les sommes irrégulièrement employées ou ne faisant pas l'objet d'un contrôle suffisant selon ses critères. Les opérations d'apurement sont de véritables pénalisations sur les aides futures accordées à l'État membre. L'État sera privé du bénéfice qu'il devait normalement retirer.
La Commission, une fois convaincue des irrégularités intervenues, prend une décision de correction financière qui retire le financement communautaire. Le système d'avances sur lequel fonctionnent les dépenses de la PAC, permet à la Commission de prélever sur les sommes à venir les corrections financières qu'elle applique. Les effets de cette décision sont immédiats : les sommes correspondantes sont retenues des avances de l'année suivante dans le même secteur.
L'État membre est dès lors contraint de rechercher des moyens financiers pour verser les aides communautaires.

> En matière de fonds structurels, la certification est dévolue au Préfet de région.

Les réformes de ces mécanismes d'incitation financière entreprises au milieu des années 1990 ont rendu encore plus performantes ces corrections. C'est là une contrainte décisive que détient la Commission vis-à-vis des États membres. L'originalité et l'efficacité de la procédure d'apurement tiennent au fait que la Commission n'a pas à réclamer aux États membres le montant des aides indûment perçues.

L'exécutif communautaire est assuré que la sanction financière est effective et elle contraint par là même les États membres à être plus rigoureux dans les contrôles qu'effectuent leurs administrations. L'apurement lui assure de ne pas dépendre de la volonté des États membres pour recouvrer les sommes indûment versées. Les États membres sont contraints en revanche à financer eux-mêmes les aides aux bénéficiaires finaux.

La Commission utilise la notion de « risque » pour vérifier la qualité des systèmes de gestion et de contrôle des États membres. Elle considère que les États membres doivent fournir des gages d'assurance dans leurs contrôles. Si ce n'est pas le cas, ils s'exposent à des corrections financières. Elle peut dès lors pénaliser les États qui ont exposé au « risque » les dépenses du FEAGA.

> Lorsque la Commission détecte des faiblesses dans les contrôles effectués par les administrations nationales, elle sanctionne financièrement l'État membre.

> Le système d'avances sur lequel fonctionnent les dépenses de la PAC, permet à la Commission de prélever sur les sommes à venir les corrections financières qu'elle applique.

D LA MISE EN PLACE D'UN ORGANE DE CONCILIATION

Un organe de conciliation a été créé par la décision de la Commission du 1er juillet 1994. Il accueille les contestations des États membres sur les apurements et rend un rapport à l'issue duquel il peut recommander la diminution des corrections décidées initialement par la Commission. L'organe de conciliation se présente comme un premier filtre avant le recours à la Cour de justice des Communautés. L'Etat membre peut le saisir dans le délai maximal de trente jours ouvrables à compter de la réception de la décision (décision de la Commission du 1er juillet 1994, relative à la création d'une procédure de conciliation dans le cadre de l'apurement du FEAGA-garantie, article 2).
La médiation de l'organe acceptée, celui-ci, après audition des États membres et des services de la Commission, rend ses conclusions dans un délai de quatre mois. À l'issue de l'étude des recommandations de l'organe de conciliation et de son rapport, la Commission notifie ses conclusions finales à l'État membre. L'organe de conciliation a été créé pour tempérer les tensions occasionnées par l'apurement entre la Commission et les États membres.

> L'organe de conciliation a été créé pour tempérer les tensions occasionnées par l'apurement entre la Commission et les États membres.

E L'IMPORTANCE DES CORRECTIONS IMPOSÉES À LA FRANCE

Les dépenses agricoles de la Communauté en France ont quadruplé entre 1981 et 1989, passant de 2 378 à 6 865 millions d'euros. En août 2009, la France a été sommée de rembourser 500 millions d'euros au titre d'aides perçues par les producteurs de fruits et légumes. On estime à 100 millions d'euros le montant annuel global de ce type de corrections financières. Le taux d'apurement en France est caractérisé par une grande instabilité : ramené en 1988 à 120,86 millions d'euros après négociation avec la Commission, il reste dans des proportions acceptables pour l'apurement des exercices 1992 et une partie de 1993 à 73,33 millions d'euros. Compte tenu des délais de traitement et de négociation, les refus d'apurement imputés sur une année concernent en réalité plusieurs exercices antérieurs.

Toutefois, depuis 1999, le taux de correction augmente : 108,09 millions d'euros en 1999. En 2000, l'apurement atteint la somme record de 229,59 millions d'euros.

Les refus d'apurement de dépenses agricoles, les corrections financières au titre des fonds structurels, et les amendes et astreintes prononcées par la Cour de justice des communautés européennes (CJCE) le sont en application de l'article 228 du traité CE. Le montant des refus d'apurement à la charge du budget en 2007 s'élève approximativement à 23 millions d'euros contre 126 millions d'euros en 2006. C'est incontestablement une amélioration. Les refus d'apurement en 2008, au titre de l'année 2007, se sont élevés à 84 millions d'euros.

Le taux d'apurement en France est caractérisé par une grande instabilité.

SUJET DE DISSERTATION

LE DÉVELOPPEMENT DES CONTRÔLES FINANCIERS COMMUNAUTAIRES

Introduction rédigée :

Le développement des finances communautaires et la nécessité d'en contrôler l'emploi ont entraîné le développement d'instruments proprement communautaires. L'inertie des États membres et l'importance croissante du budget ont contraint la Communauté à développer ses propres contrôles financiers.

L'émancipation budgétaire des communautés par le passage en 1971 aux ressources propres est une phase importante des finances communautaires. L'existence d'un budget communautaire distinct de celui des États membres s'est accompagnée de la nécessité d'élaborer des instruments communautaires de contrôle. Les contrôles communautaires s'organisent dès cette époque sous la forme d'un contrôle interne, exercé par la Commission, du contrôle externe de la Cour des comptes européenne et du contrôle politique du Parlement.

Devant l'inertie des États membres, les contrôles communautaires se sont développés pour assurer dans un premier temps un contrôle effectif des dépenses proprement communautaires et dans un deuxième temps un contrôle des dépenses transitant par les États membres.

Le principe de subsidiarité consacre cette superposition des contrôles communautaires et nationaux.

Plan :

I. La nécessité d'assurer le contrôle des dépenses communautaires par le développement de contrôles financiers européens

- A. Des contrôles développés sur les modèles des contrôles financiers étatiques
- B. Le développement de l'audit

II. La soumission des États membres à des obligations strictes de contrôle des finances communautaires

- A. Des dépenses communautaires exécutées sur le sol des États membres
- B. Les sanctions infligées aux États membres en cas de mauvais contrôles

EN PRATIQUE

QRC

- La Cour des comptes européenne.
- Le contrôle de la PAC en France.
- La responsabilité des États membres en matière de contrôle des fonds communautaires.
- Le phénomène de la fraude au budget communautaire.
- Les risques encourus par les États membres en cas de mauvais contrôles.

QCM

1. Le développement de contrôles communautaires :

- ◯ A. a été nécessité par le passage aux ressources propres
- ◯ B. a été nécessité par l'adhésion d'États membres supplémentaires
- ◯ C. a été nécessité par l'augmentation du budget communautaire
- ◯ D. a été nécessité par la création de la PAC

2. Le budget communautaire :

- ◯ A. est contrôlé par les États membres
- ◯ B. est contrôlé par des institutions communautaires de contrôle
- ◯ C. est contrôlé exclusivement par la Commission européenne
- ◯ D. est contrôlé par le Parlement, la Commission, la Cour des comptes européenne

3. Le Parlement :

- ◯ A. exerce un contrôle interne des finances communautaires
- ◯ B. exerce un contrôle externe des finances communautaires
- ◯ C. donne une déclaration d'assurance à la commission
- ◯ D. exerce un contrôle politique des finances communautaires

4. L'avènement de la Cour des comptes européenne :

- ◯ A. correspond à la progression des prérogatives budgétaires du Parlement
- ◯ B. était nécessité par la progression des dépenses communautaires
- ◯ C. était une demande des États membres fondateurs des communautés
- ◯ D. date des années 1980

5. La fraude au budget communautaire :

- ◯ A. est un phénomène contre lequel la Commission a décidé de ne pas lutter
- ◯ B. n'est jamais imputable aux États membres
- ◯ C. les États membres peuvent être condamnés à rembourser des dépenses communautaires qui ont fait l'objet de fraude
- ◯ D. la fraude aux dépenses communautaires est sanctionnée pénalement

6. La Commission européenne à l'issue de ses contrôles :

- ◯ A. ne peut sanctionner les États membres qui ont effectué de mauvais contrôles sur les dépenses communautaires.
- ◯ B. sanctionne les États membres par la voie de l'apurement
- ◯ C. peut condamner les États membres au reversement de sommes indûment versées
- ◯ D. peut effectuer des contrôles au sein des institutions nationales

CHAPITRE 1 CONSENTEMENT DE L'IMPÔT, CONTRÔLE DE LA DÉPENSE PUBLIQUE ET DROIT BUDGÉTAIRE MODERNE

La définition des finances publiques est étroitement liée à l'évolution des conceptions qu'une société se fait du rôle de l'État.
Les principes du consentement de l'impôt et de la dépense ont été posés par la Déclaration de 1789, mais leur véritable concrétisation date de la Restauration.
Plusieurs conceptions du rôle des finances publiques peuvent être distinguées. La conception classique les cantonne à la neutralité ; la conception interventionniste leur donne un rôle majeur dans l'action de l'État.

➡ Article 14 de la Déclaration des droits de l'homme et du citoyen du 17 août 1789 :
« Tous les citoyens ont le droit de constater, par eux-mêmes ou par leurs représentants, la nécessité de la contribution publique, de la consentir librement, d'en suivre l'emploi, et d'en déterminer la quotité, l'assiette, le recouvrement et la durée. »

➡ Ordonnance du 2 janvier 1959 portant loi organique relative aux lois de finances.
Loi organique du 1er août 2001 relative aux lois de finances.

CHAPITRE 2 LA NOUVELLE GESTION PUBLIQUE

La LOLF a profondément remodelé le cadre budgétaire en mettant fin à une présentation par chapitres de la loi de finances. Désormais le budget se divise en missions, programmes, actions.
La LOLF introduit les notions de performance, favorisant une gestion qualitative des deniers publics.
La LOLF a également impulsé une modification du calendrier budgétaire, permettant d'associer plus étroitement le Parlement aux travaux du ministre des Finances.

➡ Article 7. Les crédits ouverts par les lois de finances pour couvrir chacune des charges budgétaires de l'État sont regroupés par mission relevant d'un ou plusieurs services, d'un ou plusieurs ministères.
Une mission comprend un ensemble de programmes concourant à une politique publique définie. Seule une disposition de loi de finances d'initiative gouvernementale peut créer une mission.

➡ Un programme regroupe les crédits destinés à mettre en œuvre une action ou un ensemble cohérent d'actions relevant d'un même ministère et auquel sont associés des objectifs précis, définis en fonction de finalités d'intérêt général, ainsi que des résultats attendus et faisant l'objet d'une évaluation.

CHAPITRE 4 L'AUTORISATION BUDGÉTAIRE PARLEMENTAIRE

La loi de finances est porteuse du budget de l'État. À ce titre, elle est à la fois un acte prévisionnel et déterminant pour l'action publique et un acte d'autorisation de la perception de l'impôt et de réalisation de la dépense publique.
L'autorisation budgétaire est encadrée par de grands principes que la LOLF a adapté aux exigences de la gestion publique.
Il faut appréhender l'autorisation budgétaire à travers la diversité des lois de finances. La loi de finances obéit à un formalisme rigoureux détaillé par la LOLF.

➡ Les grands principes budgétaires :
- L'annualité
- La spécialité
- L'universalité (non affectation, non contraction)
- L'unité
- La sincérité budgétaire

➡ Article 1 de la LOLF : « Les lois de finances déterminent, pour un exercice, la nature, le montant et l'affectation des ressources et les charges de l'État, ainsi que l'équilibre budgétaire et financier qui en résulte. »

CHAPITRE 5 LE RENOUVEAU DU RÔLE DU PARLEMENT EN MATIÈRE BUDGÉTAIRE ET FINANCIÈRE

Le problème du rôle joué par le Parlement en matière budgétaire rejoint la thématique actuelle fondamentale du renouveau de la place du Parlement sous la Ve République.
L'information est la première des conditions d'un pouvoir parlementaire effectif. Le deuxième axe du renouveau parlementaire réside dans l'effectivité des pouvoirs budgétaires et financiers du Parlement : pouvoir de voter la loi, droit d'amendement, pouvoir des commissions des finances, loi de règlement.

➡ Article 14 de la Déclaration de 1789 : « Tous les citoyens ont le droit de constater, par eux mêmes ou par leurs représentants, la nécessité de la contribution publique de la consentir librement, d'en suivre l'emploi, et d'en déterminer la quotité, l'assiette, le recouvrement et la durée ».

➡ Article 40 de la Constitution du 4 octobre 1958 : « Les propositions et amendements formulés par les membres du Parlement ne sont pas recevables lorsque leur adoption aurait pour conséquence soit une diminution des ressources publiques soit la création ou l'aggravation d'une charge publique. »

CHAPITRE 6 L'EXÉCUTION DE LA LOI DE FINANCES

Le principe de séparation se justifie parce qu'il apparaît logique de ne pas concentrer dans les mêmes mains la faculté de décider une dépense et celle de la payer effectivement.
La LOLF a là aussi des incidences sur la phase d'exécution en introduisant des contrôles partenariaux entre ordonnateur et comptable, en allégeant les contrôles systématiques et en concentrant les vérifications sur les opérations à risque.

➡ L'article 3 du décret du 29 décembre 1962 portant règlement général pour la comptabilité publique prévoit que « l'exécution du budget, donc des opérations financières de l'État, repose sur un partage des tâches entre deux catégories d'agents publics, l'ordonnateur et le comptable ».

➡ Article 20 du décret du 29 décembre 1962 : « Les fonctions d'ordonnateur et de comptable sont incompatibles. »

CHAPITRE 7 LES CONTRÔLES DE L'EXÉCUTION DE LA LOI DE FINANCES

L'ensemble des systèmes de contrôle de l'exécution obéit à deux logiques : celle de la redondance et celle de la surveillance réciproque. Le contrôle interne intègre désormais une dimension d'audit et d'évaluation.
Le décret du 27 janvier 2005 désigne désormais les fonctionnaires en charge de ce contrôle sous le nom d'autorité chargée du contrôle financier (ACCF).
La Cour des comptes a en charge le contrôle externe de l'exécution de la loi de finances. Son existence est mentionnée dans l'article 47 et 47-1 de la Constitution, à raison de son rôle d'assistance au Parlement et au Gouvernement en matière de contrôle de l'exécution des lois de finances et de lois de financement de la Sécurité sociale.

➡ Article 15 : « La Société a le droit de demander compte à tout Agent public de son administration. »

➡ Article L. 111 1 du CJF : « La Cour des comptes juge les comptes des comptables publics. »

CHAPITRE 8 ÉLÉMENTS DE DROIT FISCAL

Le système fiscal français subit de nombreux changements en raison de plusieurs phénomènes actuels : la montée en puissance de la fiscalité sociale, la confrontation entre une fiscalité proportionnelle plus rentable et une fiscalité progressive plus juste et la concurrence grandissante entre les États.

Deux notions clefs sont à retenir : celle de prélèvement obligatoire et celle d'impositions de toutes natures (article 34 de la Constitution). Les classifications des différents impôts permettent l'analyse du système fiscal. Les plus importantes sont la distinction entre impôt direct et indirect, impôt proportionnel et progressif. Les procédés d'établissement de l'impôt sont successivement la détermination de l'assiette de l'impôt, la liquidation de l'impôt et le consentement de l'impôt.

Le système fiscal français peut être présenté en distinguant l'imposition des revenus et des bénéfices (IRPP, IS), l'imposition de la dépense (TVA) et l'imposition du capital (ISF, droits d'enregistrement).

CHAPITRE 9 LIBRE ADMINISTRATION ET AUTONOMIE FINANCIÈRE DES COLLECTIVITÉS TERRITORIALES

Le thème de la libre administration des collectivités territoriales s'est trouvé entièrement renouvelé par la révision constitutionnelle du 28 mars 2003.

Le nouvel article 72-2 apporte un prolongement à ce principe en traitant la question de leurs ressources.

En application de l'alinéa 3 a été adoptée la loi organique du 29 juillet 2004 relative à l'autonomie financière des collectivités territoriales. Il leur manquait en effet des garanties permettant de les prémunir contre des logiques de désengagement et contre la politique dite de « recentralisation financière » menée par l'État.

➡ Révision constitutionnelle du 28 mars 2003.
Loi organique du 29 juillet 2004 relative à l'autonomie financière des collectivités territoriales.

➡ Article 72-2 :
alinéa 1er : la libre disposition de ressources
alinéa 2 : la reconnaissance d'un pouvoir fiscal résiduel
alinéa 3 : ressources propres et part déterminante
alinéa 4 : le principe d'équivalence des ressources et des charges transférées
alinéa 5 : le principe de péréquation

CHAPITRE 10 LES RESSOURCES ET LES CHARGES DES COLLECTIVITÉS TERRITORIALES

La question des dépenses et des ressources des collectivités territoriales est centrale. Trois types de dépenses sont ainsi distingués selon qu'elles sont obligatoires, facultatives ou interdites. Leur augmentation est ininterrompue depuis les lois de décentralisation (11 % du PIB en 2005). Les transferts de compétence qui se sont succédés depuis la loi du 2 mars 1982 ont engendré un accroissement considérable de leurs dépenses. De 56,4 milliards d'euros en 1982, elles sont estimées pour 2007 à 167,06 milliards d'euros. Les sections de fonctionnement et d'investissement sont financées par des ressources différentes.

Les quatre impôts directs locaux :
- la taxe professionnelle ;
- la taxe d'habitation ;
- la taxe foncière sur les propriétés non bâties ;
- la taxe sur les propriétés bâties.

L'article L.1612-15 CGCT : « Ne sont obligatoires pour les collectivités territoriales que les dépenses nécessaires à l'acquittement des dettes exigibles et les dépenses pour lesquelles la loi l'a expressément décidé. »

CHAPITRE 11 LA PROCÉDURE BUDGÉTAIRE LOCALE ET LES CONTRÔLES SUR L'EXÉCUTION DES BUDGETS

Les finances locales marquent la traduction des choix politiques des gestionnaires locaux.
La décentralisation a fourni un terrain d'expérimentation aux finances publiques nationales telle l'instauration du débat d'orientation budgétaire (DOB) et la réforme de la M14. Les budgets des collectivités locales obéissent au respect des principes budgétaires comme les finances nationales.
La réforme de la comptabilité publique locale a permis une présentation thématique des budgets locaux, ainsi que la publication de bilans sur le modèle des entreprises privées.

Article L. 211-7 CJF : « Les chambres régionales des comptes concourent au contrôle budgétaire des collectivités territoriales qui relève de la responsabilité du préfet. »

À RETENIR

CHAPITRE 12 AUGMENTATION DU BUDGET COMMUNAUTAIRE ET PROGRESSION DES POUVOIRS DU PARLEMENT EN MATIÈRE BUDGÉTAIRE

Les années 1960 ont marqué l'avènement des grandes politiques européennes, telle que la PAC. Dès les premières années, son coût s'est révélé exorbitant pour le budget communautaire. Ces dépenses ont contribué au soutien du revenu des agriculteurs par rapport aux cours mondiaux.
Les fonds structurels sont apparus pour corriger les disparités entre États membres.

Sont classées en DO :
- l'essentiel de la politique agricole commune ;
- les dépenses résultant d'accords internationaux (comme les accords de pêche conclus par la Communauté) ;
- une partie des dépenses de personnel.

Sont classées en DNO :
- le volet « développement rural » de la politique agricole commune ;
- les actions structurelles (fonds structurels) ;
- les politiques internes (transports, énergie, recherche, etc.) ;
- les aides de préadhésion au bénéfice des pays candidats à l'élargissement ainsi que le financement des actions extérieures ne découlant pas d'accords internationaux (aide au développement, politique étrangère et de sécurité commune, etc.).

CORRIGÉS DES QCM

Chapitre 1 :
1 : B ; **2 :** C ; **3 :** B ; **4 :** C ; **5 :** D ; **6 :** C.

Chapitre 2 :
1 : A et B ; **2 :** A ; B ; **3 :** A et B ; **4 :** B et D ; **5 :** A et C ; **6 :** A.

Chapitre 4 :
1 : C ; **2 :** B ; **3 :** D ; **4 :** A ; **5 :** B ; **6 :** B.

Chapitre 5 :
1 : A ; **2 :** C ; **3 :** B ; **4 :** A ; **5 :** C ; **6 :** A.

Chapitre 6 :
1 : B et D ; **2 :** A et D ; **3 :** B et D ; **4 :** A et D ; **5 :** A et D ; **6 :** B.

Chapitre 7 :
1 : B et D ; **2 :** A ; **3 :** A et B ; **4 :** A et C ; **5 :** C et D ; **6 :** B et D.

Chapitre 8 :
1 : B et C ; **2 :** A et C ; **3 :** A et D ; **4 :** A et B ; **5 :** B ; **6 :** B.

Chapitre 9 :
1 : B et C ; **2 :** A et D ; **3 :** A et D ; **4 :** B et D ; **5 :** B et D ; **6 :** B et C.

Chapitre 10 :
1 : B et C ; **2 :** B et D ; **3 :** A ; **4 :** B ; **5 :** A et B ; **6 :** C.

Chapitre 11 :
1 : B ; **2 :** B ; **3 :** A ; **4 :** B et D ; **5 :** A et C ; **6 :** A et B.

Chapitre 12 :
1 : A et D ; **2 :** A et C ; **3 :** A et C ; **4 :** C et D ; **5 :** A et B ; **6 :** A et B.

Chapitre 13 :
1 : C ; **2 :** B ; **3 :** B ; **4 :** A et B ; **5 :** C ; **6 :** B et C.

Imprimé en Espagne par UNIGRAF
Dépôt légal Août 2010 - Collection 02- Édition 01
17/1073/0